D1720110

ART
HOUSE
SERIES

Серж Гензбур

ИНТЕРВЬЮ

Санкт-Петербург
Издательский Дом
«Азбука-классика»
2007

УДК 791
ББК 85.373(3)
С 32

Bruno Bayon
SERGE GAINSBOURG RACONTE SA MORT
© Editions Grasset & Fasquelle, 2001

Перевод с французского
Валерия Кислова, Анастасии Петровой, Галины Соловьевой

Оформление серии Александра Ефимова

С 32   **Серж** Гензбур: Интервью / Пер. с фр. В. Кислова, А. Петровой, Г. Соловьевой. — СПб.: Издательский Дом «Азбука-классика», 2007. — 320 с.: ил. —
(Арт-хаус).
ISBN 978-5-91181-456-4

Серж Гензбур — певец, поэт, композитор, сценарист, актер,
кинорежиссер — был кумиром французской публики, «священ-
ным чудовищем» европейской эстрады. Он вывел со своими песнями на сцену целую плеяду прекрасных актрис: Брижит Бардо,
Джейн Биркин, Катрин Денев, Ванессу Паради, Изабель Аджани
и др. Его произведения, давшие новое дыхание французскому
языку, его высказывания и образ даже много лет спустя после
его смерти не перестают восхищать, удивлять и эпатировать публику. Вниманию читателя предлагаются интервью Гензбура, где
затрагиваются самые разные темы — жизнь, смерть, слава, музы-
кальная мода, любовь и отвращение, доброта и жестокость.

ISBN 978-5-91181-456-4

ГЕНЗБУР РАССКАЗЫВАЕТ О СВОЕЙ СМЕРТИ[1]

Интервью с Бруно Байоном [2]

Переводчик выражает признательность
Кристоферу Шмидту за помощь.

К читателю

Эта книга составлена из интервью, взятых у Сержа Гензбура[3].

Первое интервью, записанное в конце сентября 1981 года, частично опубликованное 16 ноября того же года в ежедневной газете «Либерасьон» под заголовком «Изысканная смерть Сержа Гензбура», переизданное in extenso* (за исключением двух оскорблений в адрес Ива Монтана[4]) 4 марта 1991 года (перепечатка 5 марта) под заголовком «Гензбур рассказывает о своей смерти», воспроизводится здесь слово в слово.

Второе интервью, датируемое августом 1984 года, опубликованное в среду 19 сентября того же года в той же газете Жан-Поля Сартра[5], но в укороченном варианте под заголовком «Сексуальная бомба Гензбур», приводится здесь целиком.

В этой окончательной версии, — учитывая длительность записи и желая облегчить восприятие, — мы, не прерывая нити беседы, произвольно разбили ее на разделы и дали им заголовки. Чтобы выгоднее представить текст, то есть речь Сержа Гензбура, мы вырезали часто и без колебаний уточнения, оговорки, повторы.

---

* Полностью, дословно (*лат.*).

Я думаю, что нет таких слов, которыми можно было бы изобразить с достаточной яркостью восторг души человеческой, восставшей, так сказать, из гроба.

Даниэль Дефо. Робинзон Крузо

СМЕРТЬ

Говорить о дружбе так, как говорил он, невозможно. В какой-то момент наши отношения были в разгаре: прогулки с «клошар-остановками» («Держи, вот тебе стольник, но не на еду, а на выпивку!»), ежедневные разговоры по телефону, дни рождения, посещения Лондона с Марианной Фэйтфул[6], домашние трапезы и «поцелуи по-русски». Был у наших отношений и финал: когда умерла его мать, именно меня, якобы больного, он призвал первым в похоронный комитет (хладнокровно сообщив мне в тот день, между двумя *оуе-оуе*[7], что эта утрата для него не так тяжела, как расставание с его спившейся собакой, умершей несколькими годами раньше). Не правильнее ли говорить о «привязанности», как он сам написал в записке с желтозвездной росписью в 1989 году?

Скажем «знакомство». В лучшем случае Гензбур мог считаться лицейским приятелем на всю жизнь; в худшем же для него любой из нас — в фаворе или нет — всегда оказывался лишь одним из ста пятидесяти придворных льстецов. Не говоря уже о близости интересов, ну на чем основывались наши отношения? Я никогда не был его восторженным поклонником. Еврейский вопрос меня совершенно не интересовал. Я не был ни коллекционером, ни кинолюбителем, я не пил и не курил, мне были всегда противны как наркоманская образность, так и алкоголическая поэтика с ее философскими глубинами на дне бутылки. Что до обожаемого подростками Бориса Виана[8], к которому Гензбур, по его собственному признанию, восходит душой и телом, мне он безразличен. Как и сюрреализм. Как и гомосексуализм, который нашего героя не оставлял равнодушным. То же самое можно сказать о красотах скульптуры, графики и прочих изящных искусств. Короче, что же тогда?

Мораль. В завещании, которое нам предстоит прочесть, мораль Диогена[9]—Гензбура сводится к следующему лозунгу: «Все — полная фигня». Эта установка мне нравится. Затем, другая, явно связанная с предыдущей, заключается в том, чтобы подвергать все осмеянию; в возрасте, когда обычно образумливаются, известный нигилист Гензбур оставался неисправимым и чувствовал себя в своей тарелке, если случалось опозориться, подурачиться, сцепиться с кем-нибудь, урвать что-нибудь задарма, нашкодить, стибрить, испортить. Он любил ругаться с обывателями на стоянке такси, обожал издеваться над чернью, с удовольствием оскорблял (всех, от Гонзага Сен-Бриса[10] до Риты Мицуко[11], от Башунга[12] до Аджани[13], не говоря уже о Ги Беаре[14]), нашептывал гнусности мусульманским девушкам, которые в бистро XVIII округа выстраивались в очередь за его автографом; он был всегда готов первым выдать нелепость, сделать похабный жест, скорчить гримасу (используя пальцы, язык, слюну, нос, складку в штанах, так называемую мандавошницу — poutrape[15]), во время телепередачи надуть презерватив или, разыгрывая зевак, подпалить фальшивую пятисотфранковую купюру; в прямом эфире у Дрюкера[16] прошептать какой-нибудь негритянке «I'd like to fuck you»[17] или во всеуслышание заявить, что на недавнем приеме одной буржуазной даме «показал языком мякоть». Это и называется «выделываться» или «прикалываться».

В душе шалопай из «Никелированных ног»[18], бездельник, подобно Цыгану[19], подохший чуть ли не под забором, как во многом похожие на него Ежи Косински[20], Вэнс Тэйлор[21] и Клаус Кински[22], он казался вдохновленным и неиссякаемым даже на трезвую голову. А поскольку потешаться вместе с ним значило смеяться над полной тупостью абсолютно всего, то есть над собой, в этом было что-то серьезное. Достаточно рассказать две истории...

История первая. Лето. В разгар творческой лихорадки Серж Гензбур советовался. Изо дня в день (в ночь) звонил, делился своими сомнениями, то есть вымученными названиями песен, затем в очередной раз срывался, выслушивал мои более или менее бесполезные комментарии, бурчал, пьяно бормотал, играл своим голосом, делая его более низким, тихим, глухим, слегка искажал речь африканским акцентом, подгонял названия наугад, наобум, давился от смеха, бросал трубку.

Труднее всего было придумать название выстраданной пластинки... Я его нашел на удивление легко и быстро: «You're under arrest»[23]. Он записал, подумал и потребовал объяснить почему. Ну как это — почему?.. На протяжении многих лет я заметил, что, открывая свою дверь, он часто разыгрывал передо мной сцену-клише из какого-нибудь черного фильма в духе Вуди Аллена[24]: принимал вид типичного полицейского ad hoc*, клал мне руку на плечо и произносил: «Now sir, you're under arrest». А еще я отметил, что такой же трюк почти с таким же маниакальным постоянством мне выкидывал другой мой приятель, тоже еврей. Тот же плохой фильм, та же фальшивая роль, только без жеста. Вывод: вне всякого сомнения, здесь скрыто еврейское коллективное бессознательное, связанное с правосудием, и т. д. и т. п. Отсюда и название. Гензбур кладет трубку.

Через несколько недель, по возвращении из Манауса[25], телефонный звонок: он в отличной форме, скоро запись, ритмы прописаны, студия снята и... «Кстати, я забыл тебе сказать, я нашел название. Полный улет!» — «Да?» — «„You're under arrest". Ну, как, класснюче?»

---

* Специально для этого (зд. присланного) (*лат.*).

По поводу класса я сразу же спросил, не вздумал ли прохиндей надо мной поиздеваться. Он делано заканючил («Ой, да! Ну и ну...»), сетуя на склероз и маразм («на кладбище, на кладбище...»); да, в тот день трубку бросил уже я. Несколько месяцев спустя последний диск Гензбура выходит под моим собственным названием и с моей полицейской мизансценой[26], и тут — неожиданная развязка — специализированная пресса шельмует его за грубый плагиат: оказывается, «You're under arrest» — название выпущенной не так давно и уже известной пластинки Майлса Дэвиса![27] Занятый лишь тем, чтобы меня оттеснить, мой «друг» даже не заметил, что медяк, который он у меня стибрил, уже вышел из обращения. Anamour[28].

История вторая. Мы плетемся по какой-то улочке в Латинском квартале. Он застывает перед антикварной лавкой: «Я должен найти какой-нибудь подарок. Тебе здесь что-нибудь нравится?» Нет. Обыкновенный старый хлам. Он не отступает: «Посоветуй же мне что-нибудь». Мой совет не заставляет себя ждать: «Исключительный отстой. Не парься». Он заходит в лавку, зовет меня, продавщица сует ему в руки какую-то куклу, которая оказывается потрепанным солдатом из папье-маше. Он мне его показывает: «Во, смотри, какой обормот!» Просит завернуть и платит за него целое состояние. Мы выходим и через несколько метров: «Это тебе. Твой подарок...» Я столбенею, затем взрываюсь: «Верни его в магазин немедленно!» — «Но сегодня же у тебя праздник...» — «Нет». — «Не нет, а да». — «Нет», и т. д. В конце концов я его предупреждаю: «Если ты мне его всучишь, я его растопчу!» Он, ликуя: «Договорились! Только топтать вместе!» Он бросает пакет в канаву и топчет его, стараясь угодить двумя ногами сразу. Amour.

И, наконец, самое главное: помимо занимательного синистроза, презрения к себе самому, доведенного чуть ли не до монашества (эдакий траппист[29], выбравший в виде рубища неизменные босоножки Repetto и блейзер Clyde), существовали еще слова. Речь Сержа Гензбура была прицельной и ранимой. Вспыхивала, как раскуриваемые сигареты. С ним разговаривалось не как в жизни, а как в книге. Надушенный ароматом девятнадцатого века, этот Фокас[30] среди стиляг «йе-йе», ворча и причитая, разрывал выражения, как надкрылья у жуков; рвань была притягательной. Специальная смесь старой французской чопорности и развязной современности всегда удачно взбивалась, если не брать последние годы, когда откровенное жлобство все же перебивало гниловатую изысканность. Его речь, быть может особенно в рамках наших достаточно наигранных отношений, — учитывая мое воспитание и нашу общую сдержанность, — была возбужденной и избыточной. Когда ему случалось мямлить, как это бывает со всеми нами, он сразу же это подмечал, причитал: «Черт, как будто дуба даешь», после чего взбадривался, молодел, тут же выдавал новый образ, тонко передавал ощущение, инстинктивно оживлял вялую банальность, подстегивал действие, и все начинало искриться.

В общем, слова стали привязанностью. Причем самой прочной, если это что-то значит. Вот что нас связывало, вот о чем шел наш мужской разговор. Слова без фраз — за это он и цеплялся, это нас и цепляло. Гензбувар и Пекюшон[31], зацепившиеся шляпами.

Методика

Беседа — нулевая степень журналистики, или, если угодно, ее совесть. Собирание (по установившейся традиции — «интервью берут») и запись слов, которую не следует путать с писанием, суть некое искупление: принцип вопрос-ответ оказывается для этого идеальным средством.

Интервью подстерегают два врага: легкость и обобщение. Прежде всего, нет ничего хуже обобщения. Если болтовня, в которую стремится превратиться любая беседа, болтается вокруг какого-нибудь конкретного вопроса, то она еще может быть сносной и даже забавной; в противном же случае все расплывается. Затем, совершенно недопустима жалкая сердечность; правильная в жизни симпатия оказывается здесь профессиональной ошибкой: расслабленностью, то есть распущенностью, небрежностью. Следует приветствовать все, что может сделать интервью более нервным, судорожным. Враждебность будет всегда предпочтительнее приветливости, краткость — многословия.

Как и многие другие публичные люди, Гензбур имел репутацию скрытного человека, но на самом деле стремился всячески высказаться. Как можно было навязать ему молчание?

Угрожая ему. Другими словами, тревожа его. А что может быть тревожнее, а значит, ужаснее вопроса о жизни и смерти? Особенно для яростного курильщика и алкоголика, чудом спасающегося от инфаркта, как если бы ему, приговоренному, каждый раз давали неожиданную отсрочку. Консультация была краткой: пациент сразу же загорелся (в меру) провокационной идеей замогильного интервью. Своим кощунственным характером и дурным вкусом подобная фанфаронада — эдакий современный вызов Командору — не могла не соблазнить нашего дадаистского[32] Дон Жуана[33]. Мероприятие могло бы быть генеральной репетицией, залихватским прогоном предстоящих похорон, и он его так и воспринимал: не допустить оплошностей, ни в коем случае не испортить мизансцену. Не очень страдая манией величия, он уже наперед видел посвященные ему в последний раз первые полосы газет с заголовком, который он выписывал в воздухе, изображая панорамное движение камеры: «Гензбур зарвался».

Скорее заврался[34].

Интервью «после смерти» я задумывал еще до Гензбура. Не считая пяти-шести пробников (апокалиптический эстет Алан Вега[35]— по месту и почет; герой new wave[36] Роберт Смит[37], мрачный певец Жерар Мансе...[38]), главный вопрос я задал «монстру» Орсону Уэллсу[39] в салоне гостиницы «Крийон» зимой восьмидесятого года.

Пресс-конференция на высшем уровне, гул, духота, вспышки фотоаппаратов, шквал вопросов, ошеломляющих своей бессмыслицей и вопиюще несоответствующих сказочному масштабу персонажа. Затекший от скуки, презирающий всех нас, я вдруг встал и, сам того не желая, спросил у Орсона Уэлса, которого я почитал как отца родного, то, что спрашивать не следовало: а если он умрет?

В холле, выходящем к площади Согласия, поднялся осуждающий гул — робкий намек на возможный скандал, — который имперская длань сиятельнейшего Орсона низвела в гробовую тишину. «Я отвечу на этот вопрос, — начал он. — Я живу со смертью с тех пор, как мне исполнилось десять лет, и...».

Разумеется, этот ответ, — раскрывающий изумительный дар просто, а вместе с тем бесподобно и неизбежно осенить все своим великолепием, — должен цитироваться, повторяться во всех комментариях (как можно говорить о чем-то еще?), не говоря уже об обязательных упоминаниях по случаю последовавшей вскоре кончины.

Итак, поскольку экспериментальное обращение к смерти вызвало такой громоподобный эффект, а при одном только упоминании о великой смертельной стуже тут же повеяло чем-то смрадным и дурманящим, — как бы предвосхищая шквал, который пронесется над нашим не-существованием, накроет и его, и любое интервью о нем, — то оставалось лишь претворить идею в жизнь: 1) выработать план, который будет сводиться к вопросам: «Представьте вашу смерть (где? когда? как?), расскажите подробнее»; 2) систематизировать подход, отвести этой метафизической теме не часть интервью, но посвятить ей всю беседу — рано или поздно, неизбежно последнюю; 3) провести вышеуказанную похоронную беседу с установкой на посмертную публикацию, выбрав добровольного камикадзе, который был бы достоин объявленной кончины. Итак, я подарил Сержу Гензбуру компакт-диск «Суицид»[40] с кровавой обложкой, а он, сидя в своем «роллс-ройсе» с красным номером[41], припаркованном у кладбища Пер-Лашез, смеха ради сам себе подписал смертный приговор.

Результатом стала ниже публикуемая подборка. Опубликованная еще при жизни «умершего», вещица, мрачный характер которой в то время, естественно, шокировал, вызвала у Жака Дютрона[42] (друга) следующую реакцию: «Ух ты! Вот он, бедолага, что выдумал, но ведь все случится совсем не так. Будет облом. Гензбур загнется в каком-нибудь сортире, на задворках какой-нибудь порнокиношки в районе Барбес[43]. Зрелище окажется жалким. Это совсем как одна знаменитая актриса, не важно, как ее звали, надела свое самое красивое платье, в котором она играла свою самую красивую роль, наглоталась какой-то гадости, целую кучу барбитала, и легла на кровать: свечи, классическая музыка, все супер... В общем, колоссальная мизансцена. И что же она сделала первым делом? Обкакалась. А затем облевалась. Заблевала все. Вот так она и умерла. Все было в дерьме и в блевотине. Вот так. Облом. А какой женщиной она была! Таинственной, возвышенной и т. д. Все опорожнилось: огромная лужа дерьма и блевотины. Вот такая чернуха... Вперед, червяки, вперед».

Очередь дойдет до каждого.

С. ГЕНЗБУР: Итак, я умер. Я подвожу итог.

БАЙОН: Тем самым оцениваешь некие достоинства...

С. ГЕНЗБУР: Говорящему мертвецу остается лишь подвести итог... Так или иначе, я сейчас рядом со своей собакой, которую когда-то потерял. А теперь вновь обрел. Она умерла от цирроза.

БАЙОН: Осмос?

С. ГЕНЗБУР: М-да, да, правильно. (*Тихо шипит розовое шампанское.*)

БАЙОН: Когда это произошло?

С. ГЕНЗБУР: Не так давно. Сердце подвело. Нет, скорее от передозняка... но свинцового.

БАЙОН: Свинцовый «Сид Вишес»...[44]

С. ГЕНЗБУР: М-да. Эдакий факел.

БАЙОН: И кто же тебя «подпалил»?

С. ГЕНЗБУР: Я бы сказал... «потушил». Пока есть девчонки, все на мази.

БАЙОН: А где были девчонки? Под тобой? Над тобой?

С. ГЕНЗБУР: Под. Чтобы я их плющил. Подо мной, подо мной. Я был как десантник, что прыгает с парашютом. И прыгал я на девчонок.

БАЙОН: Итак, *это* случилось в каком году?

С. ГЕНЗБУР: В восемьдесят... нет, в девяностом.

БАЙОН: Как это произошло?

С. ГЕНЗБУР: Это произошло в октябре. В один из холодных дней. Холодных ночей. Ночью будет лучше, да? В канаве.

БАЙОН: Как Нерваль...[45] А что ты в тот момент делал?

С. ГЕНЗБУР: Клеил одну.

БАЙОН: Клеил?

С. ГЕНЗБУР: Я не очень хорошо помню — ощущение было ошеломляющее, — случилось ли это после сердечного удара или в результате свинцовой овердозы. Вспышка. А потом я вдруг страшно ослаб.

БАЙОН: С тех пор, как ты умер, состояние улучшилось?

С. ГЕНЗБУР: Состояние улучшиться не может, поскольку я вижу все, что происходит внизу. А внизу сплошное дерьмо.

БАЙОН: Значит, смысла в этом не было?

С. ГЕНЗБУР: Ну... Ах, в смысле ослепнуть? Чтобы стать счастливым? Счастье — это не цель... Я считаю это абсурдным. Идея нирвааааны!

БАЙОН: Быть может, освобождения. Уже больше не...

С. ГЕНЗБУР: ...не дрочишь? Это как сказать. Если девчонок нет, то дрочить все равно продолжаешь. Нет, нет, больше ничего нет. И хер скукожился на хер. Ха-ха-ха!

БАЙОН: Ты можешь подробно описать место, где ты сейчас находишься?

С. ГЕНЗБУР: Я нахожусь внутри своей собаки. Здесь газы. Горючие газы. И я зажигаю... спичку.

БАЙОН: Потому что уже ничего не боишься?

С. ГЕНЗБУР: Нет, чтобы увидеть кишки своей собаки. Я доволен, ведь я ее очень люблю. Раз она была у меня в голове, когда я был жив, то теперь я решил оказаться у нее в животе.

БАЙОН: Абсолютный цинизм. Ты все время остаешься внутри собаки или ты можешь из нее выбираться?

С. ГЕНЗБУР: Я выглядываю через дырку. *Глаз был в анусе и смотрел на Каина...*[46].

БАЙОН: А как ты там очутился?

С. ГЕНЗБУР: Мгновенным напряжением воли.

БАЙОН: И что там, в животе?

С. ГЕНЗБУР: Кишки. Кишка.

БАЙОН: Этот живот, это чрево подменяет тебе чрево матери, нет?

С. ГЕНЗБУР: Точно.

БАЙОН: Значит, твоя мать была собакой?

С. ГЕНЗБУР: Нет. Вовсе нет! Моя мать жива. И я не хочу, чтобы она умирала[47].

БАЙОН: Да, но мы говорим о прошлом...

С. ГЕНЗБУР: Да, мы говорим о прошлом, но она по-прежнему жива. (*Ему явно неловко.*)

* * *

БАЙОН: Как твоя мать отреагировала на твою смерть?

С. ГЕНЗБУР: Не знаю. Я бы не хотел, чтобы она за меня переживала... Ну ладно, проехали. (*Пауза. Возникает некоторая неловкость, чувствуется напряжение. Беседа, кажется, завязла, и Гензбур замкнулся в себе.*)

БАЙОН: Ладно, хорошо. Итак, ты был не один, когда это случилось?

С. ГЕНЗБУР: Нет. Потому что... я был с одной.

БАЙОН: Это еще не означает, что ты был не одинок... Сколько ей лет? Двенадцать?

С. ГЕНЗБУР: (*Смех.*) Нет. В восемьдесят девятом она была... на тридцать лет моложе меня. Следовательно, ей было двадцать шесть лет.

БАЙОН: Рыжая? Блондинка? Брюнетка?

С. ГЕНЗБУР: Евразийка.

БАЙОН: Значит, не волосатая?

С. ГЕНЗБУР: Не какая?

БАЙОН: Не волосатая. Ты был пьян, когда это случилось?

С. ГЕНЗБУР: Нет, но... Мой бокал разбился до того, как разбился я сам.

БАЙОН: Это последний звук, который ты слышал?

С. ГЕНЗБУР: Нет, я услышал пистолетный выстрел.

БАЙОН: Бокал хрустальный или стеклянный?

С. ГЕНЗБУР: Из общепитовских стаканов я не пью. Предпочитаю риск.

БАЙОН: А ты бы хотел, чтобы это произошло как-нибудь иначе?

С. ГЕНЗБУР: Ого! Смерть от убийственного минета? Эта китайская пытка описывается в «Саду пыток» Октава Мирбо[48] и заключается в семи последовательных минетах. На седьмом ты уже харкаешь кровью. Вполне приемлемая смерть.

БАЙОН: А он не мог произойти случайно, этот свинцовый передозняк?

С. ГЕНЗБУР: Передозняк, но через посредника. Я бы сказал ему спасибо за то, что он для меня сделал.

БАЙОН: Ты не думал об этом, когда умер Леннон?[49]

С. ГЕНЗБУР: Нет. Я думал об этом во время страсбургских событий[50]. А еще когда пел «Бог — еврей» и «Ностальгия — товарищ»... в 1981-м. Ну, в общем, я сам нарывался[51].

БАЙОН: Насчет «Бога — еврея», то дело еще, судя по всему, зашло не так далеко, ведь ты умер только... в восемьдесят девятом?

С. ГЕНЗБУР: Да, да. У меня все развивалось по нарастающей. Так уж я был устроен.

БАЙОН: А в Страсбурге тебе показалось, что «это» подобралось к тебе ближе некуда?

С. ГЕНЗБУР: М-да. В карманах были припасены стволы и бутылки с зажигательной смесью. Как с одной, так и с другой стороны.

БАЙОН: В Страсбурге и жизнь била через край: вокруг тебя, с тобой были люди; чувствовалось драматическое напряжение...

С. ГЕНЗБУР: Политика. Ощущение как на митинге.

БАЙОН: А тебе бы понравилась смерть политическая?

С. ГЕНЗБУР: Политическая или поэтическая?

БАЙОН: Если бы ствол вытащили в тот момент, когда ты пел «Марсельезу», и выстрелили, это была бы политическая смерть, нет?

С. ГЕНЗБУР: Уже столько людей умерло, распевая «Марсельезу»... На одного стало бы больше.

БАЙОН: И все же это было бы чертовски парадоксально...

С. ГЕНЗБУР: Чертовски парадно и сально.

* * *

БАЙОН: Итак, ты уверен, это не могло произойти по-другому?

С. ГЕНЗБУР: В больнице? Я бы скорее сам себя прикончил. Предложить себе помощь... в оказании себе последней помощи.

БАЙОН: А ты раньше представлял, что все произойдет именно так?

С. ГЕНЗБУР: Я часто об этом думал... Например, я думал об этом в восемьдесят первом... И в восьмидесятом тоже, потому что мне угрожали смертью, когда я пел «Марсельезу». И...

БАЙОН: Угрозы антисемитского характера?

С. ГЕНЗБУР: Да, да, «Размажем падлу!»[52] Хотя это носило эпизодический характер.

БАЙОН: А ты думал об этом, когда был моложе?

С. ГЕНЗБУР: После первого сердечного приступа[53]. Тогда я решил... Я сказал себе: «Против жизни противоядия нет». До этого я никогда об этом не думал.

БАЙОН: Но в твоих песнях это все же присутствует...

С. ГЕНЗБУР: Человек чувствует присутствие смерти всегда, если, конечно, он не полный мудак.

БАЙОН: А твоя навязчивая идея черного цвета — это было еще до сердечного приступа?

С. ГЕНЗБУР: Черный — это не... Психиатрические больницы окрашены белой краской. Для меня черный цвет — это абсолютная неукоснительность. Цвет смокинга.

БАЙОН: Смерть ведь тоже неукоснительна?

С. ГЕНЗБУР: Здесь нет ни черного, ни какого бы то ни было понятия о цвете. Никаких свойств, никаких цветов. Цвета есть цвета радуги, а серый, черный и белый — это валёры, значения. Для художника. Каким я и был. Ни запах, ни аромат, ни слух...

БАЙОН: И страха уже нет?

С. ГЕНЗБУР: Нет. Как тут не усомниться в иудео-христианской морали, согласно которой за миллиграмм какой-то вечности приходится париться целую вечность в этом вонючем аду...

БАЙОН: Можно ли считать, что тебе хорошо там, где ты существуешь сейчас?

С. ГЕНЗБУР: А я не существую.

БАЙОН: Там холодно?

С. ГЕНЗБУР: Не знаю. Какая температура у собак?

БАЙОН: У мертвых собак?

С. ГЕНЗБУР: Черт возьми! Моя собака жива! В космосе! Меня согревает свет звезд. Моя сука. Нана. Ее ошейник...

БАЙОН: А ты выглядел пристойно?

С. ГЕНЗБУР: Думаю, это был мелкокалиберный пистолет. И пуля не раздробила.... голову.

БАЙОН: Ты был выбрит, помыт?

С. ГЕНЗБУР: Я не смог привести себя в порядок до этого, так как все произошло случайно. Жопу мне точно не подмыли.

БАЙОН: Мелкокалиберный пистолет может повести себя весьма коварно.

С. ГЕНЗБУР: Зато эффективно.

БАЙОН: Кто стрелял — мужчина или женщина?

С. ГЕНЗБУР: Не знаю. Мне стреляли в спину.

БАЙОН: У тебя нет никакой возможности узнать?

С. ГЕНЗБУР: Есть. Когда мой убийца даст дуба, то, возможно, будет здесь гулять на поводке моей собаки.

БАЙОН: Пуля попала тебе в затылок?

С. ГЕНЗБУР: Да, совсем как... — нет, не Глюксману[54], а Гольдману[55]. Обо мне писали на первых страницах все газеты.

БАЙОН: Ты тоже упал, раскинув руки в стороны?

С. ГЕНЗБУР: Как Христос? Нет, я попытался подхватить свой бокал, но он выскользнул у меня из рук.

БАЙОН: Тебе было больно?

С. ГЕНЗБУР: Нет. Сработано было чисто.

* * *

БАЙОН: А в момент смерти твой «микки» стоял?

С. ГЕНЗБУР: «Микки» встает только у тех, кто вешается. Или у тех, кому делают смертельный минет.

БАЙОН: Да, но ты все-таки кого-то клеил. Может быть, это было уже на продвинутой стадии и...

С. ГЕНЗБУР: Нет, нет. Не в моем возрасте. (*Улыбается, как промокший пес.*)

БАЙОН: Барышня плюс удар от...

С. ГЕНЗБУР: Эякуляция! Я никогда не скрывал, что есть общего между мной и Микки Маусом: большие уши и длинный х... вост.

БАЙОН: А... — ты можешь отмахнуться, если тебе не хочется отвечать, — твоя семья переживала?

С. ГЕНЗБУР: Да, хотя.... (*Он и в самом деле отмахивается, отметая вопрос.*) Проехали.

БАЙОН: А похоронили тебя достойно?

С. ГЕНЗБУР: Достойно... Когда ты мертв, то невозможно быть достойным. Можно быть только голым.

БАЙОН: Обошлось без религиозности?

С. ГЕНЗБУР: Без.

БАЙОН: Ты оставил точные инструкции?

С. ГЕНЗБУР: Да, в восемьдесят восьмом. Но они были самыми простыми: «Хозяин, я не нарушил ни одного условия контракта. Задание выполнено».

БАЙОН: Подпись «Соколов»[56]...

С. ГЕНЗБУР (*раскатистый хохот*).

БАЙОН: Итак, тебя похоронили?

С. ГЕНЗБУР: Да, если, конечно, не закидали дюжиной гранат и я не оказался в таком же состоянии, что и Неизвестный солдат. Даже неизвестно, солдат ли это или какая-нибудь корова. Или фриц. В общем, месиво. А может быть, их там человек пятнадцать...

БАЙОН: Единственное, что можно идентифицировать, так это червей.

С. ГЕНЗБУР: За неизвестных червей! (*Снова по бокалам разливается шампанское.*)

БАЙОН: Ты не просил, чтобы тебя кремировали?

С. ГЕНЗБУР: Я бы предпочел, чтобы меня бросили в воду. Водная стихия мне кажется поэтичнее, чем земная. Но закон предоставляет эту привилегию только морякам. Хотя можно договориться... нелегально. Я, впрочем, так и сказал: «Пусть возьмут мои останки — то, что от них останется, — потом в машину, а затем на корабль, и все». Немного цемента. И все прекрасно. Как какого-нибудь мафиози.

* * *

БАЙОН: А теперь вот такой мерзопакостный вопросец: как насчет наследства?

С. ГЕНЗБУР: Я оставил гандикап в четыре лимона каждой из дочек. Именно гандикап. У меня их три[57].

БАЙОН: Ты с этим справился сам? Ты считал, что так и должно быть?

С. ГЕНЗБУР: Нет, нет. Этим занимались адвокаты.

БАЙОН: Ты не оставил никаких точных указаний на этот счет?

С. ГЕНЗБУР: Нет, такие указания приносят одни несчастья...

БАЙОН: На Мадагаскаре практикуется так называемое переворачивание мертвых: они лежат в открытых склепах, их кладут на носилки и проносят по деревне, пританцовывая...

С. ГЕНЗБУР: Чечетка. А они играют в кости...

БАЙОН: И их подбрасывают очень высоко, чтобы они переворачивались в воздухе. Тебе бы это понравилось?

С. ГЕНЗБУР: Нет, я бы обломался.

БАЙОН: А с тебя сняли посмертную маску, как с Паскаля?[58]

С. ГЕНЗБУР: М-да. И слепок с рук тоже. И с члена.

28

БАЙОН: Из гипса?

С. ГЕНЗБУР: Нет! Из синтетического эластомера. То есть из латекса. Чтобы те, которые меня любили до, продолжали меня любить и после.

БАЙОН: А как ты вообще можешь говорить, если ты мертв?

С. ГЕНЗБУР: Говорю не я. Это моя собака. Может показаться, что она чревовещательница, но говорит именно она. Голосом своего хозяина.

БАЙОН: А она и петь может?

С. ГЕНЗБУР: Как и я. Она произносит «Гав, гав». Цедит сквозь... клыки.

БАЙОН: А призрак у тебя есть? Фантом?

С. ГЕНЗБУР: Нет, у меня одни фантазмы: трахать мертвых. Или дать трахнуть мою собаку и собрать немного «сливок»... Нет. Призрак? На что он мне сдался?

БАЙОН: Еще немного поерничать?

С. ГЕНЗБУР: О, это да! Это здорово.

БАЙОН: А твой призрак спел бы «Марсельезу»?

С. ГЕНЗБУР: Спел бы, а потом показал бы всем средний палец.

БАЙОН: А тебе понравилось бы жить и, следовательно, умереть в другую эпоху?

С. ГЕНЗБУР: М-да, в 2028-м. Мне было бы сто лет. Хотя, нет. Я бы хотел пережить движение *дада*[59]. Думаю, в дадаистской эстетике я бы достиг успеха, в живописи и в поэзии. Это было сплошное высмеивание и абсолютный цинизм.

БАЙОН: По поводу отсылок: можно ли считать, что одним из тех, кто оказал на тебя влияние, был Верлен?[60]

С. ГЕНЗБУР: Верлен? Зануда. Не знаю и знать не хочу Верлена. Из этой парочки я знаю только Рембо[61]. Верлен все время ноет. А я не ною. Я ору.

БАЙОН: Я имел в виду такие вещи, как «Она играла со своей киской»...[62]

С. ГЕНЗБУР: Да нет же... (*С досадой.*) Нет. Рембо, Пикабиа[63], Гюисманс[64].

БАЙОН: Когда ты говоришь о *дада*, сразу вспоминаются Риго[65], Ваше[66], Краван[67], одни самоубийцы.

С. ГЕНЗБУР: Я тоже о них подумал.

БАЙОН: Успех, не означал ли он для дадаистов успешное самоубийство?

С. ГЕНЗБУР: Да, но это чисто эстетическая установка. Так же как любая политическая идея может быть лишь эстетической идеей и не нуждается в том, чтобы ее выверяли, как идею математическую.

БАЙОН: ???

С. ГЕНЗБУР: Кстати, не исключено, что в тот момент, когда вылетела пуля, моя рука поднялась. Я не хотел, чтобы мой череп был поврежден.

БАЙОН: Значит, она отскочила?

С. ГЕНЗБУР: Пуля не отскакивает. Она может срикошетить.

БАЙОН: Законченный пурист. А распятие, о котором ты пел в «Ecce Homo»? Кстати, довольно смелый ход — рифмовать «Гензбур» с «Голгофой»... (*Смех.*) Без Понтия Пилата[68] дело обойтись не могло? Может, это он в тебя стрелял?

С. ГЕНЗБУР: Это было убийство высшего пи*лат*ажа.

БАЙОН: Или пи*лат*ируемое самоубийство.

С. ГЕНЗБУР: Если бы Христос умер на электрическом стуле, все христиане носили бы вокруг шеи маленькие золотые стульчики. Лично я предпочел бы стул. Так меня бы не путали с тем, другим, с моим дальним сородичем. А центурион что, смочил ему губы уксусом? Я бы предпочел розовое шампанское. И гвозди мои должны быть из платины, и крест из эбенового дерева. А венец от Картье[69]. Поскольку у меня навязчивая идея всяких выпуклостей, то венец из шипов мне просто необходим[70].

БАЙОН: А нижнее белье?

С. ГЕНЗБУР: Я уверен, что у него не было белья. Это все пуританизм. Я был бы тоже без белья. Или в леопардовом трико.

БАЙОН: А кто мог бы быть распят справа и слева от тебя?

С. ГЕНЗБУР: Левее меня, в восемьдесят девятом? Например, два мошенника-педераста. В густом макияже. Оскорбительно размалеванные. В губной помаде аж до ноздрей. Или даже два гермафродита. В гриме. Распятые наоборот, чтобы виднелись их ягодицы. А любопытные туристы могли бы сбоку высматривать еще и груди. А кресты у мошенников — из розового зефира.

БАЙОН: Значит, они гнутся на сторону?

С. ГЕНЗБУР: Предусмотрены подпорки. Даже для членов. У нас у всех — подпорки. Мой член привязан к подпорке черным презервативом. Как будто он негритянский. Негроид.

* * *

БАЙОН: Почему ты не «прыгнул с аэроплана»? Эта идея тебе долго не давала покоя.

С. ГЕНЗБУР: «Прыгнуть с аэроплана»... Да, такая возможность продумывалась. Но это не в моих силах. Мое тело оказалось бы в руках Пилата-командира и второго пилата. А если бы я нанял охранника, то было бы два трупа вместо одного.

БАЙОН: Ходят слухи... будто стрелявший был с улицы Жермен-Пилон, девятнадцать, из того заведения для травести...

С. ГЕНЗБУР: Если это так, то преступление было совершено в состоянии аффекта.

БАЙОН: Может быть, кто-то даже был рад? Из такой уймы...

С. ГЕНЗБУР: ...дерьма? Я уже забыл их имена. Все равно они все умерли. Еще до меня. Естественной смертью. Самой мерзкой смертью, которую можно только придумать. Хотя они были уже мертвыми, когда еще жили, а жили они как овощи.

БАЙОН: Метемпсихоз репы?

С. ГЕНЗБУР: Да, только репа... она — красивая. Белая, с фиолетовым оттенком, херообразной формы.

БАЙОН: А разве репа не круглая?

С. ГЕНЗБУР: Есть репы круглые, как яйца. А я говорю о репе белой расы. Я всегда любил только те овощи и тех животных, которым не хватало любви. Я любил ослов, коз и уличных шавок. И с овощами то же самое. А люди, разумеется, всегда готовы поносить то, что едят; ведь говорят же все время: «грязный как свинья», «тупой как баран», «козел» снял «клюкву»...

БАЙОН: А «Человек с капустной головой»?[71] (*Статуя стоит в глубине комнаты и взирает на происходящее своим овощным взглядом.*)

С. ГЕНЗБУР: Это совсем другое. Это скорее юмор.

БАЙОН: Он выглядит каким-то недоделанным.

С. ГЕНЗБУР: Нет. Вовсе нет. Он совершенно отъехавший. Вздрюченный, совсем как я.

БАЙОН: Пока его не рассмотришь, полное ощущение, что это фотомонтаж с твоим телом...

С. ГЕНЗБУР: У меня не такой большой член. И я не такой крепыш. И руки у меня красивее. И нос совершенно другой.

БАЙОН: А если говорить о видении вообще, теперь ты видишь все по-другому?

С. ГЕНЗБУР: Нет. Как и при жизни, я вижу, что все — полная фигня. Все — фигня. То, что над нами летает, — куда делись райские птицы? — это просто навозные мухи. Вместо райских птиц... Райская птица — это колибри. Я видел ее один раз. Вместе с Джин Сиберг[72] в джунглях Колумбии. Она движется как вертолет. Она зеленого электрического цвета, длиной в сорок пять сантиметров[73]: это самый прекрасный электронный аппарат, который создали боги. Я всегда говорю «боги» во множественном числе, на тот случай, если из всей оравы один действительно окажется настоящим. *Боги.* «Создал человек богов. — Разве не наоборот? — Ну ты, парень, прикололся!»

БАЙОН: Эта песня — последний кукиш в сторону рэггей? Не была ли строчка «Пыхай, жалкий растаман, и вдыхай побольше притчей» несколько... дерзкой?

С. ГЕНЗБУР: Самой возмутительной строчкой была другая: «В Эфиопии есть мрачный идиот». На самом деле я написал «сумрачный идол», но прозвучало как «мрачный идиот»[74].

БАЙОН: Если бы у тебя была возможность начать все сначала, ты бы вел себя по-другому?

С. ГЕНЗБУР: Возможно, я был бы смелее. Возможно, я носил бы искусственный нос. Искусственный член — это все-таки довольно утомительно. У меня ими были набиты целые чемоданы.

БАЙОН: Искусственными членами или искусственными носами?

С. ГЕНЗБУР: Это абсолютно одно и то же. Ведь говорят: «Не суйте нос в мои дела». На самом деле это означает: «Даже не пытайтесь меня наебать».

БАЙОН: Тебя послушаешь — и вспомнишь про хвастуна Пиноккио. Собака у тебя чуть ли не кит, а ты внутри нее — вылитый Иона[75]. А кто же тогда Геппетто?[76]

С. ГЕНЗБУР: Старый господин? Геппет? (Смех.) Это бог! Им мог бы быть как раз один из богов: Гепед или Геперд. Поклоняться Геперду ходили бы не в церкви, а в клозеты. Впрочем, общественные туалеты так похожи на исповедальни.

БАЙОН: Поскольку все равно ничего не чувствуешь, то можно вынести и запах аммиака...

С. ГЕНЗБУР: Зато там такие аппетитные «пончики»...

БАЙОН: Со «сливками»...

С. ГЕНЗБУР: «Сливочками». Нет больше ни богатых, ни бедных; немножко измученной плоти, немножко вымоченной тюри, и хватит[77].

БАЙОН: Ты бы хотел что-нибудь сообщить кому-нибудь из живых?

С. ГЕНЗБУР: Я не открою ни его имя, ни его фамилию, а только скажу: «Иди-ка ты в жопу!»

БАЙОН: Ты не забыл что-нибудь важное?

С. ГЕНЗБУР (*долгое молчание*): Да. Я забыл свой военный билет.

БАЙОН: А что-нибудь ты все-таки успел с собой захватить?

С. ГЕНЗБУР: Да. Кость[78] для собаки.

БАЙОН: Кость для Нана́? Ты из-за Золя назвал ее Нана?[79]

С. ГЕНЗБУР: Вовсе нет. Его я как-то совсем упустил из виду. Вокруг него столько дыму напустили! А я с огнем не балуюсь.

* * *

БАЙОН: Еще один мерзкий вопрос: из-за твоей смерти количество проданных пластинок увеличилось?

С. ГЕНЗБУР: Колоссально! «Я слышу шум станков печатных»...

БАЙОН: Какой-то одной пластинки в особенности?

С. ГЕНЗБУР: Полного собрания. Плюс «Соколов» и «Фиктивный дневник»[80], который я написал в девяносто третьем. То есть который вышел в девяносто третьем, а начал я его писать в конце девяносто первого—начале девяносто второго.

БАЙОН: И он открывается отсылкой к «Фальшивомонетчикам»?[81]

С. ГЕНЗБУР: Нет, нет, вовсе нет.

БАЙОН: По сравнению с восемьдесят девятым годом это не кажется тебе несколько устаревшим?

С. ГЕНЗБУР: Ну уж нет. Это литература.

БАЙОН: Осталось ли от тебя на земле что-нибудь важное?

С. ГЕНЗБУР: Да. Осталась Брижит Бардо...[82] Или то, что от нее осталось. Ой, виноват! Так могут и засудить!

БАЙОН: Тебе-то что? Ты ведь уже мертв.

С. ГЕНЗБУР: Меня не засудят, а вы рискуете.

БАЙОН: Теперь, когда ты мертв, воздвигнут ли тебе как великому артисту мавзолей?

С. ГЕНЗБУР: Я же не араб.

БАЙОН: Нет, я имею в виду мавзолей в переносном смысле, как вознесение Рембо, Русселя[83], Лотреамона[84], которых признали уже после их смерти. Как поэтов...

С. ГЕНЗБУР: Ах в этом смысле? Чуть позднее. Сначала следует понять мою установку. А это произойдет не сразу. Сразу никак. К тому же все это совершенно бесполезно. Бесполезно пытаться выжить через свои поступки, остаться в своих произведениях. Захотеть пережить себя — это чудовищная самонадеянность. Единственное средство пережить себя — это плодиться. Как собаки. Ведь мы и есть собаки. Мы купидоним тех, кто рядом. Мы купидонимся по соседству, поблизости, как собаки склеиваются на тесном тротуаре. Для выживания есть только размножение. «Вечеря» Леонардо да Винчи закончилась во флорентийской грязи. Вечности нет. Есть вечность трехсотлетняя, четырехсотлетняя, семисотлетняя... И что дальше? А потом?

БАЙОН: Значит, раз после тебя остались твои дети, ты все же себя пережил?

С. ГЕНЗБУР: Пережил! И в жопу заслужил! Я пережил себя, сам того не желая. Никакой целеустремленности в этом не было. Возьмем, к примеру, Хуана Гриса[85] или кубистов, которые делали коллажи с газетной бумагой. Они прекрасно знали, что со временем бумага желтеет и портится. Но им было наплевать. По барабану. Им до этого было как до извергнутой спермы.

БАЙОН: Это нас подводит чуть ли не к леттризму...[86] Если вспомнить песню «Бана База бу... бу...»

С. ГЕНЗБУР: «Бана ба... зади балало»?

БАЙОН: Да, «Банабазадибалало»[87]. Каковы твои отношения с леттризмом?

С. ГЕНЗБУР: Очень далекие. На самом деле «Бана базади балало» — это фраза на диалекте банту, которая означает «три маленьких ребенка».

БАЙОН: А что у тебя было на уме в... «наивысший» момент? Ребячьи шалости?

С. ГЕНЗБУР: «Наивысший» от «высшей меры наказания»? Нет. Я ощутил возвышенную радость. Что у меня было на уме? Как и у Андре Шенье[88]: «планы».

БАЙОН: То есть?

С. ГЕНЗБУР: Перед тем как.... отделиться от своего тела, Андре Шенье сказал: «Мне предстояло столько сделать и столько сказать...» Гм... Я еще мог говорить вдоволь, я и сейчас не могу наговориться.

БАЙОН: Что-то вроде чистилища?

С. ГЕНЗБУР: М-м-м-м-да. Температура тридцать семь градусов. (Смех.) Теплая вода. Теплый океан.

БАЙОН: А музыка в голове?

С. ГЕНЗБУР: Никогда! Я никогда не думал музыкой. Я думал словами. Музыка неестественна. Я никогда не пел. За исключением тех моментов, когда мне за это очень, очень дорого платили. Ну и в ванной...

БАЙОН: А твои самые последние планы?

С. ГЕНЗБУР: Книжка (книжки) и картина (картины) — собственного производства.

БАЙОН: А что за книжка?

С. ГЕНЗБУР: Это был... планировался сборник стихов.

БАЙОН: К песням? Неопубликованным?

С. ГЕНЗБУР: Я же сказал «стихи». Я не сказал «тексссссты»! Я был сочинителем текссссссстов! Но поэтом я не был. Хотя иногда... приближался. Да, у меня были «приближения». Но чтобы опубликовать стихи... Ах нет! Чуть не забыл: в девяностом году у меня всё-таки вышел сборник. Я и забыл... из-за провала.

БАЙОН: Из-за провала?

С. ГЕНЗБУР: Не только в черепе, но и в памяти...

БАЙОН: А в жизни у тебя был «твой» поэт?

С. ГЕНЗБУР: Нет. Было одно стихотворение у На-
бокова, в «Лолите». «Гейз». А потом один сонет у Эредиа[89]. И у Рембо... Это скорее был калейдоскоп. Я не
зацикливался на чем-то одном. Или все-таки нет: была
великолепная книжка у Франсиса Пикабиа. Он подарил
ее очень дорогому другу, такой маленький буклетик под
названием «Иисус Христос Расфуфыренный»...[90] Это он
говорил: «Я, сударь, наряжаюсь в человека, чтобы быть
ничем».

БАЙОН: Расфуфыренный Иисус, неплохо...

С. ГЕНЗБУР: Тупость человеческих существ, живых
людей: они проходят мимо гениев, как проходят мимо
дворника-африканца.

БАЙОН: Значит, гений не может быть дворником?

С. ГЕНЗБУР: Нет.

* * *

БАЙОН: Не является ли отличительной чертой ге-
ния то, что он получает признание уже после смерти?
(*Звон бокалов.*)

С. ГЕНЗБУР: Чистая логика. Одержимому мечтате-
лю остается лишь самоубийственный демарш. Который,
кстати, я успешно реализовал в девяностом году. (*Ши-
пение пены.*) Да... (*Выдерживает паузу для достижения
большего эффекта.*) Ведь не исключено, что тот тип меня тогда застрелил не насмерть.

БАЙОН: Ах вот как?!

С. ГЕНЗБУР: Да. В этом деле был еще постскрип-
тум. На самом деле он меня не убил. Я просто отправился навестить свою собаку, а за это время знаменитый хирург извлек из меня пулю и... Да, я совсем забыл
об этом эпизоде. Ведь вторая пуля, которую я получил,
это... ее я пустил себе сам. Да, я в этом уверен! Я выстрелил себе в рот.

БАЙОН: Вот это да! И много времени прошло между этими выстрелами?

С. ГЕНЗБУР: Да. Пятнадцать лет.

БАЙОН: Хорошо. Вернемся к Эдгару Аллану По[91].

С. ГЕНЗБУР: Вот почему этот сборник стихов, — теперь я все вспомнил — вышел в девяносто... втором.

БАЙОН: Только что ты говорил, что в девяностом...

С. ГЕНЗБУР: В восемьдесят девятом. В восемьдесят девятом я хотел его издать, но тут произошел этот... несчастный случай. С почти смертельным исходом. (*Смех.*). Вот это класс! А в девяносто втором мой издатель получил от меня стихи. Какое-то время ушло на вычитку корректуры — я послал текст в октябре, — а в феврале сборник был готов. Тиражом в... Пикабиа напечатал четыре тысячи, а я... шестьдесят тысяч.

БАЙОН: И это называлось «Предпоследняя подача»... Таким же был и По. Его раздражала одна лишь мысль о том, что он не сумеет умереть «как следует». Что его похоронят живьем.

С. ГЕНЗБУР: Что смерть у него не получится. Есть такая прелюдия у Рахманинова: там какой-то мертвец разрывает свой саван.

БАЙОН: Кстати, так похоронили уйму людей. Нашли даже доказательство того, что в гробу они просыпались: руки у них были изъедены...

С. ГЕНЗБУР: Изголодались...

БАЙОН: В то время верили в электрокардиограммы. Теперь все усовершенствовано.

С. ГЕНЗБУР: Ага. Ага. Все на мази... в крови и в грязи.

БАЙОН: Удачная заключительная фраза.

С. ГЕНЗБУР: «Все на мази»... многоточие, «в крови и в грязи».

БАЙОН: А ты успел сочинить похоронную музыку?

С. ГЕНЗБУР: Ой, подожди-подожди! Теперь я все вспомнил точно! С восемьдесят девятого по девяносто второй я был педерастом. Как раз во время третьей мировой войны.

БАЙОН: Значит, тебя все-таки...

С. ГЕНЗБУР: Да, я себя переборол. Раньше я боялся. Хотя нет, я не боялся, у меня не получалось быть счастливым.

БАЙОН: Или ты еще не до... не исчерпал того, что было раньше...

С. ГЕНЗБУР: И я радикально переметнулся. Как... Арагон...[92] Ой, виноват! Без имен!

БАЙОН: А разве он в восемьдесят девятом был еще жив?

С. ГЕНЗБУР: Гм. Но ведь в тридцать шестом—тридцать седьмом он и так уже был практически мертв! (*Смех.*) С тех пор вместо него фланировал его двойник.

БАЙОН: Как теперь говорят, его клон.

С. ГЕНЗБУР: Его клоун! (*Смех.*) Вот мы и вернулись к искусственным носам!

* * *

БАЙОН: Итак, во второй раз это было добровольно и предумышленно, и уже наверняка?

С. ГЕНЗБУР: О да. На сей раз я решил не полагаться на других и сделал все сам. И не подкачал.

БАЙОН: А после первого раза остались какие-нибудь последствия?

С. ГЕНЗБУР: Нет! Ну, идиотом я, по крайней мере, не стал!

БАЙОН: Нет, но, возможно, в результате этого тебя озарило...

С. ГЕНЗБУР: Это правда. То есть у меня в голове все вспыхнуло... И я сказал себе: «Ладно. Бабки надоели. Слава у меня есть. Перейдем к вещам серьезным. Например, к поэзии, которая является для меня наилучшим способом интеллектуальной эякуляции». Не кино, не музыка, а именно поэзия. Потому что она входит в мозг через глаз. А не через ухо.

БАЙОН: А это привилегированный орган чувств?

С. ГЕНЗБУР: Глазная сетчатка важнее ушной раковины. Если не считать близоруких.

БАЙОН: Итак, поэзия?

С. ГЕНЗБУР: Для человека это самое опасное, что можно представить. А значит, самое интересное. И куда действеннее, чем кок или гер.

БАЙОН: Удивительно, что ты не вспомнил о Малларме[93]. Это?..

С. ГЕНЗБУР: Ноль. Я упустил его из виду, и его тоже. Это правда; они на той же дистанции, что и я, но я двигаюсь быстрее. Это не гордыня. У меня был свой собственный маршрут, свой боевой путь. И на этом пути было несколько встреч... Рембо, Малларме, Гюисманс, По... Все те, кто мне повстречался...

БАЙОН: «Я — имперский закат, я — исход декаданса / Я вижу, как варвар грядет светловласый»[94] или...

С. ГЕНЗБУР: Да-да, именно так.

БАЙОН: Значит, ты так и не сочинил траурную музыку для своих похорон?

С. ГЕНЗБУР: Да ну ее! Нет. Без церемоний.

БАЙОН: Ладно. А какова была вторая мизансцена конкретно?

С. ГЕНЗБУР: В девяносто втором?

БАЙОН: Когда ты выстрелил себе в рот...

С. ГЕНЗБУР: Ах да!

БАЙОН: Где?

С. ГЕНЗБУР: В апартаментах типа люкс самого красивого отеля в мире, который называется «Ле Гритти». (*Диктует по буквам: «Гэ, Эр, И, два Тэ, И».*) В Венеции. В итоге меня вынесли по служебной лестнице типа люкс, чтобы не беспокоить миллиардеров. Миллиардеров типа люкс.

БАЙОН: В какой период?

С. ГЕНЗБУР: Период Великой депрессии. Всеобщей депрессии! (*Смех.*)

БАЙОН: В каком месяце?

С. ГЕНЗБУР: Осенью. Я обожал осень.

БАЙОН: Как ты был одет?

С. ГЕНЗБУР: Я был в белом костюме. Без галстука. Белые брюки, белая рубашка. И белые носки.

БАЙОН: Однажды в каком-то фильме ты играл в белом костюме. Тебе надо было перейти лужу, и ты в нее шлепнулся плашмя...

С. ГЕНЗБУР: Ах да. Помню.

БАЙОН: Так ты, наверное, тогда репетировал свое самоубийство?

С. ГЕНЗБУР: Точно... Черт возьми, ну разумеется! (*Презрительная гримаса.*) О нет. Это — нет! Фи! Это уже слишком! (*Смех.*)

БАЙОН: В котором часу это случилось?

С. ГЕНЗБУР: В час пик... по алкогольной шкале. Смерть, как и любовь: всегда с шампанским.

БАЙОН: Или с абсентом. Ты мог бы доставать контрабандный абсент из Испании...

С. ГЕНЗБУР: Я пробовал... Но мне не удавалось.

БАЙОН: Но на этот раз, в виде исключения, неужели к тебе хотя бы мельком не прилетала «зеленая фея»?

С. ГЕНЗБУР: Нет. Даже на пять минут... «Bullshot»[95]: половина бурбона, половина водки. И пуля из золота. Нет, из платины!

БАЙОН: Как Потоцкий?[96]

С. ГЕНЗБУР: Ах да. Это уже было... Черт! Это уже было! Да, но я... но у меня была пуля «дум-дум»! Я отметился на славу. Я загадил апартаменты. Все их хоромы.

БАЙОН: Ты замарал лепнину на потолке?

С. ГЕНЗБУР: Я замарал потолки, ковры, сатиновую постель и даже весь будуар.

* * *

БАЙОН: А в этот момент в апартаментах, наверное, была какая-нибудь горничная?

С. ГЕНЗБУР: Нет, не горничная. Пять девчонок...

БАЙОН: Мм-м-м...

С. ГЕНЗБУР: Черт! Я ошибся... (*Смех.*) Я совсем забыл. Ну конечно же это были мальчишки!

БАЙОН: Ах вот как?

С. ГЕНЗБУР: А перед самим актом я, как Сарданапал[97], их всех поубивал.

БАЙОН: Это были эфебы или уже зрелые мужи?

С. ГЕНЗБУР: Ты спрашиваешь, чтобы поставить меня перед выбором: ебать или быть выебанным? (*Смех.*)

БАЙОН: Нет, нет, нет. Только чтобы выяснить, есть ли небольшая толика педерастии...

С. ГЕНЗБУР: Мм-м-м-м... Отроки... Гладко выбритые. Начисто. Надушенные. В нужных местах.

БАЙОН: Итак, их было пять?

С. ГЕНЗБУР: Нет... девять. Так интереснее. Девять.

БАЙОН: Почему девять?

С. ГЕНЗБУР: Потому что девятка... напоминает мужские гениталии. И шестерка тоже, но когда все как надо... Кстати, если я положусь на свою слабеющую память, как написано в «Соколове», мои любимые цифры — 3, 6 и 9. 3 — это попка... 6 — это эрекция. А 9 — это...

БАЙОН: Упадок. Вольно!

С. ГЕНЗБУР: И отлить.

БАЙОН: Вольно, смирно!

С. ГЕНЗБУР: Начальник, задание выполнено.

БАЙОН: Это нужно сохранить.

С. ГЕНЗБУР: «Начальник, задание выполнено!» (*Смех.*) Я должен позвонить... (*Перерыв. Серж Гензбур, держа в руках магнитофон с самого начала интервью, при каждой паузе или заминке сам останавливает и вновь запускает запись смертоносной истории.*) Итак? Ах да, девять моих... петушков. Все, вспомнил: 3, 6, 9. Отлить.

БАЙОН: А мизансцена твоей смерти?

С. ГЕНЗБУР: Довольно трудно поставить. В том смысле, что не следует даже пытаться замочить девятерых персонажей из пистолета... Иначе после первого же выстрела остальные восемь смекнут, что к чему, и смоются! (*Смех.*)

БАЙОН: А если бы ты выбрал самых тупых и заплатил бы им очень много?

С. ГЕНЗБУР: Нет. Нужен цианистый калий. В шампанское. Всем. Кроме меня.

БАЙОН: А тебе...

С. ГЕНЗБУР: А мне — «дум-дум».

БАЙОН: Бронзовая?

С. ГЕНЗБУР: Нет. Платиновая.

БАЙОН: А эти девять персонажей умерли намного раньше тебя?

С. ГЕНЗБУР: О нет! От них еще не пахло... Впрочем, они надушились «Одороно». В промежности.

БАЙОН: На каком этаже отеля «Гритти»?

С. ГЕНЗБУР: Эти апартаменты мне хорошо знакомы: если смотришь на фронтальный фасад гостиницы, они справа... на втором этаже. Окна выходят на шпиль Ля Салюте, самой красивой, самой барочной церкви в Венеции.

БАЙОН: Салют Венеции.

С. ГЕНЗБУР: Мадонна делла Салюте... Несколько голубей взлетело от резкого хлопка моего выстрела... (*Звонит телефон. Серж Гензбур отвечает. Затем прослушивает кассету, вновь включает запись.*) Салюте. (*Стоп. Перематывает назад и вновь повторяет. Два раза.*) Салюте... Салюте... (*И наконец ухватывает нить.*) Несколько голубей взлетело от резкого звонка моего... звонка Богу. Ой, виноват! Богам. Несколько голубей... как это? Взлет голубей!

БАЙОН: Стая голубей... которая закрыла собой небо! Пелена тени растянулась по земле...

С. ГЕНЗБУР: Да, да...

БАЙОН: И вознесся стон...

С. ГЕНЗБУР: Уууууууууааааау! Тело погрузили на катер. Выглядело очень красиво. Это произошло в конце третьей мировой войны.

БАЙОН: Как-то не очень...

С. ГЕНЗБУР: Я же сказал: В КОНЦЕ ТРЕТЬЕЙ МИРОВОЙ ВОЙНЫ![98] Что здесь может быть «не очень»?

* * *

БАЙОН: Мерзкие вопросы по поводу твоих похорон не удаются... Итак, в итоге тебя похоронили в море?

С. ГЕНЗБУР: Да, меня не заземлили, а заморили.

БАЙОН: Ладно, а теперь вот какой вопрос: кто-нибудь попытался выдрать у тебя золотые зубы, когда ты был уже в могиле?

С. ГЕНЗБУР: У меня нет могилы.

БАЙОН: Да, но...

С. ГЕНЗБУР: Я же не эта... Как ее звали? Мартин Кароль[99]. Мартин Кароль завещала похоронить себя со всеми своими украшениями. Так ее обнесли. Причем грабители особенно ничем не рисковали.

БАЙОН: Другой мерзкий вопрос: твою могилу осквернили? И тебя самого?

С. ГЕНЗБУР: В смысле меня трахнули?

БАЙОН: Некро... фагия.

С. ГЕНЗБУР: Нет. Некрофилия. Некрофагия — это когда мертвых едят.

БАЙОН: Именно это и произошло?

С. ГЕНЗБУР: Надо же что-то оставить и моей собаке!

БАЙОН: Ты захватил для нее кость: она должна быть довольна...

С. ГЕНЗБУР: Да, она меня любила. Она любит мои кости, мою кость.

БАЙОН: Не кажется ли тебя, что это несколько жестоко?..

С. ГЕНЗБУР: Это как любовь. На самом деле любовь — это жестко или мягко. Сырые птицы нам нравятся своим пением, вареные — своим мясом. То же самое со смертью. Следует быть «сырым» или «вареным».

БАЙОН: А кстати, ты еще на что-то способен там, на глубине шести футов?

С. ГЕНЗБУР: Шести футов? Нет... На глубине двух-трех километров. Я все еще спускаюсь. Чем глубже я спускаюсь, тем больше плотность. Я даже не знаю, опустился ли на дно «Титаник».... Такая густая плотность, что один сантиметр проходишь за...

БАЙОН: Целый век!

С. ГЕНЗБУР: Нет. Не за век. За... Очень долго...

БАЙОН: Значит, сейчас, когда мы говорим, ты еще не достиг дна?

С. ГЕНЗБУР: Нет, я не достиг дна. Я двигаюсь медленно. Это как замедленное движение в кино...

БАЙОН: Кстати, а почему для смерти ты выбрал именно этот момент?

С. ГЕНЗБУР: Потому что... я себе сказал: «That's enough... That's enough...»* (*Голос едва слышен.*) А потом у меня перестал вставать. Ха-ха-ха!

БАЙОН: В девяносто втором?

С. ГЕНЗБУР: Нет. Это неправда.

БАЙОН: Значит, выстоял до конца! Совсем как...

С. ГЕНЗБУР: О нет! Только без сравнений! И без равнения на кого-либо!

БАЙОН: И последний, главный вопрос: как отреагировал твой кишечник?

С. ГЕНЗБУР: Отдал все!

БАЙОН: Красиво. На этом, пожалуй, и остановимся. Или нет. Еще один вопрос, чтобы тебя как-то встряхнуть: ты собой удовлетворен?

---

* Довольно, хватит (*англ.*).

С. ГЕНЗБУР: Смотря в чем... Фактор «уда» — это одно, фактор «в лету творен» — другое[100].

БАЙОН: Ай-ай-ай! Закончить будет непросто. Возможны два конца. Может быть, поменять местами: сначала «тлетворен»[101], а потом «кишечник»...

С. ГЕНЗБУР: М-да-а-а. Кишечник. Я сделал под себя. Кстати, глагол «делать» — наиважнейший. Ведь говорят: «я делал музыку», «я делал фильмы», «я делал фотографии». А что мы говорили, когда были маленькими? «Мама, я сделал ка-ка».

ПОРОК

Итак, я увидел хуй Сержа Гензбура. Я видел обнаженного Казанову[102] в фас, в профиль, и мне удалось тщательно осмотреть и детально оценить его органы. Но я не собираюсь рассказывать, были ли они, согласно устоявшейся легенде, большими или малюсенькими-малюсенькими.

Единственное, что можно отметить в этой связи, это то, что наш герой, достигший более чем зрелого возраста, был необычно, почти лунатически гладкий и розовый, как намытый младенец, причем с ног до головы. Он казался нежным подростком с почти не раздутым животом, несмотря на тысячи литров алкоголя, всосанных за сорок лет беспрерывной пьянотерапии. Очень трогательный недотрога.

Фотосъемка

Это происходило во время явно целомудренной встречи с участием Бамбу[103] в черной комнате артиста, под покровом листвы, затеняющей второй этаж в доме пять по улице Верней. В тот день под гигантским стеклянным оком видеоэкрана, с искусственными членами эпохи Мин[104] в шкатулке на столике у изголовья и фотографиями девичьих анусов на стене, Гензбур почти навязал присутствующим свою компанию в костюме Адама («Если даже Адам был евреем, чего уж тогда...»).

Эдакое изнасилование «наоборот» путем откровенного эксгибиционизма, на который его якобы вынудили под предлогом фотосъемки. «Нет, это уже слишком... Если бы не он, я бы тебя вышиб вон, да еще пинком под зад...» — ворчал он для виду, протестуя против псевдозаговора, целью которого было вырвать у него то, что он сам же и навязывал, — и на что всем псевдозаговорщикам было совершенно по фигу.

Я же, во избежание недоразумения в этом деликатном вопросе, договорился с фотографом заранее: следовало действовать так, чтобы не обидеть кандидата-скандалиста, уступив этой обнаженной легкости, и никоим образом — ни явно, ни исподволь — не впасть в скабрезность. Достаточно и самого интервью. Голый торс, и точка: вопрос был решен. В высшей степени сдержанная интимность как лучшее средство проиллюстрировать воспоминания старого извращенца.

В итоге прохвост и эротоман принялся разыгрывать перед нами изощренную комедию, в которой, — играя на нашей почтительности и на нашей снисходительности, — сыграл роль запуганной и отчаявшейся добродетели, уступающей сексуальным домогательствам: «Ну, ладно, okay, и на что только не уломают...» Причем заставляя нас быть соглядатаями, делая из нас невольных папарацци, снимающих эту так наигранно распахнутую интимность Сержа Гензбура.

Сначала он избавился от верхнего слоя (ремешок, джинсы, рубашка...), затем на какое-то время удалился прихорашиваться к своим флаконам в ванную, вышел оттуда с намотанным вокруг талии полотенцем и наконец снял и его с совершенно несчастным, почти трагическим — если бы вся сцена не вызывала улыбку — видом: «Черт с вами, валяйте! Если вы добивались именно этого...» Еще чего не хватало!

И вот наш приятель Гензбур — само целомудрие — абсолютно гол. Такой трогательный, бесхитростный, растерянный, нагой, на фоне гобелена с частоколом рубящих кривых сабель, потрясаемых ватагой магометанских воинов: отворачиваясь, закрываясь, стоя, лежа, на боку, на животе, и т. д.

Разумеется, все эти пресловутые снимки — цветные и черно-белые, более или менее фривольные и уж во всяком случае компрометирующие (с чуть раздвинутыми ногами, в анальном ракурсе, в позе эмбриона, прижавшись к Снупи[105] сзади, с «приспособлениями») — табуированы. Сразу же пройдя строжайшую цензуру, — кстати, против желания самого красавца Сержа, — они были изъяты из обращения, укрыты от зрителей в банковском сейфе где-то в Японии и с тех пор никогда не демонстрировались. Единственное исключение составляют целомудренно смазанные при фототипии квадрохромные отпечатки в газете «Либерасьон» от 19 сентября 1984 года: несколько вызывающая поза на черном меху на первой странице и августейшая поросль на развороте в середине. Поскольку сам фотографируемый нас уже покинул, то невозможно даже представить, что кому-то удастся когда-нибудь увидеть оригиналы.

Единственное, что осталось, так это официальное изображение позера, в роли Сарданапала, лежащего в кровати и затягивающегося сигаретой. Для исторического сравнения, а также для проформы, то есть соблюдения условностей, на протяжении всего этого душного сеанса рядом со мной находилась Бамбу; ни жеста, ни слова, ни улыбки: как видно на одной из фотографий, мы спокойно сидим на полу.

Что до остального, хранившегося в тайне в течение последних семи лет, то нам предстоит познакомиться с этим сейчас. Грубо, за живое, наметанная речь являет здесь свою тягучую, назойливую, чуть ли не набивающую оскомину вычурность, в которой и заключается ее неуместное достоинство. Кто не мечтал открыто или тайно услышать подобные похотливые излияния из уст Франсуа Миттерана[106], Катрин Денев[107] или аббата Пьера[108] — тем более в педерастическом амплуа?

Дыра

Каким бы ни показался этот спонтанный выплеск — чуть ли не до маразма устаревший («Пизда Ирэн»?[109]) или, наоборот, совершенно современный (Томас Бернхард?[110]), сбивающийся на пьяные разглагольствования или выливающийся в изысканную беседу, — при его расшифровке следует учитывать — использовать как ключ — еще один, довольно неприятный момент.

Запись, которая длилась все утро, весь день до вечера и весь последующий день, с перерывами на еду, мигрень, помехи, эта странная беседа, разрываемая телефонными звонками (встречи, хозяйственные заботы, фотосъемки, рандеву, интервью, телесъемки, отлучки в туалет), этот пространный, фантастически абсурдный разбор по спускающейся спирали, от стремления к неприятию, а по сути ни к чему, с раскрытием маленьких секретов и сальных подвигов (собака, манекен, Толстая, косоглазая шлюха, шалуньи Симона, обгаженное введение, святой Себастьян...), этот многочасовой разговор с выставлением обнаженного тела; итак, вся эта шаткая конструкция зиждется на чудовищном упущении.

На ошибке.

Вначале интервью поскрипывало от скованности, от неуместных тем, от неудачных формулировок, затем все же выправилось, вошло в колею, наладилось, и вот после двух часов записи оказалось — ах, какой стыд! — что все это время пленка оставалась чистой. Интервью не записалось, Гензбур выговаривался зря. Сто двадцать минут утекающей песком девственной тишины вместо законно ожидаемого отчетливого осквернения. Какое фиаско! Кто виноват? Теперь уже непонятно. Кто нажал на кнопку «стоп»? Наверняка Г.

После ярости, досады, желания все отменить, перенести нам не оставалось ничего другого, как — в приступе отчаяния — попробовать еще раз.

В итоге получился этот текст, результат утраты или репризы, некое сочетание сладострастия и безразличия, смесь чуть ли не комедийного кривляния и едва ли возможного возбуждения, след и следствие пусть технического, но все же непростительного сбоя. Головокружительное затягивание, затем ощущение пустоты. Как новый первородный грех, который можно свести к формальному огреху, не тяжкому, но омрачающему наивысшее удовольствие. Как если бы генз-бурная оргия начиналась с конца: всеобщее бессилие, и ну его на хер.

ШУМЫ

БАЙОН: Речь идет о криках из *Love on the beat*[111].
С. ГЕНЗБУР: Это класснюче!
БАЙОН: Класснюче? Да это же вопли.

Шумы

С. ГЕНЗБУР: Ну разумеется, когда чувихе кайфово, она же кричит, разве не так?

БАЙОН: Да, но здесь-то какой кайф? Это...

С. ГЕНЗБУР: Ну да. Скорее боль. Это уже из разряда камикадзе. Потому что... могу тебе сказать, кто это: камикадзе — это Бамбу, но если я углублюсь в технические детали, мне попадет. Часто говорят: «Что он с ней делает? Он ее что, убивает?» Поэтому в «Я тебя люблю, я тебя тоже нет», где Джейн[112] воет, как перед смертью (что мы, кстати, пережили на самом деле), Джо Далессандро ей говорит: «Шлюхи трахаются молча».

У меня из головы не выходит один эпизод: когда я был еще совсем зеленым, одна шлюха, маленькая такая симпатичная шлюшка, лежа подо мной, не прекращала жевать жевательную резинку. Это был ужас. Просто жуть.

Итак, одни постанывают, другие попискивают, как крысы или... не знаю... но это все неправильно: они должны выть и кричать.

Деградация

БАЙОН: Если сравнивать с тем, о чем мы говорили раньше, здесь уже попахивает какой-то жестокой изощренностью. Это уже...

С. ГЕНЗБУР: Изощренность? Извращенность. Изысканность в деградации. Но деградировать — это и значит сублимировать.

БАЙОН: Вот-вот. От пластинок Гензбура остается ощущение стереотипного преувеличения, которое кажется наигранным: «Ядра...», «шланг», «меж твоих ног», «болт»... Ну а в жизни? Твои человеческие мерки?

С. ГЕНЗБУР: Это соотношение сил... и слабостей. Поскольку жизнь — это слабость, мужчина — это шпага, а женщина — ножны. А если женщина — клоака, то я зубочистка, а если она зажата, то я негр. Негр в «рэйбанах»[113], рэйбананах выше носа. А насчет «шланга» — это все чудовищные сказки; зато у некоторых я видел пустое место... вместо... Нет, все это бабские и педерастические фантазии.

Не знаю почему, но когда говорят «пидор», то это оскорбление, а «педераст» — нет. Странно, стоит лишь добавить «аст»...

БАЙОН: К тому же это этимологически неверно, да? «Пед» должно относиться лишь к настоящим... к тем, кто насчет детей...

С. ГЕНЗБУР: I don't care 'bout that*. Итак, мера — это не только «размер» меча; это еще и умение выбирать ножны. Есть три вида ножен. Ножны зубастые. Ножны, дозволенные иудео-христианством для размножения. И третьи... ну эти...

БАЙОН: Строжайше запрещенные.

С. ГЕНЗБУР: Самые ценные! И, разумеется, самые скрытые. Самые узкие и напряженные. А значит, интересующие меня больше всего. Мое приобщение к садизму произошло благодаря типу, который и подарил ему

---

* Мне до этого нет дела, мне все равно (*англ.*).

свое имя; так вот, у него в «Жюльетте», нет, в «Злоключениях добродетели», — это не «Жюльетта...», а «Жюстина»![114] — так вот в книжке был один персонаж, благородный, между про... промеждуй! — который приходил в ярость, едва видел передницу. А в ярость он приходил, потому что его интересовали только задницы. Так вот, я немного как он: я бы сказал, что передница — это... теплушка-скотовозка, тогда как задница — это вагон «пульман».

БАЙОН: Вернемся к рекордам.

С. ГЕНЗБУР: Ах, рекорды![115]

Рекорды

БАЙОН: Так, значит, как? Этому есть предел?

С. ГЕНЗБУР: Есть. У нас есть предел... можно сказать, инстинктивный и физиологический, физический. Не знаю, найдется ли такой тупой доктор, который вздумал бы заявлять обратное. Предел у нас есть... В тридцать—тридцать пять лет у меня была одна установка; я ее вычитал не в книжках, а вывел сам. Она заключалась в... Я мог вставить пяти кралям по очереди, одним потоком — чуть не сказал «потеком»... *lapsus linguae**— но только если не спускал, так сказать, не проливал «соус».

Ну и что, что dirty?** Да, но любовь ведь dirty: чем более любовь dirty, тем она прекраснее.

Потому что нельзя... хоть у нас и есть bowls***, эдакие ядра, но организм не может регенерировать сперму просто так. Мы же не «калашниковы», вот что я хочу сказать, мы базуки. Вот так. Бабах! Значит, нужно бы-

---

* Языковая оговорка, ляпсус (*лат.*).
** Грязный (*англ.*).
*** Шары (*лат.*).

ло хранить self-control*. Вот какая у меня была установка. А я был неудержимым ловеласом, и в Сите интернасьональ дез ар, в 1967 году, все было шито белыми нитками, поскольку к тому времени я уже был Гензбуром — но еще не забурился, — а во мне еще как бурлило...

БАЙОН: Неужели в пятьдесят седьмом?

С. ГЕНЗБУР: В шестьдесят седьмом. Итак, иногда девицы лежали у меня под дверью штабелями — зрелище жалкое и противное, — ожидая, когда я их отмудохаю, и я говорил: «Следующая...» Я говорил «Next»** и снова сглатывал слюну. А потом говорил себе: «Вот в эту я и спущу». Вот такой у меня был прикол. Поэтому я и говорю: мы не «калашниковы». Хотя нет: однажды я кинул семь палок подряд, но сам не знаю, как это получилось... Я был...

БАЙОН: Тебе было больно потом?

С. ГЕНЗБУР: Я был мальчишкой, да, было неприятно. Ну, и девчонке тоже было больно: слизистая была совсем сухая; приходилось смачивать слюной и т. д.

Имена

БАЙОН: Вот что я хотел от тебя услышать еще раз: «Чем более dirty, тем лучше». Можно подробнее?

С. ГЕНЗБУР: Это определенный подход к сублимации. Как подход Фрэнсиса Бэкона[116]. То есть животное начало плюс эстетизм. Здесь происходит борьба с эстетизмом. Потому что щуп — мерзок. А щель еще омерзительнее. А дырочка в попке — нет, здесь все ясно.

БАЙОН: «Морщинисто, сумрачно щель лиловеет...»[117]

С. ГЕНЗБУР: Юноша, похоже, не на шутку начитан.

---

* Самоконтроль (*англ.*).
** Следующая (*англ.*).

БАЙОН: Если говорить о сальностях, какая...

С. ГЕНЗБУР: А еще есть фраза Малларме...

БАЙОН: «Как бледно-розовый подводный перламутр»[118].

С. ГЕНЗБУР: Фу, долой! «Обуреваемая бесом негритянка».

БАЙОН: А это откуда?

С. ГЕНЗБУР: Ну, как. Это «Обуреваемая бесом негритянка».

БАЙОН: Да нет, я про другую строчку... «И приближает зев причудливого рта».

С. ГЕНЗБУР: Какая жуть!

БАЙОН: Возвращаясь к сальностям и к низкому жанру, какие части или какая часть у тебя самая чувственная?

Язык и ухо

С. ГЕНЗБУР: У женщин — я знаю: это межножье, но не в центре — там полость, нет, промежность, пах...

БАЙОН: Ты хочешь сказать, нежная часть ляжки?

С. ГЕНЗБУР: Да, именно так. Хотя, нет. Термин некрасивый. «Ляжка»! Фу! «Ляжка» звучит скверно... Нет, это верхняя часть ноги, часть, освобожденная от подвязок... А моя нежная часть — это яички.

БАЙОН: Так.

С. ГЕНЗБУР: И язык. Который говорит — ну, не на жаргоне, а... ну, не знаю, на всех языках. А еще дырочка в попке, так называемый розовый лепесток. Розовый лепесток — это правильно, потому что непонятно, идет ли речь о мужчине или о женщине. Это неплохо...

БАЙОН: Можно ли сказать...

С. ГЕНЗБУР: Черт! Он меня перебивает.

БАЙОН: Нет, ну ладно, извини. Я хотел только остановиться на твоем ответе. Как ты думаешь, большинство людей способно ответить то же самое, но не осмеливается? Или большинство даже представить себе не может то, что ты называешь каким-то там «лепестком»? Столько ограничений...

Всю жизнь вслепую и вглухую...

С. ГЕНЗБУР: Всю жизнь — глух к хую.

БАЙОН: К хую?

С. ГЕНЗБУР: Ну да. Что, уже и по-французски нельзя ничего сказать?! Fuck!* Как это называется? Prick!** Всю жизнь — глух к prick'у. В докладе Кинси[119] доказывается, что девяносто процентов барышень не тыркаются; они дают себя тыркать, но не больше того. Так вот, я и говорю: это должно быть не односторонним «тык-тык», а «туда и оттуда»; чувствуешь нюанс? А мужику что? Спрыснул и доволен. Дело нехитрое.

БАЙОН: Как сказать. Вот я...

С. ГЕНЗБУР: Нет, он брызнул «сгущенкой», и ему в кайф. Он не может не спустить — и кайф гарантирован, — но зато может упустить... разные вещи, ощущения...

БАЙОН: Умственные?

С. ГЕНЗБУР: Нет. Звуковые.

БАЙОН: Звуковые?

С. ГЕНЗБУР: Акустические. Фонология. Это крайне важно. Как будто бьет из наушников прямо в мозг: это гиперважно. Потому что молчащая бабища — это... Это жуть. Херачишь ее, как в небытии.

БАЙОН: Такая же жуть, как в «Love on the beat»?

С. ГЕНЗБУР: А-а, вопрос на засыпку! Да, для художника это жутко. Для того, кто понимает звук и... очертания, свет, яркие... «Love on the beat» — это жуть в смысле... — как сказать? — нет, это даже не жуть. Это просто чушь. Херня. Самая плачевная ситуация — долбить невосприимчивую мамзель, когда долбишься не только для себя, но и для нее...

---

* Ебать, трахать (*англ.*).
** Хуй (*англ.*).

Я же... я в таких случаях говорю, что практикую онанизм через подставное лицо. Да, именно в этом квинтэссенция сублимации: чтобы понять, что у нас есть конец, надо дать себе воткнуть — стать ножнами и мечом. Иначе мы останемся самонадеянными мудаками. Есть еще турецкие бани, но это чушь собачья, турецкая баня, всякие там испарения и прочее... Просто насмешка какая-то.

БАЙОН: Хорошо. Это нас подводит к следующему вопросу в нашей анкете: в интимной области ты маньяк чистоты? Или ты считаешь, что мыло, как и многое другое, все выхолащивает?

Гигиена тела

С. ГЕНЗБУР: Что касается меня, то я очень щепетильный и не хочу, чтобы мой кий — что бы ни случилось — пах человеческой плотью. То же самое и с задницей: не хочу, чтобы из лузы несло дерьмом. Пусть оно будет внутри, но я не хочу, чтобы оно было снаружи. Что касается подружек, я предпочитаю, — не со всеми получалось, но в настоящее время так оно и есть, — чтобы они были идеально чисты. Чтобы не приходилось чувствовать себя, как в рыбной лавке... «Здрааасте, а треска у вас есть? А камбала?» Не-е-ет, это недопустимо! И так эта штуковина сама по себе уже похожа на какую-то устрицу. Но ничего не поделаешь, раз уж мы человеческие существа. В общем, да, они должны быть чистыми.

Ты представляешь, однажды у меня была девица, которая даже не предупредила, что у нее... Ой, какая подстава!

БАЙОН: Да ладно, говори.

С. ГЕНЗБУР: У нее была... течь! И когда я встал...

БАЙОН: Ты хочешь сказать — менструация?

С. ГЕНЗБУР: Ой, какая дурища! А я ее еще и обрюхатил.

БАЙОН: Ты... Что?

С. ГЕНЗБУР: Я ее обрюхатил — ну, не через рот, разумеется...

БАЙОН: Но не в тот же самый день?

С. ГЕНЗБУР: Нет, не в... Нет, в самом деле. Она была красивая, потрясающая. Но круглая дура... Я ей сказал: «Это еще что такое? Ты что, не могла меня предупредить, идиотка? Кретинка». Да уж... Итак...

БАЙОН: Чистота.

С. ГЕНЗБУР: О да. Не как с Генрихом Четвертым: «Мадам, главное — не мойтесь». Или с Бобом Диланом[120], который говорил: «Я предпочитаю, когда пахнет дерьмом». И никаких лобковых вшей...

(*Обращается к вошедшей Бамбу.*) Мы здесь говорим всякие гадости, поэтому тебе, наверное, лучше...

БАЙОН: Почему?

С. ГЕНЗБУР: Ну, потому что... Мы говорим о сексе... Но ты, лапушка, можешь остаться.

БАМБУ: Как будто раньше ты говорил не гадости...

С. ГЕНЗБУР: Да, но я сейчас буду говорить о других женщинах, о тех, которые были еще до тебя, и это, может, тебе не понравится...

БАМБУ: Подумаешь...

С. ГЕНЗБУР: За все то время, что...

Ну ладно, продолжаем. На чем мы остановились?

Стыдливость

БАЙОН: Можно ли считать Сержа Гензбура целомудренным?

С. ГЕНЗБУР: Да. Я целомудренный по отношению к себе самому. То есть не хочу видеть свой конец в зеркале. Я закрываю его рукой, я закрываюсь, я крайне стыдлив. И таким я был всегда. Не знаю, почему я такой стыдливый... ведь стыдливости у меня вроде быть не должно; и все же я крайне стыдлив и немного завернут на эту тему, хотя мне нипочем самая крутая порнуха. Потому что в любви есть и избыточность, и легкость. Мерзкое может быть очень красивым, а на свету все может показаться отвратительным. Это дело соотношения... слабостей.

БАЙОН: В зеркале — это когда ты один?

С. ГЕНЗБУР: Да. Я один.

БАЙОН: А в присутствии кого-нибудь? Ты чувствуешь себя свободно?

С. ГЕНЗБУР: Нет. Я все равно закрываю свой член. И задницу. Я не люблю, когда...

БАЙОН: Хотя комплекс Нарцисса у тебя развит достаточно хорошо...

С. ГЕНЗБУР: Да, но только не ниже пояса. Нет. Ни в коем случае! Мне все это!.. Я так и не привык и никогда не привыкну — противно аж до смерти! — что у меня какой-то хуй, какие-то яйца... Фи! Какая мерзость! Пакость! Ну это же просто какое-то!..

Я не понимаю: если есть боги, как они могли нам придумать такие... гадкие штуки! Конечно, когда ты видишь статуи... Микеланджело[121], это не гадко; если взглянуть на Давида, то член у него совсем маленький, а сам он такой супермускулистый — вот это эстетика. А если бы ему прихерачили какую-нибудь оглоблю... это было бы неэстетично. А так — хорошо, так — красиво. Когда на картинах мужики с маленькими пипирками, это красиво.

БАЙОН: М-м-м. Это немного...

С. ГЕНЗБУР: Абстрактно. Это абстрагирование.

Попа

БАЙОН: А твои родители...[122] Ты видел их голыми? Какими были Гензбуры? Пуританами? Как это было?

С. ГЕНЗБУР: Строго. По-русски. По иудейско-русски. Сверхстрого. Только однажды, когда я напи́сал мимо в туалете, отец мне сказал... не помню, сказал ли он мне: «Держи конец ровно. Направляй струю». Я только помню, что он мне это как-то сказал, хотя он не сказал «конец», он сказал... «попу». Он сказал: «Держи попу ровно. Не дергай попой. Не писай мимо».

Вот и все, что касается секса. С отцом мое половое образование равно нулю. И потом... все это было иудео-русской традицией, эдаким сексуальным фашизмом, в смысле: «Надо вести себя прилично, послушно», ну, в смысле величайшей стыдливости. Итак, я был и до сих пор остаюсь стыдливым.

ПРИОБЩЕНИЕ

БАЙОН: Когда началась твоя половая жизнь?

С. ГЕНЗБУР: Она началась... Я дрочил. Как все мальчишки, которые дрочили на фотографии из «Париж—Голливуд», фотографии в сепии, на которых лобковые завитушки стирались или ретушировались... потому что это было запрещено. Довольно поздно: лет в четырнадцать-пятнадцать.

Приобщение

С. ГЕНЗБУР: В тринадцать лет я занимался рисованием, однажды приходит такая девица... Ничего, немного полноватая, не высший класс, но и не уродина. Она была натурщицей. Ведь это было в художественной школе, в академии на Монмартре[123], куда меня определил отец[124]. Тоже мне «академия»!

Итак, является эта девица. Я пригласил ее войти, потому что галантность была в крови, — я уже успел прочесть Флобера... нет, Стендаля... ну кого там, — пригласил ее войти и пропустил вперед (а еще я читал Гюисманса и сказки Перро[125] и братьев Гримм...[126]). И вот она раздевается догола. Охренеть можно! Она раздевается для меня, девственника, девственного мальчишки! Ни хера себе! И вот тут, скажу я тебе, мне было лет тринадцать-четырнадцать, и инстинктивно я почувствовал: «Сейчас что-то должно произойти, с этой девушкой, не знаю, что именно...»

Потому что тогда мне еще не разрешали рисовать ню: я терзал гипс, то есть римский декаданс, рисовал углем... И вот я стыдливо отвернулся от этой девушки, она меня... потрясла. Ее стриптиз показался мне потрясающим.

Вообще-то, стриптиз был хреновый, но чем он был хреновее, тем больше потрясал. Трусики «Petit-Bateau». Она была симпатичная, и я сказал себе: «Наверное, с девицей должен быть какой-нибудь тык-тык...»

Хотя у меня не стоял, я все равно был совершенно потрясен. Не из-за абсолютной обнаженности — в ней великая чистота, это самое красивое, что могли сделать великие художники, это абсолютная чистота, это Кранах[127]: спирали по отношению к прямым линиям рамы, к фашистскому аспекту картины, — итак, совершенная нагота на меня не действовала, но стриптиз! Хотя какой уж там стриптиз... Это и стриптизом не назовешь; это называлось — обнажиться. Она обнажилась, и для меня, мальчишки, это было действительно откровением.

БАЙОН: В то время Бэкон уже появился?

С. ГЕНЗБУР: Я не говорил, что это началось с мужчины.

БАЙОН: Нет, гм, ну, насчет потрясения...

С. ГЕНЗБУР: Нет, я...

БАЙОН: Ведь Бэкон начал рисовать после того, как нашел своего друга мертвым в сортире, в блевотине; именно тогда он начал выражать то, что раньше воспринимал как...

Изящные искусства

С. ГЕНЗБУР: Ну, не помню, что было в то время. Техника. Я все еще рисовал углем и постепенно, да-да, становился все сильнее. Я уже пробовал рисовать пером — автопортрет для «Ле Монд», не ретушируя, не помню, в каком году. У меня было обостренное видение и чувство дизайна, можно сказать, как у этого скульптора — черт, ну, скульптора, который делал великолепные рисунки... Ну, самый великий?

БАЙОН: Грек? Пракситель?[128] Фидий?[129]

С. ГЕНЗБУР: Нет! Великий скульптор! Фамилия оканчивается на «-ен»...

БАЙОН: Гм. Роден[130].

С. ГЕНЗБУР: Да, Роден! Роден делал великолепные рисунки. Как будто сухой иглой, заостренные. Так вот, у меня было такое видение, и когда мы перешли в студию, — разумеется, я не забыл про девушку, которая разделась, которая сняла лифчик и трусики, но... — когда я видел голую девушку, и речи быть не могло о... животная составляющая забылась. По крайней мере, у меня. Но некоторые приходили поглазеть — быдло! мудачье! — только для того, чтобы подрочить.

БАЙОН: Ой-ой!

С. ГЕНЗБУР: Но я — я был чист. Я думал о... Как же его звали? Самого великого?

БАЙОН: Роден?

С. ГЕНЗБУР: Черт... shit!

БАЙОН: Его звали Schit?

С. ГЕНЗБУР: Это... Черт, у меня провал. Самый тонкий. Не очень сильный колорист, но... Делакруа![131]

БАЙОН: Что — Делакруа?

С. ГЕНЗБУР: «Девушка в бане»... Энгр[132], вот. Наконец-то вспомнил, черт. Итак, в живописи нет никакой похабщины; всякая сексуальность из нее исключена. Живопись действительно беспола. Задницы есть, но это не задницы, а формы. Формы красивые, сублимированные. Нет ничего прекраснее женщины.

БАЙОН: Ах вот как?

С. ГЕНЗБУР: Хотя, нет. Есть изумительное тело, бесподобное! Это «Святой Себастьян». «Святой Себастьян»... Мантеньи[133], это что-то вроде оргазма в страдании. В его подходе есть немного сексуальности, это смущает...

Сексуальность может соединяться с мистицизмом — мистикой...

БАЙОН: Значит, в то время вы...

С. ГЕНЗБУР: А теперь он будет мне выкать?

БАЙОН: Нет, просто я... — ну, не важно... Можно сказать, что до этого эпизода ты был незапятнан эротическими мыслями?

С. ГЕНЗБУР: Да. Хотя и дрочил.

БАЙОН: До той девушки?

Дрочун

С. ГЕНЗБУР: Да, я дрочил, но никак не мог кончить. Потому что был еще совсем мальчишкой, и еще не было этой... так — какая-то водянистость, и все. Я подумал: «Чем это я писаю?» Я думал, что писаю! Ну и пентюх! А всего-то и было, что немного мальчишеской молофьи.

БАЙОН: Ты был таким маленьким? Сколько тебе тогда было? Одиннадцать?

С. ГЕНЗБУР: Ну да, двенадцать-тринадцать лет. Четырнадцать. Я был симпатичным, но у меня не стоял. Мой маленький краник лишь цедил. Легкие поллюции налево. Не знаю почему, но это всегда происходило на левую сторону; впрочем, я всегда заправляю в левую штанину. Да, именно так: мне было неловко. Время сгустков еще не наступило... Тсс, Бамбу! Тихо! Об этом молчок!

БАЙОН: Были ли у тебя нездоровые отношения с мальчиками?

С. ГЕНЗБУР: Гм, не понимаю, что может быть нездорового в... Нездоровые отношения — это что?

БАЙОН: Это я так, удовольствия ради, только чтобы сказать слово «нездоровые».

С. ГЕНЗБУР: Отношения с мальчиками? Нет.

БАЙОН: Будь осторожен...

С. ГЕНЗБУР: ...Не сразу. Но многие мужчины в меня влюблялись. Я был симпатичный парнишка, очень даже ничего. Мужики клеились, а я даже не понимал, чего они хотели.

БАЙОН: Взрослые?

С. ГЕНЗБУР: Они хотели завести меня к себе.

БАЙОН: Завести тебя.

С. ГЕНЗБУР: Завести, чтобы мне вдуть. Ведь не для того, чтобы... Речь шла о том, чтобы использовать меня как девчонку. Я не понимал. Я был немного того. Не того, а... заторможенным.

БАЙОН: Невинным?

С. ГЕНЗБУР: Совершенная невинность. Когда в начальной школе, что на улице Шапталь, мы сводили вместе большой и указательный пальцы — получалось кольцо — и всовывали в него другой указательный палец и говорили «тык-тык-тык-тык, хи-хи-хи!», то в этом не было...

БАЙОН: Без экивоков. Просто жестикуляция.

С. ГЕНЗБУР: Ну да, в жести... эякуляция. Вот это класс! Итак, да, я был невинным. А потом мужики начали в меня влюбляться и...

БАЙОН: Ну, ну и что?

С. ГЕНЗБУР: Я ничего не понимал, ничего.

БАЙОН: И до какого возраста продолжалась эта невинность?

Проституция

С. ГЕНЗБУР: Итак, в семнадцать лет я увидел в районе Барбес одну шлюху.

БАЙОН: И ты потерял девственность? У проститутки?

С. ГЕНЗБУР: У проститутки с Барбеса. Там было пять девок, и я страшно комплексовал. А в Барбесе потому, что я был на полной мели. И те несколько монет, которые у меня были, я наверняка стащил у мамы.

БАЙОН: А сколько это стоило?

С. ГЕНЗБУР: Да какая разница! Десятку? И потом там была целая шеренга. Все видные, как на полотнах... Делакруа, когда он изображает девок из борделя. Там были очень красивые девушки, а я выбрал самую... — это от страха — самую уродливую. Но наверняка самую приветливую. А еще я помню — она уже наверняка умерла, бедная девочка, — закрытую дверь и свой панический ужас. Ой, бля-я-я!

А потом я внедрился в это... противное. Похожее на устрицу. Теплое. И еще подумал: «Какая мерзость. Что я здесь делаю?» Это было совершенно отвратительно.

А потом, значит, вернулся в отчий дом, заперся в сортире и давай дрочить.

БАЙОН: Ты хочешь сказать, что у шлюхи ты так и не кончил?

С. ГЕНЗБУР: Кончил.

БАЙОН: А-а, так дома ты снова начал?

С. ГЕНЗБУР: Ну конечно, потому что хоть я ей и спрыснул, но все это мне казалось... фу! Ведь в двенадцать лет такое...

Зоофилия

С. ГЕНЗБУР: В двенадцать лет я нашел собачку, маленькую сучку, и вот как-то, я бы сказал инстинктивно, я был с ней в поле, такая маленькая симпатичная шавка, я взял, уж не помню, мизинец или безымянный палец, и ввел ей в... Это место мне показалось таким нежным!

Не знаю, сумел ли я найти такую же нежность в женщинах. Она была так нежна... Ни малейшей складки. И потом собачонка бросала взгляд назад, ей было приятно. Ну вот, и я попробовал втиснуть туда свой конец, но...

Я был еще мальчишкой, и у меня не стоял. Она была такая миленькая, эта сучка. Имя ее я так и не узнал.

БАЙОН: Имя?

С. ГЕНЗБУР: Неважно. Итак, этой симпатичной шавке было приятно. Но больно! Это правда. Коже было больно, внутри... и я это запомнил. Это было само совершенство. Но довольно узко. Чтобы ей ничего не поранить, я воткнул не большой палец, а, наверное, все-таки мизинец.

БАЙОН: Дополнительная деталь: в каком возрасте ты начал пить?

С. ГЕНЗБУР: Но я не вижу никакой связи с...

БАЙОН: А я вижу.

Пьянь

С. ГЕНЗБУР: Я начал пить в армии.

БАЙОН: От тоски?

С. ГЕНЗБУР: Нет. Обстановка тюремная. И феодальная. Так что это не от тоски — от обиды. Отказ в увольнительных. Я начал пить. И закончил совершенно спившимся солдатом. Мне было двадцать лет... значит, в двадцать один год — алкоголик.

БАЙОН: Ты можешь хотя бы приблизительно сказать, сколько женщин ты... познал?

С. ГЕНЗБУР: Трахнул? «Познал» в библейском смысле? О нет! Но думаю, не так чтобы слишком. Среди них было немало проблядей. Много стерв. Много красавиц. Когда сталкиваешься с уродством, то сам себе ужасаешься, но... В мерзости мы как животные: это противно, но... Ну, в конце концов, какое мне дело, но подобные ошеломления мне знакомы. Спускаться от самой красивой к самой уродливой.

БАЙОН: Да. Впрочем, чтобы вернуться немного назад, к шлюхам: ты стал к ним похаживать после той, уродливой?

Отклонение

С. ГЕНЗБУР: Шлюхи у меня были роскошные, высший класс. Но были и другие, как, например, одна косоглазая; она, бедняжка, уже умерла. Эта малышка меня интересовала не меньше других: соплячка стояла на панели, на площади Звезды, такая жалкая, что, повторяю, она была... прелестной. А потом, она рассказала мне о своей жизни, о своих несчастьях. Ужасные вещи, собачья жизнь.

БАЙОН: Э-э...

С. ГЕНЗБУР: Она умерла. Потому что один мужик, ее сутенер, который ее увез, он хотел, чтобы она работала в Марселе, ну, в общем, на Лазурном берегу. Она выпрыгнула из машины и разбилась насмерть. Она была мне как подружка. От нее у меня стоял, потому что ее было... жалко. А от жалости встает.

БАЙОН: А как это сочетается с историей о безобразии и о красоте, которую ты...

Толстая

С. ГЕНЗБУР: О моем безобразии? Или об их безобразии?

БАЙОН: Нет, не о твоем, а о...

С. ГЕНЗБУР: О да, сначала мне не везло в любви. Да, я был маленький и миленький мальчуган, и у меня никак... не получалось. Мне было тяжело с... А однажды я настрадался из-за дочери Толстых.

БАЙОН: Ах, ах...

С. ГЕНЗБУР: Да, я чуть не уестествил внучку Толстого. Я помню какой-то особенный... агрессивный аромат. Она была девственницей, я ее завел в комнату, где занимался живописью...

БАЙОН: Это в 1967-м?

С. ГЕНЗБУР: Ну нет! Намного раньше. Еще до армии. Мне было — ну, не знаю — лет девятнадцать.

БАЙОН: В период между косоглазой шлюшкой и армией?

С. ГЕНЗБУР: Да. Она была девственницей, причем по-настоящему. То есть у нее там было... узко. Она заегозила... подо мной, но... — классная такая, прямо настоящая русская красавица! — и испугалась. Я с уважением отнесся к ее смятению — тогда это было еще «смятение» — и сказал ей: «Ну, что, не хочешь? Может, тогда завтра? Ладно?» А на следующий день она не пришла. И это было... ужасно. Какие страдания! Возможно, отсюда мой... Мое женоненавистничество. Ужас! Я реагировал, как зверь: «Как же так?! Я мог это сделать вчера. Я мог быть... войти в нее! И...» Вот сучка! Законченная сука.

Я ей отомстил в шестидесятом. В 1960 году.

БАЙОН: Ах вот как? То есть?

Месть

С. ГЕНЗБУР: В 1960-м я написал «Слюна на губах»[134] и хотел поехать в Алжир. В то время в Алжире было опасно. Все мне говорили: «Ты спятил, тебя грохнут», — а я отвечал: «Мне по фигу, я еду». Потому что юные алжирки и алжирянки подсели на «Слюну на губах». И я поехал.

А там как раз грохнули директора телевидения; он получил три пули прямо в будку — но не умер — и... Ну а моя передача так и не вышла в эфир, но мне принесли визитную карточку: «Ольга Толстая», — там была, конечно, другая фамилия, ведь она к этому времени уже успела выйти замуж. И тут, вижу, входит эдакая дурища — я узнал ее по улыбке — и спрашивает: «Вы меня не помните?» И задрожала вся: ведь я уже был Гензбуром. Ее аж колотило; так, видно, хотелось, чтобы я ее отлитературил. А я — я послал ее в жопу.

Вот такая месть.

БАЙОН: Из Монтекристо.

С. ГЕНЗБУР: Скорее, двадцать лет спустя.

БАЙОН: Хорошо. Я как раз собирался задать вопрос об обломах. Самый ужасный облом, который случился с Сержем Гензбуром, — это тот, о котором ты только что рассказывал? Хотя это не настоящий облом, раз ты ее все же соблазнил...

С. ГЕНЗБУР: Пф! Ну уж соблазнил...

БАЙОН: Во всяком случае, заворожил.

С. ГЕНЗБУР: Ну, было несколько актрис, которых я чухал, но не... — не вижу никакого интереса в том, чтобы... — но это были не обломы.

БАЙОН: А облом — это действительно...

С. ГЕНЗБУР: Жестокая обида.

БАЙОН: Унижение.

С. ГЕНЗБУР: Думаю, что та девчонка, ну, барышня Толстая, меня действительно... Я тогда не захотел ее терроризировать, а она повела себя как последняя стерва. Ужас!

БАЙОН: Но когда ты с ней встретился потом, у вас что-то получилось?

С. ГЕНЗБУР: Нет. Она слиняла. Дети, жизнь, хозяйственные заботы... Да и вообще, она была какой-то бездарной. А я был я. Да, думаю, именно так: самое худшее произошло из-за нее. Я очень сильно страдал, нет, правда. Она была смазливая, а я был олухом, как и все мальчишки — ну не мальчишки, а подростки, — я ужасно страдал от ее уверток, от этого... — как говорят, когда кто-нибудь винтит из армии?

БАЙОН: Комиссовать? Дезертировать?

С. ГЕНЗБУР: Вот-вот, от ее дезертирства. Думаю, это было именно так. Это было ужасно, ужасно. И, наверное, именно она, эта Толстая, повлияла на мое женоненавистничество, мои женоненавистнические тексты.

БАЙОН: С другой стороны, это дает тебе некую литературную преемственность...

А сейчас я бы хотел, чтобы мы прервались на две секунды, потому что мне надо...

С. ГЕНЗБУР: Отлить. Мне тоже.

ОТВРАЩЕНИЕ

БАЙОН: Что ты ненавидишь и что любишь в женщине систематически? Не считая этого принципиального женоненавистничества.

Отвращение

С. ГЕНЗБУР: Гм, мы ведь уже говорили о «пульмане», да? А еще я не люблю сиськи; большие сиськи мне не нравятся. Молочные железы. Они кажутся мне отвратительными — хотя, возможно, это из-за моего педрильства; мне нравятся маленькие груди. Бамбуйские, каролинские — ее зовут Каролин: каролинные. Мне нравятся маленькие груди; а от большой сисястости меня воротит. А еще я не люблю эти «передники»... как это называется?

БАЙОН: «Передник кузнеца»?

С. ГЕНЗБУР: Вот-вот! Ни за что! Чтобы вся эта волосатость поднималась аж до самого пупка?! Какая мерзость! Я это ненавижу. Эдакая шерстяная манишка...

БАЙОН: Тогда твой идеал — это чтобы все было гладко? Совершенно... выбрито? Никакой растительности?

С. ГЕНЗБУР: Ах нет, чуть-чуть должно быть, но самый минимум. Чтобы это не переросло в вырожденческую растительность! Во-первых, от этого пахнет, это все-таки неприятно. Ну, в общем, я это не люблю. Может быть, потому что сам я безбородый. Я имею в виду, грудь у меня не заросшая. Может быть, это проекция себя на других.

БАЙОН: Это тоже что-то вроде...

С. ГЕНЗБУР: Ну да, гомосексуализм.

БАЙОН: Грубо говоря, ты не любишь все, что указывает на женственность?

С. ГЕНЗБУР: «Грубо говоря»! Он с ума спятил. «Грубо говоря»... Ну да, мне нравится, когда девчонка выглядит как парень. Да.

БАЙОН: А есть такие женские типажи, которые тебя отталкивают особенно?

С. ГЕНЗБУР: Что? Повтори.

БАЙОН: Тип женщин. Рыжие, например. Рыжие, с молочной кожей и, как правило...

С. ГЕНЗБУР: Пахнут? Да, дело не в цвете, дело в запахе. Нет ничего хуже запаха: *отвращение*. А несчастные пусть попробуют кого-нибудь другого; я на земле не один. Что еще? Целая куча всего. Я уже говорил: переход от возвышенного к самому низкому, омерзительному. Но я и не негроид; мне кажется, «обуреваемая бесом негритянка» пахнет издалека.

БАЙОН: А вне сексуального аспекта...

С. ГЕНЗБУР: Есть еще форма. Ноги. И здесь уже не до шуток: никаких «готтентотских Венер»! Ноги должны быть изящные, как «роллс-ройсы». Ноги начинаются со ступни, которая должна быть маленькая. Затем, она изящно тянется к икрам, а потом закругление... — нет, виноват: щиколотка — затем закругление икры, затем ляжка, промежность, без преувеличения, затем бедра и все утончается к талии... Да, но это значит, живопись проникла в мою половую жизнь, в мои пристрастия. Я всегда сохраняю чистый взгляд, хотя и так задействованы все чувства. Когда трахаешься, то работает и зрение, и обоняние, и слух, и осязание. Все здесь в ожидании взрыва; все должно быть хорошо, иначе лажа.

Я противен? Не думаю. Меня считают грязным, но это неправда. Я моюсь. Каждый день. И жерло, и жердину.

Угроза

БАЙОН: А вне секса? Чем интересна женщина?

С. ГЕНЗБУР: В каком смысле? Я не понимаю.

БАЙОН: Кроме чувственного аспекта, в твоей обычной, социальной, жизни женщина представляет для тебя какой-то интерес?

С. ГЕНЗБУР: Я бы сказал, что женское «присутствие» обязательно, и... нет, еще сильнее: в настоящее время, в этот момент, в том возрасте, к которому я подошел не знаю в каком состоянии — не важно, — я бы сказал, что я одновременно человеконенавистник и женоненавистник. Но, несмотря на мое женоненавистничество, на мою мизантропию, у меня все же есть несколько... один или два друга. Для человека это необходимо: потому что в этом нет секса, в отношениях между мужчинами, хотя и не всегда — об этом можно много сказать, потом, о моих отношениях... но и связь с женщинами — это совершенно необходимо. Даже антисуицидально. А потом это так приятно; что может быть лучше?

В моей жизни существует трилогия. Скажем, равносторонний треугольник; это курение... сигарет «Житан», алкоголь и женщины. Я не сказал «равнобедренный», я сказал «равносторонний».

Но все это с бэкграундом чувака, который был приобщен к красоте, к живописи. Вот почему мне ближе Энгр и Кранах, чем Рубенс[135]. Хотя, разумеется, я трахал и рубенсовских бабищ. Но без рам.

Дон Жуан

БАЙОН: Существует миф, что Гензбур натянул их всех.

С. ГЕНЗБУР: Да, это миф. Натянуть их всех невозможно. Потому что их миллиарды, это ж дураку понятно. А у нас в этих самых... не литры, а всего лишь миллилитры спермы. Так что не надо преувеличивать; а то мне приписывают такое количество! Жуть! Хотя не важно, натянул я их всех или не всех. Некоторых я, конечно, трахнул, ну, а те, которых я не трахнул, но которые считаются мною трахнутыми, так вот...

БАЙОН: Тем хуже для них.

С. ГЕНЗБУР: Чокнутый! Хотя не такой уж и чокнутый. Да, правильно. Мой миф...

Девчушки

БАЙОН: Вернемся к педерастии Поланского[136], с которым тебя кое-что объединяет...

С. ГЕНЗБУР: Еврейство.

БАЙОН: Да, но не только. Вы оба лишены корней, и точно так же, как ты — Льюиса Кэрролла[137], он любит цитировать...

С. ГЕНЗБУР: Он любит цитировать, а я нет. И потом, он зациклен на маленьких девочках, которых я нахожу совершенно мерзостными. Ах, как я это не люблю. Нет. Когда мне было двадцать—двадцать два, так еще туда-сюда. А сейчас, мне кажется, от этой мелюзги несет мочой. Мочой и дерьмом, но дерьмом — с другой стороны: желтое спереди, коричневое сзади! Нет-нет, ты же сам хотел, чтобы я был противным, вот и получай.

Я не понимаю эту навязчивую идею с девчушками, меня от этого воротит. Я чувствую, как от этих писюх пахнет, вот так. А потом, не люблю насилие. Я никогда не пытался вставить партнерше без ее согласия. Не люблю насилие. Я люблю жестокость, когда... разумеется, в «Love in the beat» есть жестокость, но я не люблю, когда это навязывается насильно. Ну, вот и все по поводу Поланского.

БАЙОН: Хорошо. Вторая часть вопроса: что в Гензбуре, по-твоему, является объектом сексуального влечения? Сверху вниз, по порядку.

С. ГЕНЗБУР: Влечения меня?

БАЙОН: Да нет же.

Обольщение

С. ГЕНЗБУР: Что во мне привлекает женщин? Ой, бля...

БАЙОН: Или мужчин. Можно считать...

С. ГЕНЗБУР: И мужчин тоже? (*Пауза.*) Думаю, что во мне есть... какая-то беспечность. В манере поведения. Эдакий коктейль из бесшабашности и, разумеется, осознания своей славы — тут уж ничего не попишешь. И потом, чувство движения в пространстве, некий, я бы сказал, шик. Не хочу показаться самонадеянным, но думаю, что это так, да: осознание движения в пространстве придает мне некое изящество. И еще беглый налет... чудовищного пренебрежения — ну, не чудовищного, а, скажем, аристократического пренебрежения. Думаю, что все это. Ну а еще голос. А потом, глаза, которые смотрят куда-то в туманную даль. А еще у меня отсутствующий взгляд. Когда я сам этого хочу, потому что я могу быть очень даже присутствующим!

БАЙОН: А меланхоличность? Ты говоришь о пренебрежении, но ты не учитываешь, насколько, в сексуальном плане, привлекательной может быть меланхолия. Истинная или выдуманная...

С. ГЕНЗБУР: Да, мысль неплохая. Я наверняка очень меланхоличный. Хотя не понимаю почему... Или, может быть, моя меланхоличность происходит от столкновения мечты с действительностью? Это как об асфальт... как рожей о бетонную действительность. Когда я читал сказки братьев Гримм, Перро, Андерсена[138] — и кого там еще?

его еще переложили на музыку? я уже не помню, — это был полный улет...

Мне было четырнадцать лет, я улетал из этого мира, а потом мой мозг бился о реальный мир, о бетон, о кирпичную лондонскую стену... — лондонскую, это я сказал для колорита; потому что у них стены из прекрасного кирпича: охристого, желтого, кроваво-красного... — итак, о стену действительности. Да, находчиво: некая меланхоличность, которая в определенный момент окрашивает все жесты. Но отчего меланхолия?

БАЙОН: От существования.

С. ГЕНЗБУР: Меланхолия — на мудях мозолия.

«Я тоже не»

БАЙОН: В твоей жизни много ли женщин говорили тебе такие важные слова, как «я тебя люблю»?

С. ГЕНЗБУР: Гм, гм, мне кажется, «я тебя люблю» говорили мне все женщины. Все.

БАЙОН: А сам ты это говорил?

С. ГЕНЗБУР: Я? Никогда. Я не умею! Я это чувствую, а как об этом сказать, не знаю.

БАЙОН: Значит, из стыдливости, а не из принципа?

С. ГЕНЗБУР: О нет, не из принципа! Какие еще принципы в постели? Я не умею об этом говорить; говорит сердце... ну, сердце не сердце... а рожа уж точно! И член тоже. Я знаю, а высказать не могу. Не могу!

Зато люблю слушать, когда это говорят мне.

Вот это да! Вот это называется подготовился! Посмотрите только! (*Восхищенно рассматривает заметки и черновики с вопросами интервью.*)

БАЙОН: Это только начало!

С. ГЕНЗБУР: Ну уж нет, хватит. Пошли есть.

Эксгибиционизм

БАЙОН: Теперь про эксгибиционизм. Поясню: существует некий гензбуровский эксгибиционизм, так сказать, по доверенности; это значит, что он фотографирует своих спутниц в таком виде...

С. ГЕНЗБУР: Только не «спутниц»! Какая гадость!

БАЙОН: Ладно, ладно. Найди другое слово! Э-э, вот в чем вопрос. И кстати, хороший вопрос.

С. ГЕНЗБУР: Своих девчонок. Своих... подружек. Подруг.

БАЙОН: «Своих подруг»! Как хило! Итак, ты фотографируешь друзей, если представится случай, в чем мать родила, чтобы предложить их...

С. ГЕНЗБУР: «Если представится случай» — это ты ловко ввернул.

БАЙОН: И если представится случай, ты используешь их также в своих пластинках.

С. ГЕНЗБУР: В фильмах.

БАЙОН: Что ты получаешь от этого?

С. ГЕНЗБУР: Кайф? Никакого особенного кайфа от этого нет. Тот же эстетический демарш, который возвращает меня к живописи. Я вовсе не хочу сказать: «Смотрите, какую чувиху я мудохаю». Ничего подобного. Нет, моя установка иная. Я говорю иначе: «Она красива? Вот она! Смотрите!» Вот как! Но это ни в коем случае не пошлятина: «посмотрите, какой звезде я сейчас засажу...» Я никогда не думал о такой пошлости. Девчонка красива, а значит, заслуживает того, чтобы ее сняли. И все. Нет здесь никакого эксгибиционизма. Но, с другой стороны, это не значит: «вот какой я мачо, и эту чувиху я уже отмудохал», нет, я никогда не доходил до такой гнусности.

БАЙОН: Все равно. Хочешь ты этого или нет, а такое ощущение, будто ты заставляешь публично разделять если не все, то хотя бы часть своих удовольствий.

С. ГЕНЗБУР: Это возможно. Но это уже не моя проблема. Могут быть искаженные представления о том, что я делаю, но я все равно в высшей степени чист и, что бы там ни говорили, вовсе не извращен. А если извращения все же имеются, то только в горизонтальном положении.

Разумеется, существуют извращения — хотя... что значит «извращение»? согласно каким критериям? вот мы опять вернулись к христианству... — но явно не тогда, когда я фотографирую обнаженную Бамбу. Если я это делаю, то потому, что это красиво. Если я решил, что в журнале «Люи»[139] Джейн должна быть голой и в наручниках, то потому, что эта девчонка заслуживала, чтобы на нее смотрели.

А то, что потом парни под это дело дрочат, мне совершенно до лампочки. До спущенной спермы.

БАЙОН: Удачно подмечено.

С. ГЕНЗБУР: Это разрушает здоровье.

БАЙОН: Это разрушает, хотя... На пластинке все сложнее, куда труднее понять... Но все же...

Б. Б.[140]

С. ГЕНЗБУР: Но пластинки, это тоже сексуально! О чем еще мы можем говорить на виниле? Только о сексе и можно говорить, разве нет?

БАЙОН: Согласен.

С. ГЕНЗБУР: Это нравится мальчишкам, это нравится девчонкам, и точка. Это нравится мне. Тут говорить не о чем, говорить можно только о сексе.

БАЙОН: По этому поводу, нет ли в «Я тебя люблю, я тоже нет» сексуального наложения Брижит Бардо и Джейн Биркин? Ведь изначально записываться должна была Бардо?

С. ГЕНЗБУР: Такая пластинка существует[141].

БАЙОН: У нее не получилось?

С. ГЕНЗБУР: Нет. Диск потрясающий, но она в то время была замужем — за Гунтером Заксом[142]. Пошли разные слухи, произошел скандал... вот, и она попросила меня остановить тираж. Вторую версию мы записали уже с Джейн[143]. Но первый диск существует, он в сейфе концерна «Фонограм», и когда она даст дуба — надеюсь, как можно позднее, потому что я ее очень люблю, — и я тоже, диск можно будет услышать.

Но это не одно и то же: с Брижит было... пылко; а с Джейн — гипертехнично. Это как траханье: если трахаешься сгоряча, то получается плохо; когда технично, тогда лучше. Диск с Джейн был такой: «Раз, два, три, четыре / Two bars, tree bars / You play that and I play that / Now you scream»... нет, не «scream»... это ведь не «Love on the beat»...

БАЙОН: Now, you whisper?..

С. ГЕНЗБУР: You whisper / Four bars, eight bars / Now stop / Now that's me now you»...[144] А потом вступала она, — Джейн тогда был всего двадцать один год, — в до мажоре. Брижит это тоже пела в до мажоре, но на октаву ниже: результатом стала эдакая страшная копуляция, и мне кажется, это было... too much*. Как ни крути, а диск записан; диск великолепный, но too much. А из малышки Джейн в до мажоре октавой повыше получилась нимфетка, и смятение именно от этого. С Сашей и Брижит было супер, и весь антураж, но немного простовато, более «on the beat»...**

А потом эта штука облетела весь мир, а я тем самым нарушил клятву. Я же сказал Брижит: «Не хочешь, чтобы этот диск вышел? Ладно. Клянусь тебе, что пластинка будет уничтожена». Но клятву свою я нарушил! И выпустил диск. И сделал hit — the hit![145] То есть мерзавцы тоже время от времени веселятся.

---

* Слишком, чересчур (англ.).
** В ритме; в тему (англ.).

БАЙОН: Кстати, раз мы уж заговорили о мерзавцах и о веселье, во время акта...

С. ГЕНЗБУР: Мне кажется, ты должен прерваться, потому что... (*Шепчет на ухо*.)...

БАЙОН: Да ты что? Правда?

Слова во время

БАЙОН: Иногда говорятся какие-то слова. Во время полового акта. А ты что-нибудь говоришь?

С. ГЕНЗБУР: Я говорю тем, кто этого заслуживает. Может быть, поэтому ничего еще никому не сказал. Хотя, нет, говорил Джейн и Брижит — черт, вот я себя и выдал! Ну, впрочем, это не важно, правда, Бамбу?

БАЙОН: «Harley-David-son...

С. ГЕНЗБУР: ...of a bitch»[146]. Или тогда надо вообще заткнуться. Так вот, слова — это... самое мерзкое, что я могу себе представить. Вот почему в «Love on the beat» я пою: «Самые отвратительные слова». Это возбуждает. Возбуждает меня, возбуждает мою партнершу. Очень возбуждающе.

БАЙОН: А отчего так получается? От поисков предела? В чем идеал? В том, чтобы удивить себя самого мерзостью того?..

С. ГЕНЗБУР: Недурно! Да, с этим возникает проблема. Дело в том, что наш словарь гиперурезанный. Мало что можно сказать: хуй, пизда, конец, яйца, сперма — и по новому кругу. Хотя и так все получается, и все обходятся тем, что есть. Но в мерзости своя красота, — если удачно сделано, удачно сказано, в нужный момент, — когда чувствуешь, что партнер хотел бы это услышать. Но ограниченный, очень ограниченный словарь, вот... Каждый раз себя ловишь на мысли: «Бля! Я опять несу ту же самую херню!» — и замолкаешь. Хотя херня каждый раз разная, потому что я не ебу с усмешкой на губах, это неправда, — я ебу серьезно. Не сурово — серьезно.

БАЙОН: Ты оправдываешься, как будто...

С. ГЕНЗБУР: Да, это опять стыдливость. Я же стыдливый, и когда приходится быть бесстыдным, то посыл оказывается сверхгнусным. Но раз это нравится, значит, я прав. Это очень заводит, очень возбуждает, когда слышишь, как на тебя извергают слова... ужасные.

БАЙОН: Ты можешь говорить «ужасные слова»?

С. ГЕНЗБУР: Бамбу! (*Она смеется.*) Только ничего не говори!

БАЙОН: Во всяком случае, то, что ты называешь «самыми отвратительными словами», это ведь не обязательно слова, которые вне обихода? Это скорее интонация? Специальный акцент, который ты делаешь на вполне обиходных, котирующихся словах?

С. ГЕНЗБУР: Э-э, мы же здесь не на бирже! У каждого своя биржа! Нет, поэзия невозможна, если мы животные... которые думают, что думают. Нельзя, невозможно, не нужно довольствоваться малым; нам приходится искать слова, которые мы узнали в молодости, либо из журналов порно, либо из книжек... Кого я цитировал?.. Черт!

БАЙОН: Джеймса Джойса? [147]

С. ГЕНЗБУР: Ах да! Джойс! «Письма к Норе». Это восхитительно, восхитительно. Все те слова, которые Джойс выдал до меня, я выдаю их сейчас...

БАЙОН: Ладно.

С. ГЕНЗБУР: Что? Что-то не так? Тебе нужны другие слова? Ты хочешь, чтобы был не «хуй», а какой-нибудь «шмуй»? Я не понимаю...

БАЙОН: Ну, как ты сам сказал: «самые отвратительные слова»... Может быть, здесь дело в разных регистрах, по нисходящей? Допустим, назвать какое-нибудь очень грациозное создание жирной коровой или...

С. ГЕНЗБУР: Нет! Ты можешь назвать сучкой. Довольно мило. Или паршивкой. Но если это молодая симпатичная девчушка, а ее называют жирной коровой...

БАЙОН: Вот почему ты говоришь...

С. ГЕНЗБУР: Ну уж нет. Нет! Это нехорошо. Ранить нельзя. Нет.

БАЙОН: Ты хвалишься тем, что оскверняешь; вот мы и подошли к профанации...

С. ГЕНЗБУР: Профанация? А что такое профанация, черт возьми! Мы опять возвращаемся к иудеохристианству; это ужасно. Дырка в попке — ни-ни, в рот — ни-ни, фу...

БАЙОН: Это ограничивает, слов нет. Ты говорил о рамке и о кривой линии; может быть, это ограничение и есть рамка?

С. ГЕНЗБУР: Да. Словарь ограничен, и иногда я думаю: «Бля, как мне не хватает слов!» Да, правда, надо искать другие гнусности... Но я их не нахожу. Их нет во французском языке. Ни в американском.

БАЙОН: Ономатопея? Изидор Изу...

С. ГЕНЗБУР: Не очень эротично: а-гага, а-гэ, га-га... харканье какое-то. Интеллектуально не цепляет. Ни девушку, ни меня. Нет, только без этих горловых полосканий.

БАЙОН: Каким словом ты чаще всего называешь женщину, девушку?

С. ГЕНЗБУР: I don't understand*.

БАЙОН: Ты только что сказал «девушка»: ты чаще всего используешь слово «девушка»?

С. ГЕНЗБУР: Девушка.

---

* Я не понимаю (*англ.*).

ХАНЖА[148]

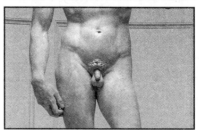

БАЙОН: В твоих отрывках чувствуется тенденция материализовывать, выделять чрезмерно слова, которые относятся к сексу, называют физические органы, — тенденция ужесточать...

С. ГЕНЗБУР: Гениталии.

Ханжа

БАЙОН: Ты в некотором смысле депоэтизируешь, и именно это придает тебе поэтичность. Пример: в «Механической руке» — «эрекс», «пирекс» «Инокс»...

С. ГЕНЗБУР: То есть некоторое отстранение от... Навести *out of focus*[*], чтобы оказаться в фокусе. Это нелегко: в фотографии сделать это невозможно, это нужно делать с позиции пусть интеллектуального, но все же животного. *Out of focus / focus.*

БАЙОН: Опять стыдливость?

С. ГЕНЗБУР: Нет. Это поиск в словах и в... это поиск красоты, потому что приобщение к архитектуре, к живописи — это как отрыв от действительности, как головокружительный полет в преданиях великих сказителей, это как мечта. Так вот, это мечта в сексе; секс соединяется с мечтой. Подобные моменты в нашей жизни необычайно ценны. Но только тогда, когда все сделано хорошо; если же нет, то это просто какой-то кош-

---

[*] Не в фокусе, не четко (*англ.*).

мар; или же... ничего... и опять-таки сознание. Это фиксация на эстетике, эстетика красоты, смысл красоты.

Да, это правда, я трахал совершенно безобразных тётенек, женщин, которые были вне красоты... но крайности сходятся. Я погружался в мерзость и говорил себе, что красоты здесь нет, но, возможно, она будет здесь завтра; это было почти как наказание, как самобичевание: «Я ебу это уродство, и я это осознаю, и это животное чувство: это подло и жалко, но все-таки что-то происходит, что-то некрасивое, но, может быть, в подлости...» В низости что-то было. Но сейчас я уже отошел от этого.

БАЙОН: Эти истории со словами, это стало почти банальным, я хотел сказать — академичным. Этому соответствовало и то, что ты говорил о фокусе, но в терминологии литературной...

С. ГЕНЗБУР: Юридической...

БАЙОН: Нет, литературной. Это классические приемы, правила, как, например, литота, антифраза, умолчание; способы сказать немногое как можно красноречивее, разве не так?

С. ГЕНЗБУР: Литоту я вижу как нечто розовое. С маленьким бутоном, розовым бутончиком, который посасываешь в перерывах между... Это и есть литота.

БАЙОН: «No comment»*, это литота или эвфемизм?

С. ГЕНЗБУР: Пф-ф, какая разница? So what?**

Baiser[149]

БАЙОН: Скажем, сложившаяся у тебя концепция непристойности также регулируется строгими академическими правилами. Ты очень упорядочен.

---

* Без комментариев (*англ.*). *No comment* — название песни с пластинки Гинзбура *Love on the beat* (1984).
** Ну и что? (*англ.*)

С. ГЕНЗБУР: Упорядочен золотым сечением. Что может быть красивее коринфской, ионической или дорической колонны? Я уже не помню, кто их выдумал, кто впервые нарисовал дорическую колонну, или ионическую, или коринфскую, или даже... черт, как называется смешение дорического и ионического или ионического и коринфского?! — короче, за всем этим стоит фаллос. И это великолепно. Нет ничего строже, а строгость подразумевает абсолютный покой, покой души, что встречается очень редко. Все не так просто. Абсолютный покой, нейтральная полоса, свободная от любых страстей: когда я вижу фаллос, я примиряюсь с самим собой.

БАЙОН: Какой, по-твоему, самый правильный термин для обозначения акта? Только без кокетства...

С. ГЕНЗБУР: Я уже говорил: когда это плохо сделано, то это «тык-тык», когда хорошо, то «туда и оттуда».

БАЙОН: Нет, это уже следствие; я имел в виду — конкретнее.

С. ГЕНЗБУР: Половой акт — это обычно: что имеешь, то и вводишь. Куда еще конкретнее!

БАЙОН: И все же какой термин ты употребляешь?

С. ГЕНЗБУР: Baiser, я очень люблю это слово. Мне кажется, это очень красивый глагол, baiser. Думаю, baiser — это самый красивый глагол, потому что зацелованными могут оказываться и губы, и член. Не надо бояться говорить: «я тебя baise, я baise». Я не занимаюсь любовью, я baise.

БАЙОН: Да, впрочем, в «Love on the beat», в конце...

С. ГЕНЗБУР: Я разве говорю не baiser? Что-то другое?

БАЙОН: Нет, нет, именно это. Я не видел напечатанного текста, но...

БАМБУ: «Передозняк baise»...

С. ГЕНЗБУР: Ну да! Ну, бля, ты даешь! Вот это профессионализм: «передозняк baise», точно. Да, baiser — прекрасное слово. И не сальное. Не в моих устах. В устах других, может, и отстой, но только не в моих и не для меня. Не для моей приятельницы: это не грязно, это красиво, baiser — красиво. Потому что... ну что еще можно сказать? «Заниматься любовью» звучит тоскливо. «Совокупляться» — это для лягушек, для жаб — каламбур в подарок для Джейн: совокупляющиеся жабы[150]. «Блудить» — это невыносимо, это следует убрать! Выкинуть из словаря! Baiser, и все! И на слух приятно...

БАЙОН: Вдуть? Вставить? Вздрючить?

С. ГЕНЗБУР: «Вздрючить»?! Ай, какой ужас! Ну уж нет, мне это совсем не нравится! Baiser. Не агрессивно и не так нагружено. (*Смех.*)

Чтение

БАЙОН: Хорошие эротические или порнографические авторы?

С. ГЕНЗБУР: Что я могу сказать? Набоков, несколько туманно, слегка out of focus — *fuck-yes*, напишем это вот так: *fuck-youth*... слегка *out of fuckus*[151], вот и родился английский неологизм. Классный. Надо бы его запустить в обращение. «Fuck-us». Что я могу сказать? Когда я цитировал в «Плохих звездных новостях»...

Черт! Я же его цитировал... Shit! Ну же... это американец...

БАЙОН: Миллер?[152]

С. ГЕНЗБУР: Миллер.

БАЙОН: Действительно Миллер?

С. ГЕНЗБУР: Ну, не то чтобы ух, а так, когда он...

БАЙОН: ...подставляется?

С. ГЕНЗБУР: А кто еще? Ах, ну да, де Сад. «Несчастья добродетели». Наполеон приказал посадить его за решетку. Но он классик, и я от его книжек спермой исходить не собираюсь; я и так на них надрочился вволю, когда был еще подростком. Кто еще? Не знаю, никто не приходит на ум...

Черный ящик

БАЙОН: Перейдем к фетишизму. Можно ли тебя отнести в разряд фетишистов?

С. ГЕНЗБУР: Я фетишист в том смысле, что я люблю предметы, — да, у меня есть разные штучки. Так называемые приспособления. Да, фетишист. Но это опять обращение к живописи. Бамбу в черных разодранных чулках — потому что красивее, когда разодрано, — и в этих штуках, которые поддерживают чулки, — как это называется? — ...для меня это еще больше, чем ню. Это еще один подход, эстетическая уловка. Не уловка, поскольку это красиво; уловка, потому что секс становится больше чем секс. Именно так! That's the problem, so... Но вообще-то я не представляю себя пьющим шампанское из какого-нибудь шлепанца или жрущим дерьмо десертной ложечкой...

БАЙОН: К этому мы еще подойдем.

С. ГЕНЗБУР: Итак, фетишизм, может быть, в особенных требованиях к освещению. Это ведь и есть фетишизм: свет гипержесткий или гипермягкий, видно все или ничего. Видеть все, без прикрас, резко, выдать яркий сноп по-операторски. Или, другой подход, пригасить. Это, разумеется, фетишизм. Но вот всякие там каблуки-шпильки — это мне чуждо. Это я не понимаю.

БАЙОН: К фетишизму могут относиться какие-нибудь ритуалы. Настолько строгие кодексы, что они остаются неизменными и...

С. ГЕНЗБУР: Тогда можно говорить о содомии и т. д. Если, конечно, есть желание о ней говорить.

И о членах из латекса. О кодексах эрексов из латекса...[153]

БАЙОН: Черный ящик с гаджетами на ночном столике?

С. ГЕНЗБУР: А-а. Это принадлежало японскому сановнику. Это не «гаджеты». Это восьмой век.

БАЙОН: Это для удовольствия глаз или?..

С. ГЕНЗБУР: Я купил это из эстетической потребности. Все возвращается к этому. Там есть один курьезный предмет: яйцо с ртутью внутри, которое японки медленными движениями вставляли себе во влагалище, а ртуть тем временем ходила туда-сюда, туда и оттуда...

БАЙОН: Здорово. И яйцо принадлежало?..

С. ГЕНЗБУР: Император дарил такие яйца своим сановникам. Оно сделано из панциря черепахи, а в нем ртуть... Большая редкость. И бесценная.

БАЙОН: Бесценная — это сколько?

С. ГЕНЗБУР: Она стоит штук сто[154]. Для подобной фигни это много, зато красиво: черепаший панцирь и ртуть.

Обострение

БАЙОН: А другие предметы? Ритуальные вещи?

С. ГЕНЗБУР: Слово «вещи» следует из словаря изъять. «Вещь» не существует.

БАЙОН: Хорошо. Тогда будем говорить о ритуалах.

С. ГЕНЗБУР: Так красивее.

БАЙОН: Откуда берутся твои ритуалы? Откуда к тебе приходит чувство порядка, когда каждый «предмет» на своем месте?

С. ГЕНЗБУР: Я думаю, это идет от инициации. К ритуальному существует три, нет, четыре подхода: приобщение к живописи, приобщение к архитектуре, приобщение к поэзии, приобщение к музыке. Есть еще одно... —

у нас их уже четыре, — и еще, значит, одно... все спуталось, я сбился.

БАЙОН: Может, это своеобразная защита? Не служит ли тебе это неким экраном?

С. ГЕНЗБУР: Нет. Я бы сказал: гиперэстетская фиксация на культе бесполезности. Вот. Итак, организовать предметы в ритмике, которая меня приближает к золотому сечению, а золотое сечение — это женщина и совершенство. Это словно заболевание мозга. Серьезное. Достаточно серьезное, поскольку это обостренный поиск вне человеческого. Это чудовищно. Я бы сказал: тяжело переживаемая болезнь.

БАЙОН: Навязчивая идея?

С. ГЕНЗБУР: Нет. Это значит искать эту... вот именно эту ничейную зону, no man's land, которая дает покой в строгости. Да, вот так: фашистская строгость, которая отбрасывает животное начало. Животное начало я не люблю. А потом, я и сам зверь и не могу не тыркаться.

Некрофилия

БАЙОН: По поводу смерти: близость смерти или мысль о смерти — принимай, как тебе больше нравится, — оказывает ли это какое-нибудь влияние на твои половые инстинкты?

С. ГЕНЗБУР: На мои половые инстинкты? Один психолог сказал: «Женщина, которая не получает удовольствия, это женщина, которая боится смерти», — уже не помню, как его звали. Потому что оргазм, я, кстати, об этом говорю в «Love on the beat», момент оргазма — это электрическое завихрение, и многих девушек оно пугает. Что до меня, смерть и любовь?.. Нет. Думаю, что любовь — это вихрь, а смерть — стоп-кадр, и баста. Связи я не вижу. Нет, честно.

БАЙОН: Мир, который ты здесь себе создал, совершенно мрачный: черная гостиная, черная лестница, ведущая в твою черную спальню, черный туалет...

С. ГЕНЗБУР: Мрачный? Я сейчас все прерву. Это мир строгой неукоснительности.

БАЙОН: Хорошо, а все эти фотографии Мэрилин?[155]

С. ГЕНЗБУР: Это, это фиксация... но не эротическая. Это эстетическая фиксация. Ладно, дальше! Next!

БАЙОН: А как же Мэрилин в гробу?

С. ГЕНЗБУР: Мэрилин в морге? Холодильник, это жалкое зрелище...

БАЙОН: Не эротическое? Мертвые пальцы ног мертвой Мэрилин, как горошинки?

С. ГЕНЗБУР: Ну, может быть... Не знаю. Я не могу это анализировать. I don't know... I don't know*. У меня фиксация на эту девчонку — а она действительно девчонка, — потому что она умерла еще молодой, и когда я вижу, что остается от некоторых (я никого не назвал, я сказал «некоторых»!)... Ведь куда красивее, очевиднее рожа Кошрана[156] — стоп-кадр, озарение — Мэрилин или какой-нибудь другой съехавшей девчушки, чем то, во что превращаются перезрелые и скоропортящиеся тети и дяди. Порчусь, конечно, и я, хотя на самом деле я только улучшаюсь. Я улучшаюсь, а не порчусь, я, я, я...

БАЙОН: На это можно взглянуть с другой стороны, через меланхолию, о которой мы только что говорили; одна из твоих песен рассказывает историю мертвеца, это «Небрежно и небрито»[157]: сексуальное чувство, переживание несчастья, ты убегаешь и оказываешься на кладбище...

С. ГЕНЗБУР: И распускаю нюни на кладбище. Кладбище, это из одной сказки братьев Гримм, которую я читал в детстве...

Папа отправил трех своих сыновей выгулять, нет, выпасти козу, и каждый сын выполнил приказание, хотя занятие было тоскливым, так вот, а коза была гово-

---

* Я не знаю (англ.).

рящая, она наедалась до отвала, возвращалась и — я помню эту фразу, хотя это было сорок лет назад. «Козочка, насытилась ли ты?» — спрашивал папа. «Козочка, насытилась ли ты?»...

Честное слово, я не видел эту книжку с начала войны; тогда мне было двенадцать лет, и эту книжку, которая позволила мне убегать в другой мир, дала мне сестра... «Козочка, сыта ли ты?» — «С чего могу я быть сыта! Я прыгала с могилы на могилу и не нашла ни одной травинки!» Это я помню. «Я прыгала с могилы на могилу и не нашла ни одной травинки». И отец выгнал старшего сына.

БАЙОН: Вот мерзавка! Соврала и не поморщилась!

С. ГЕНЗБУР: Какая фраза! А коза страшная, и чем страшнее она кажется, тем наглее ее ложь.

БАЙОН: Фраза красивая.

С. ГЕНЗБУР: Ужасная. Сказка называлась «Волшебный стол»... «Палка в мешке» и... — черт! — ладно, забыли. Я забыл.

БАЙОН: А осел...

С. ГЕНЗБУР: Нет, осел был в... «Палка в мешке» — подожди, нет, «Столик сам — накройся!».

БАМБУ. — ...который нес золотые монеты.

С. ГЕНЗБУР: Да, осла просто несло золотыми монетами.

БАЙОН: Ах да, теперь вспоминаю.

С. ГЕНЗБУР: Да, осел, дерьмо, shit...* Осел высирает золотые монеты, а эта... «С чего могу я быть сыта! Я прыгала с могилы на могилу и не нашла ни одной травинки!» И на этом я...

БАЙОН: Что и относит нас к некрофилии?

С. ГЕНЗБУР: Нет уж, спасибо.

БАЙОН: Однако такие люди из твоей библиотеки, как Гюисманс, как Лорэн [158], довольно близки — своими раздвоенными нервными окончаниями — к тебе?

---

* Дерьмо (*англ.*).

С. ГЕНЗБУР: С ума сошел! Нет! Ни за что! Некрофилию я не понимаю. Там нет рецептов, нет спермы. Там нет ничего.

БАЙОН: Как раз «ничего» — это и есть абсолют ритуальности? Смерть?

С. ГЕНЗБУР: Ну нет, нет. Меня от смерти тошнит! Тошнилово. От этого тошнит.

БАЙОН: Ты не можешь этого понять в силу своих литературных, фетишистских пристрастий? «Шевелюра», например, Бодлер[159] или Мопассан...[160]

С. ГЕНЗБУР: Шевелюра... Какая еще шевелюра? Лобковая?

БАЙОН: Нет, нет. Название одной сказки Мопассана: там кто-то находит в шкафу волосы и...

С. ГЕНЗБУР: Ах да, ладно, а у Бодлера что?

БАЙОН: У Бодлера, гм... Да что угодно: «Завивалось руно в разрезе сорочки»...[161]

С. ГЕНЗБУР: Ой, сурово! Но это уж чересчур. Вон. Долой, долооооой! Волосам — нет! Можешь так и записать: волосы — это тошнилово.

«Старые клячи, старое клянча»

БАЙОН: Геронтофилия. Надо немножко взбодриться, а то твой читатель засыпает. Самая пожилая бабушка, которой вы, мэтр, оказали честь?

С. ГЕНЗБУР: Мне было двадцать два—двадцать три, и я вляпался в шестидесятилетнюю старуху. До чего же она была нежная, и кожа у нее была нежная! Просто волшебная. А когда я все выпустил, она мне и говорит: «Еще, еще», а я ей ответил: «Бабуля, привет!» — и вон. Вон — это я про себя, а она осталась лежать в своем гостиничном номере. Но мягкостью ее кожи я был поражен. Я подцепил ее в кабаре, где пел. Удивительно. Но она была из категории вампиров! Ей хотелось «еще».

БАЙОН: Но это все же было приятно?

С. ГЕНЗБУР: Очень приятно. Эдакая маменька... Маму-ся, ба-бу-ся! Я сейчас!

БАЙОН: Ты ответил, не дожидаясь вопроса о насилии... Я вспомнил об одной сцене, имевшей место здесь однажды. Мы сидели наверху и смотрели порнуху...

С. ГЕНЗБУР: Не может быть!

С. М.

БАЙОН: Ты все время возвращался к одной и той же сцене из фильма, который, впрочем, был так себе...

С. ГЕНЗБУР: Они никогда не бывают хорошими.

БАЙОН: Ты еще говорил: «Смотри...», ты был заворожен взглядом одной девчонки, потому что в нем было что-то такое... и было видно, что ей страшно... Она оборачивалась к камере, похоже, не понимала, что происходит. Ты еще сказал: «Смотри, здесь что-то не то, она не хотела, они ее заставили».

С. ГЕНЗБУР: Да! Бразильянка. Ее накачали наркотиками и изнасиловали.

БАЙОН: А что за фильм?

С. ГЕНЗБУР: Думаю, бразильский, достаточно жестокий, но классный. Не фальшивый.

БАЙОН: Ее изнасиловали сзади?

С. ГЕНЗБУР: Там всего хватает. Еще и в рот... Да, она там наглоталась не слабо: молоко било, как из скважины. Только молоко было не «Нестле», а настоящее, жирное до сгустков... Да, фильм сильный. Остальные — отстой. Там еще был какой-то негр, бразилец... Думаю, ее накачали и... — я ведь не лох, я сам придумывал мизансцены — и изнасиловали. Это сцена настоящего изнасилования. Содомия и... В общем, полный набор: во все три дырки, в том числе болезненная для нее содомия, потому что... Да, кстати, о проблеме порнофильмов: в зависимости от крупности мы переживаем по-разному — потому что этого говнища там столько и все вот таковское... эдакие шибры[162], ужасно! Да еще и снято широкоугольником.

БАЙОН: Даже так?

С. ГЕНЗБУР: Ну конечно так, все это снималось широкоугольником, в упор, ее расстреливали в упор. А после этого ничего другого и не остается, как сказать: «Мы всего лишь мелкие сошки...» А сам фильм красивый.

Я видел другой фильм, двадцать лет назад в Гонконге, где все было гиперопасно и гипер-запрещено.

БАЙОН: Запрещено? Для показа?

С. ГЕНЗБУР: Да! Это был фильм на восьмимиллиметровой пленке, даже не на супер-восемь. На проходе стоял какой-то студент и собирал по три иены или по три доллара, и там было... Ладно. Причем все как по сценарию: нужно было обойти все здание, грязную бетонную коробку, пройти мимо какого-то типа на кухне, рядом с сортиром, и только потом попасть на этот просмотр. Где уже сидели двое ипохондрических америкашек. Они принимали все всерьез. А я пришел туда с дольщиком, чтобы позабавиться, но там было такое... я был потрясен. В фильме показывали, как одну девчонку дерет кобель. Внимание. Тишина в зале, пристегните ваши ремни. Это было... Все черно-белое, грязное, достаточно мерзкое. Чувствовалось, что она... Нет, она была не в восторге, она делала это из-за бабок.

БАЙОН: А она была красивой, эта девчонка?

С. ГЕНЗБУР: Да, вот именно, красивой. Она была красивой, а собака, чего уж про нее... что-то вроде добермана. Жестко, очень жестко, очень тяжело, настоящее испытание. И потом, кобель ее покрыл, как сучку, и, значит, драл ей когтями спину и плечи. Но она держалась. Это было очень сильно, это было еще до. До современной порнографической эпохи, когда всякое фуфло продается на каждом углу.

Итак, у меня здесь собраны всевозможные гаджеты, все фильмы, и это такая чушь, что от нее уже не встает. Но было время, когда все было не так; вот, например, приехал в Гонконг, пошел приколоться и увидел, как девчонку трахает кобель! Это было сильно. Там я действительно... Тут уж не до приколов. В этом было что-то поэтическое.

Потом я видел другую порнуху: у Сальвадора Дали[163], с Джейн и Биндером. Биндер — автор суперских титров к Джеймсу Бонду. Тип сексуально озабоченный, но полный улет: такой маленький еврей и такая сильная сексуальная озабоченность! Джеймсы Бонды — это всегда сексуально. И Дали показал нам фильм, — это тоже было нелегально, — в отеле «Мерис». Он сказал: «Будет просмотр, приходите», и мы посмотрели гипергрязный фильм. Чернуха, но с вот такими close-up!* Сплошная гинекология. Это было даже не... это было похоже на абстракцию. Думаю, Джейн это немного взволновало, но меня — нет. А теперь у меня есть кассеты, но я их даже не смотрю. Достало.

БАЙОН: Даже про насилие? С животными?

С. ГЕНЗБУР: У меня есть фильм про девчонку с собакой, но он ужасный: девчонка делает псу минет. Такое фуфло! Совершенная чушь. Потому что чувствуется, что девчонка отрабатывает, что ей скучно, — нет, это ужасно. А вот та, из Гонконга, пусть кобель ее и царапал когтями, но это все-таки ее цепляло.

Веселье

С. ГЕНЗБУР: Для меня совершенно недопустимо, когда девчонки веселятся. Это я просто ненавижу. Потому что теперь во всех фильмах, как теперь говорится, кате-

_____
* Крупный план (англ.).

гории X, они веселятся; на это я говорю свое категорическое «нет». В ебле я не допускаю — даже на уровне юмора — никакого веселья. Для меня это действо гиперсерьезное, даже трагическое. И не следует размениваться на смехуечки. Смех я воспринимаю как совершенный облом, да, и немедленную отмену. Отвал. Отпад.

Ну вот, я, по-моему, обо всем рассказал. Надо бы, надо все же пройтись по всем гаджетам, всем приспособлениям, всем штуковинам, но мы как-то быстро отстрелялись. А надо бы не быстро, а постепенно. Next.

БРУТАЛЬНОСТЬ

БАЙОН: Самая экстравагантная сексуальная сцена, в которой ты участвовал?

С. ГЕНЗБУР: Думаю, это когда меня отпердолили...

БАЙОН: Нет, это не экстравагантность...

С. ГЕНЗБУР: Что?! Думаешь, шуточки?! Нет!

БАЙОН: Нет. В смысле самая абсурдная. Бурлескная или совершенно обломная, какая-нибудь групповуха...

Брутальность

С. ГЕНЗБУР: Как-то раз я дал надраить двум парням одну девку, а потом прошелся по ней сам. Я до сих пор об этом вспоминаю. А потом мне стало противно. Это значит, у меня еще осталось немного чистоты в сердце, в душе. Она не хотела, а я сказал: «Давай, давай!», а потом: «Сука!» — и едва удержался, чтобы не отвесить ей пару затрещин. В конце я почувствовал такое отвращение... и даже хуже того, я был уязвлен.

БАЙОН: Вот как? И в каком возрасте?

С. ГЕНЗБУР: Какая же она была все-таки дрянь, эта девка! Мне было, наверное, лет двадцать пять. Да, ужасно. Парень даже умер.

БАЙОН: Один из двух парней?

С. ГЕНЗБУР: Это была его подружка. Он умер. Красивый был парень. Они оба были красавчики. А вслед за ними девку подначил и я: «Да будет тебе ломаться!» А потом мне стало противно: после этого мне показалось... невообразимым, что могут происходить такие... Тебя такие девки не смущают?

БАЙОН: Нет. А самая брутальная женщина, которую ты знал?

С. ГЕНЗБУР: Ну, бля, дает! Брутальный — это ведь я! Это я приобщал к брутальности. Брутальных женщин не бывает. По крайней мере, физиономию они мне никогда не били.

БАЙОН: Ты не получал ни одной пощечины?

С. ГЕНЗБУР: Нет. Никогда.

БАЙОН: Они останавливались, не доходя до щеки, или не было даже жеста?

С. ГЕНЗБУР: Но ведь брутальность может быть и... Если говорить о брутальности в постели, так брутален я сам. Инициирую я; мне еще ни разу не встретилась тетенька, которая бы проявила брутальность, например продырявив мне задницу. Брутальность по отношению ко мне может идти от меня самого — опять-таки при чьем-либо посредничестве, — как в случае онанизма. Брутальная женщина? Разве у меня остались шрамы? Физические следы? Нет. Ничего.

БАЙОН: Нет? А мстительная ревность?

С. ГЕНЗБУР: Ах ревность! Конечно, ведь я неистовый. А значит, происходит психологическое перенесение. Их было немало... Но я не собираюсь перечислять имена.

Пятна

БАЙОН: Возвращаясь к стыдливости, можно ли сказать, что ты образец верности?

С. ГЕНЗБУР: В каком смысле?

БАЙОН: В смысле любовной верности.

С. ГЕНЗБУР: Ах это?.. Я же сказал: I'm not sure about that*, вот так. Нет. Потому что я функционирую цикли-

---

* Я в этом не уверен (*англ.*).

ческим или циклотимическим образом, переходя от полигамии к моногамии. В настоящий момент я моногамен. Это все, что я могу сказать.

БАЙОН: «В настоящий момент» уже несколько лет...

С. ГЕНЗБУР: В настоящий момент с Бамбу я моногамен. Время я не засекал — shit, man!

БАЙОН: Ладно, еще о стыдливости... Хм, это не очень приятная для изучения тема...

С. ГЕНЗБУР: Валяй. Это неприятно для Бамбу?

БАЙОН: Пф-ф, для всех.

С. ГЕНЗБУР: Да ладно, ты ради этого столько парился, да и я никогда бы не вписался в подобную затею с кем-то другим; так что валяй, попробуем приколоться.

БАЙОН: Гм... После акта на простыне остаются пятна. Ты меняешь белье?

С. ГЕНЗБУР: Нет. Потому что я — я не поливальщик газонов.

БАЙОН: Нет, я не об этом.

С. ГЕНЗБУР: Эй, дружок! Эк куда тебя занесло! Это еще что такое? Ты никак вздумал измерять кубатуру?

БАЙОН: Нет, ну, после акта бывают ведь пятна; ты их даже не замечаешь или?..

С. ГЕНЗБУР: Я не молочник! Что это вообще значит? Моя девчонка отправляется на биде, «на коня» — я называю эту штуку «французским конем», — и все.

БАЙОН: Так, значит, никогда никаких пятен?

С. ГЕНЗБУР: Ка-ка? Нет. Никаких пятен, no way*. Чуть-чуть, слегка, от слюны из-за скрипящих зубов — скрипящих внутри, я сказал: В. Н. У. Т. Р. И. А от этого никаких пятен. Немного... как это называется? Ну, чтобы стоял воротник?

БАЙОН: Китовый ус?

С. ГЕНЗБУР: Немного китового уса... Да нет же! Ну, как же это называется?

---

* Ни за что (англ.).

БАЙОН: Крахмал.

С. ГЕНЗБУР: Вот-вот. Если где-то слегка «закрахмалилось», то мою домработницу это не смущает — тоже мне проблема! Немного росы. Когда я был художником, это называлось «розовый церулеум»[164]. Нет, это ближе к марене. «Марена» звучит красиво. Мареновая эмаль — это когда в пи-пи подмешивается немного крови; вот и получается мареновая эмаль. Что на это скажешь?

БАЙОН: Маленький сальный секрет? Что-нибудь такое, в чем ты никогда бы не осмелился признаться. Сексуальное преступление — может, и без последствий для тебя, но... Что-нибудь нехорошее.

С. ГЕНЗБУР: Нехорошее? Как-то я был в... В одном бистро был туалет по-турецки[165], и там не было бумаги, и я все стены покрыл запятыми. Это был я! В «Тетради Пруста»[166] есть вопрос: «Что является для вас наивысшим испытанием?» Так вот это — «Отсутствие туалетной бумаге в гальюне». Запятые — это отчаяние.

«Обуреваемая бесом негритянка»

БАЙОН: Я помню, как ты, такой целомудренный, мучил одну негритянку: ты издевался над ней, имитируя антильский акцент: «Как твоя дела, хаашо?» — и я заметил, как ты засовывал ей руку под юбку, а потом — просто ужас! — ты подносил палец к носу и принюхивался, вот так, морщился, высовывал язык и протягивал: «Бе-е-е...»

С. ГЕНЗБУР: Ни хрена себе! Где это было? В каком отстойнике?

БАЙОН: Не в клубе. На вечеринке.

С. ГЕНЗБУР: Какая агрессивность! На вечеринке? И Бамбу там не было? Ни хрена себе!

БАЙОН: Нет. Ты делал брезгливое выражение лица, и для девчонки, которая была африканкой, это было ужасно. Она была возмущена...

С. ГЕНЗБУР: Но это же прямая агрессия! Никакой связи с целомудренностью. Я был агрессивен, потому что не хотел ее дрючить, вот и все. Если не хочешь дрючить, то оскорбляешь. Ну, по крайней мере, я оскорбляю.

БАЙОН: Это такая форма безобидного садизма?

С. ГЕНЗБУР: Ну уж сразу «садизм»! Такое громкое слово. Невозможно к «садизму» приклеить «доброкачественный». Это неправильно. Либо вписываешься, либо нет.

БАЙОН: Однако это хорошо определило бы...

С. ГЕНЗБУР: Но зачем я это делал? Она меня достала, да?

БАЙОН: Ты сделал это раз десять, не меньше: палец прямо в... а затем к носу... Заметь, ей никто не мешал уйти. Ну да ладно, сменим тему, если тебе неловко...

С. ГЕНЗБУР: Нет, дело не в этом... Может, это было на уровне жеста? Я не злой, не думаю, что я злой. Это не злость; ведь запах — это абстракция.

БАЙОН: «Бе-е-е-е» с вот таким выражением!

С. ГЕНЗБУР: На самом деле я до ее киски не дотрагивался: это было сделано абстрактно, только чтобы подурачиться. Но если бы от нее на самом деле сильно пахло, я бы никогда этого не сделал. Я ей не засовывал руку до конца! То есть до начала! Да, несколько агрессивно. Я и забыл.

«Супёры» *

БАЙОН: Теперь к разряду аномалий: есть ли у тебя особые пристрастия, фантазмы? Например, минервы или карлицы...

---

* Поздно ужинающий, любитель поздних ужинов (*фр.* souper — поздний ужин).

С. ГЕНЗБУР: А что такое минервы?

БАЙОН: Минерва — это то, что носил фон Штро-гейм...[167] — ортопедический фиксатор шеи. Беременная женщина на девятом месяце? Безногая? Двадцатилет-няя олигофреничка?

С. ГЕНЗБУР: Беременные?! Нет, не думаю. Что бы такое тебе придумать, какой жест или эстетический ход? Ну, скажем, как называют двух сестер-близняшек, кото-рых не раз...

БАЙОН: Сиамские близнецы...

С. ГЕНЗБУР: Сиамские близнецы? Ах! Нет, это бы-ло бы ужасно.

С. ГЕНЗБУР: А как насчет сбора в емкости?

С. ГЕНЗБУР: Что? «Мякиш». Ну нет. Для этого есть места и есть «супёры», которые...

БАЙОН: Точно. Хороший «супец», как тебе?

С. ГЕНЗБУР: «Супчик». Нет. «Супёры» — это не то.

БАЙОН: Нет — то. «Супёр» происходит от... Не-ужели тебе нужна семантическая справка! Супом назы-вают еще и размоченный хлеб, а отсюда и выражение «вымоченный как суп», а «супёры» — это те, которые обмакивают свой хлеб в... «суп» из...

С. ГЕНЗБУР: Во вчерашний суп. В который кто-ни-будь ссыт. А «супёры» это подъедают... Ну и поганец же ты. Фу, как гадко! Хотя это же существует. Но со-временный «супёр» — это тип, который во время груп-повухи подходит к тому, кто только что «телеграфиро-вал», говорит ему: «Извините меня», и слизывает. Вот что такое «супёр» сегодня.

БАЙОН: Как ты сказал? Ну-ка повтори: кто-то «те-леграфирует»...

С. ГЕНЗБУР: Ну, «супёр» поджидает, когда кто-ни-будь в групповухе вышлет сперму, затем его быстро отстраняет и говорит: «Извините меня, мсье»...

БАЙОН: О-о! И начинает вылизывать?

С. ГЕНЗБУР: И начинает вылизывать чье-нибудь ло-но или бедро. Таких и называют «супёрами».

БАЙОН: Браво!

С. ГЕНЗБУР: Это и есть «неосупёр».

БАЙОН: Эффектно разыграно.

С. ГЕНЗБУР: Понравилось? Чем грязнее, тем лучше! Вот такие «неосупёры». Я знал и... как это называется?

БАЙОН: «Шабро»?[168]

С. ГЕНЗБУР: В смысле отхожие места?

БАЙОН: Веспасиановы писсуары? Да, в наше время с этим сложнее.

С. ГЕНЗБУР: «Ох, извините меня, мсье. — Ну что вы, прошу вас! — Ах, это совсем не от вас...». Какая мразь!

БАЙОН: Да уж, гнусновато.

С. ГЕНЗБУР: Да. Гнусно.

Патология

БАЙОН: Вызывает ли у тебя любопытство то, что безобразно, в энциклопедиях, в словарях? Если не сейчас, то, может, раньше, когда ты был моложе? Аборигены с язвой мошонки, с раком гениталий, в коляске или...

С. ГЕНЗБУР: Нет, нет, нет!

БАЙОН: Смотреть на...

С. ГЕНЗБУР: Долой! Долооой!

БАЙОН: Даже сажание на кол? Пытки? Ты говорил о мистической живописи, сближающей боль с оргазмом...

С. ГЕНЗБУР: Да, но это не сажание на кол. Это «Себастьян».

БАЙОН: Ага, как же. А твои фотографии — зарубленный японец, обезглавленные и ободранные китайцы, еще живая отрубленная голова... причем все недавние и совсем не в духе святого Себастьяна...

С. ГЕНЗБУР: Точно. Это Гюисманс.

БАЙОН: Ты хочешь сказать, Батай[169].

С. ГЕНЗБУР: Нет, нет. «Сад пыток». Как его... черт!.. Рембо...

БАЙОН: Мирбо.

С. ГЕНЗБУР: Октав Мирбо, правильно. Ах да, это великолепно. Но великолепно своей абстрагированностью. В действительности же это невозможно.

БАЙОН: Так ты сознаешься?

С. ГЕНЗБУР: Да.

БАЙОН: А *Elephant Man*[170], а фотографии, ты все же на них смотришь?

С. ГЕНЗБУР: У меня, конечно же, есть кассета *Elephant Man*. Это прекрасно. Прекрасно!

БАЙОН: Да кто говорит о фильме? Фотографии реально существующих людей. Elephant Man — это был пример, живое чудовище, от которого несло гноем и...

С. ГЕНЗБУР: Ты думаешь, я не смотрел?! Есть кое-что лучше. У меня есть кассета «Johny got his gun».

БАЙОН: А-а.

С. ГЕНЗБУР: Дамский минет!

БАЙОН: Ах да. Я как раз собирался сказать: то, что не очень сексуально...

С. ГЕНЗБУР: Великолепная сексуальность!

БАЙОН: Минет для целой оравы...

С. ГЕНЗБУР: Он показывает глазами: «Да, да!» Это самый великий минет... И вместе с тем человечность, доброта. Это потрясающий минет.

БАЙОН: Вернемся к вещам серьезным. Болезни?

С. ГЕНЗБУР: Болезни? Что имеется в виду? Мандавошки? Мандавошки на ресницах?

БАЙОН: На лицах, на ресницах, об этом мы поговорим потом, если тебе так уж хочется, а сейчас скажи-ка вот что: лихорадка, больница, термометры, халаты медсестер, не знаю, что еще, — все это имеет место в твоем... музее?

С. ГЕНЗБУР: Думаю, белый халат так же эротичен, как и черный чулок, если девчонка красива. А медсестры... все они бляди и думают только о том, как бы какого-нибудь студентика подцепить.

БАЙОН: ???

С. ГЕНЗБУР: Особенно когда дежурят ночью... Но красивая сексапильная сестричка очень возбуждает. Хотя... Когда у меня случился сердечный приступ, я не хотел показывать свой конец. И когда надо было менять постельное белье, я обматывался полотенцем. Они очень удивлялись, тупицы; нет, эксгибиционизм — это разврат!

БАЙОН: Ладно, так как же с болезнями?

С. ГЕНЗБУР: С венерическими? Сколько шлюх я перепробовал, и у меня никогда ничего не было. Зато в армии я подхватил мандавошек, как и всякий нормальный солдат, отправляющийся на военную службу. Что я еще подхватывал?

БАЙОН: Герпес? Хламидии? Петушиные гребни?

С. ГЕНЗБУР: No way. Чем я мог заразиться еще?

БАЙОН: СПИДом?

С. ГЕНЗБУР: Нет, СПИД был позднее. Потому что это знак...

ДАЛИ
И МАЛЕНЬКАЯ
ФОТОГРАФИЯ

БАЙОН: Ты сексуально не озабочен (*показывая на гостиную*)? Рекуррентные эротические сны?

С. ГЕНЗБУР: А у меня их нет. Не могу себе даже представить, что у меня эротические сны; ведь все мои эротические мечты сбываются.

БАЙОН: Но все же... Зверь (*безделушка, о которой шла речь до этого: одна жаба на другой*), одно животное, которое фыркает перед...

С. ГЕНЗБУР: ...перед другим животным? Животное начало? Нет.

БАЙОН: А лесбиянки (*еще безделушка: одна женщина на другой*)? У тебя?..

С. ГЕНЗБУР: Присоски.

БАЙОН: Да. Это тебя возбуждает? Или ты считаешь, что это мерзкая придурь?

Дали и маленькая фотография

С. ГЕНЗБУР: Сосучки, если все удачно, то это очень эстетично. И трогательно. Но когда это нехорошо, когда они начинают наигрывать — тогда это паскудно. Я предпочитаю педрил. Но это может быть и прекрасно: две девчонки из одних изгибов — ведь мы, у нас... — две подружки, это может быть действительно очень красиво.

У меня была фотография. Которую я стащил у Жоржа Юне[171]. У того самого, которого Андре Бретон[172] измордовал. Жорж Юне поначалу входил в их группу. У него были прелестные сюрреалистические предметы, гиперэротические. В том числе маленькая фотография двух маленьких девочек. Девочкам не было и двенадцати, лет по восемь. И они друг друга вылизывали. Прекрасная фотография, маленькая такая. Итак, Бретон набил рожу этому Жоржу Юне позднее, а потом, в любом случае они умерли оба, и оба были правы.

Так вот, у Жоржа Юне я стащил еще и ключи от квартиры Сальвадора Дали. В которой я целую неделю туркал свою подружку, которая была дочерью N. В окружении картин Миро[173], Клее[174], Дали...

БАЙОН: Тайком?

С. ГЕНЗБУР: Да, тайком: ключи же я стянул! И пробрался в его квартиру: в то время он был, кажется, в Кадакесе.

БАЙОН: В каком году?

С. ГЕНЗБУР: Наверное, в пятидесятом. Сорок восьмом... Сорок седьмом? Не помню. Но какой шик. Шикарная гостиная, отделанная каракулем. И в этой гостиной ночные горшки...

БАЙОН: А где она находилась?

С. ГЕНЗБУР: На бульваре Сен-Жермен. Меня это так вставило! Я, юный художник, проник к Дали, как корсар, злоумышленник. Ванная комната в духе римского декаданса: простыня в ванне, то есть ванну не мыли, а стирали простыню. И сотни маленьких флакончиков — вот почему у меня, в моей ванной, тоже сотни флаконов. Квадратная кровать — да, у меня тоже квадратная кровать. И вот почему, может неосознанно, здесь все черное.

Итак, я трахался в окружении Миро, Руо[175], Брака...[176] Которые стояли на полу, а я чуть ли не пинал их ногами. Ну, конечно, не пинал! Разумеется, я их обходил... Я мэтров обходил... или даже обгонял. Руо, Пикассо[177], Клее и Дали вповалку... — они же все были его приятелями. Великолепно. Великолепно! Я не помню, гениально ли я трахался, — о трахе я ничего не помню: я помню только обо всей этой мазне вокруг кровати. Так, а о чем мы говорили?..

БАЙОН: О двух маленьких девочках.

С. ГЕНЗБУР: Ах да! Итак, у меня была эта фотография... восхитительная: две восьмилетние малышки... — теперь уже нельзя говорить «обсасывались», это похабно. А как еще говорят, более красиво?.. Настолько это было...

БАЙОН: Они щупались? Лизались?

С. ГЕНЗБУР: Это было так красиво! Фотограф снял двух малышек, восьмилетних девчушек, припавших устами к лону. Мне было девятнадцать лет, значит, это было в... — не помню уже когда; так вот в армии ее у меня стянули.

БАЙОН: Ай!

С. ГЕНЗБУР: Когда я спал. Я показывал эту фотографию. А когда я уснул, ее у меня стянули. Такая милая карточка. Вот я и подумал: «Две девчонки вместе — это мило, потому что там одни изгибы и округлости».

Инцесты

БАЙОН: Теперь неприятная сторона...

С. ГЕНЗБУР: Медали...

БАЙОН: На тему: фильм Жака Дуайона[178] тебя расстроил... из-за Джейн?

С. ГЕНЗБУР: Какой фильм?

БАЙОН: Ты его не видел?

С. ГЕНЗБУР: Нет. И типа не знаю.

БАЙОН: «Пиратка». И в нем ты не видел Джейн?

С. ГЕНЗБУР: No comment, no comment.

БАЙОН: Ну ладно... Педо.

С. ГЕНЗБУР: Что?

БАЙОН: Каким словом ты назовешь свое положение, то есть положение пятидесятишестилетнего мужчины, который живет с девушкой, которой...

С. ГЕНЗБУР: Двадцать четыре года.

БАЙОН: Ну?

С. ГЕНЗБУР: Инцест. Это крайне редко, крайне ценно и... — нет, он не будет говорить «крайне» два раза подряд: это крайне редко, ценно и уникально, отношение с этой малышкой. Я не вижу никакой связи с педерастией.

БАЙОН: Это вопрос минимального возраста. Ты ведь сам ответил относительно Романа Полански, но...

С. ГЕНЗБУР: Да, ответил и снова к этому возвращаюсь. Отношения между мужчиной моего возраста и молодой девчонкой эллиптически просты. Все цифры, римские ли, арабские, — по фигу! Мы все время считаем: сколько времени? сколько лет? Затрахало. Это вопрос отношения не только силы, но и самого контакта. Она хороша не потому, что молода. Здесь полный набор: она хороша, и она молода.

БАЙОН: В порядке вещей.

С. ГЕНЗБУР: Каких вещей?

БАЙОН: Согласно логике инцеста. Это запрещено? Или ты считаешь, что это так естественно, что практически неизбежно?

С. ГЕНЗБУР: Инцест? Я подвержен головокружению и думаю, что инцест — это... как опьянение или головокружение. Но на это идти не надо. Нужна какая-нибудь безумная... предохранительная мера. Я представляю себе, что это могло бы быть прекрасно, но это может быть и совершенно ужасно... Разумеется, это некое помутнение.

БАЙОН: От этого ведет.

С. ГЕНЗБУР: Помутнение прекрасно, потому что... Словно снимаешь с плеча, западая в стороны, и картинка не в фокусе... Вот что такое помутнение.

БАЙОН: Именно это и происходит в песне твоей дочери?

С. ГЕНЗБУР: «Любовь, которой мы никогда не займемся вместе» — это ключевая фраза. Шарлотта[179] девочка не глупая. Она любит папу, но он ей нравится и физически. Значит, есть какая-то доля смущения. Думаю, что между папой и дочкой это должно существовать всегда: отец Джейн был влюблен в свою дочь, и его

126

дочь влюблена в него. Я, я влюблен в свою дочурку Шарлотту, а она, она тоже влюблена в меня. Но это ни в коем случае не должно деградировать в сексуальном плане, иначе будет ужасно! Особенно в случае с таким паршивцем, как я. Нет! Это было бы отвратительно. Есть опьянение, близость, приближение, ощущение сексуальности, но ни в коем случае нельзя... нельзя доходить до...

БАЙОН: А до чего бы ты дошел с маленьким мальчиком? Сыном...

С. ГЕНЗБУР: Сыном кого? Сукиным сыном?

БАЙОН: Отношение было бы таким же?

С. ГЕНЗБУР: Ну нет. Нет! Фига с два. И потом, эта малюсенькая пипетка... Нет, нет.

Бляди

БАЙОН: Глава «Бляди», продолжение. Можешь ли ты сказать, что все женщины, по своей природе, в силу фатальной предопределенности, социальной, исторической...

С. ГЕНЗБУР: Социалистической. Социалистерической.

БАЙОН: ...блудницы? Повторяю: любая ли женщина фатально обречена на проституцию?

С. ГЕНЗБУР: В этой формулировке мне очень нравится слово «фатально». Я нахожу его прекрасным! Ведь над женщиной и вправду довлеет фатальность, но «блуд» еще не означает «проституция».

Блядь — современное слово[180]; проститутка — понятно, что это такое. Блудницы — дело совсем другое: это некий путь, даже более интеллектуальный, чем сексуальный. Фатальность вынуждает некоторых девчонок, некоторых девчушек, некоторых женщин блудить. Но блуд не затрагивает тело, которое... Я бы сказал, что проституция затрагивает тело, которое продается, отдается на произвол судьбы, идет в прибыль сутенеру. Блудница же не паскудна: как мы уже сказали, это фатальность жизни. Даже любовница может быть блудливой. И это может быть великолепно.

Это великолепно в том смысле... — убираем проституцию, забываем о денежках, — любовница, которая чувствует в себе силу быть блядью, это самая прекрасная из любовниц. Я не впутываю сюда душу, падение, поскольку у меня все-таки есть нравственный принцип, но я не хочу, чтобы меня наябывали.

БАЙОН: А тебя наябывали?

С. ГЕНЗБУР: Ебать — пожалуйста, но чтобы меня наябывали — нет. Значит... Хотя я могу допустить, что меня наебут: ведь допускал же я, чтобы меня проводили. Одна девчонка меня провела — было бы глупо скрывать. Да, действительно, меня прокинули. Я посылал многих, но и меня тоже посылали. Послала одна знаменитая красавица — не вижу, что знаменитого в том, чтобы... Кстати, самое интересное с девчонкой, с любой девчонкой: едва она оказывается голой, то становится инкогнито. Значит, следует инициировать женщин к блудливости. Чтобы они не пугались принимать блядские позы или даже...

Скатология

БАЙОН: Фекалии?

С. ГЕНЗБУР: Ка-ка, ка-ка. Пи-пи, ка-ка...

БАЙОН: Базовые данные твоей флюорографии, все, что касается отстоя, — в обоих смыслах слова[181].

С. ГЕНЗБУР: Мне не нравится слово «ягодицы»[182]. Задница.

БАЙОН: Да, но я употребил «отстой» умышленно.

С. ГЕНЗБУР: Как ты пишешь «груди»?

БАЙОН: Есть рисунок графический, а есть черные замыслы...[183]

С. ГЕНЗБУР: Ка-ка.

БАЙОН: Вот-вот.

С. ГЕНЗБУР: Пи-пи, ка-ка и т. д.

БАЙОН: «Запорный блюз», «Пердеж в стиле бух», «Памела-попо», «Газ на всех этажах» — следует ли свалить все твои шлепки по заднице в одну кучу?

С. ГЕНЗБУР: В одну кучу?

БАЙОН: Да, шлепки по заднице?

С. ГЕНЗБУР: От шлепков не бывает ка-ка!

БАЙОН: Ага? Ты делаешь различие?

С. ГЕНЗБУР: Ну да. Дырочка открывается и закрывается, это не одно и то же; какашка, колбаска — это совсем не то же самое, что и... Разве нет?

БАЙОН: Чтобы объединить обе темы, вопрос будет касаться «по попке—в попку».

С. ГЕНЗБУР: Но не «по попке—ка-ка»! Я никогда не был скатофилом. Содомия мне нравится, это очень хорошо. А что «до ветру», так в этом нет ничего эротического.

БАЙОН: Ну... как сказать.

С. ГЕНЗБУР: В пердеже?

БАЙОН: И все же это очень... физически... ректально, и тема предпочтения...

С. ГЕНЗБУР: М-да, предпочтения, ветры, кишечные газы... все такое ветреное...

БАЙОН: Кстати, единственная книга, которую ты написал...

С. ГЕНЗБУР: В серии NRF[184], между Жене[185] и Жидом. Если, скажем, маленькая Шарлотта пускает газы, это реакция ребенка. Я научился синхронизировать и кричу: «Кааааааали!» Как пишется «Кали»? К. а. л. и. Да, богиня Кали из прекрасного фильма — нет, не Хоукса, черт... фильм черно-белый, в ролях Виктор Мак-Лаглин, Кэрри Грант и еще один дурень... Так вот, там была богиня Кали, и действие происходило во время... Индия, восстание в Индии, и один тип рассказывает о богине Кали. Так вот, когда я пускаю синхронный залп, я кричу: «Кааали! Кааали!» А Шарлотта мне отвечает: «А ты послушай-ка вот это!» — и посылает мне залп прямо в рожу. Но в этом нет ничего сексуального...

БАЙОН: Да ну?

С. ГЕНЗБУР: Нет. Хотя. Если выдать.... ветер силой в четыре балла, то можно себе представить состояние жерла.

БАЙОН: Так, значит, ничего скатологического?

С. ГЕНЗБУР: Нет. Ветер — это скорее военная тема. В армии я просто задыхался, там устраивали соревнования. Какая гнусь! Так что это все армейские шуточки. Но самое чудовищное пускание газов — бесшумное. Тихо так, ффф... Это самое ужасное. А громкий «пум!» должен останавливать башенные часы... Типично армейские приколы.

БАЙОН: Другими словами, есть ли у тебя отвращение к...

С. ГЕНЗБУР: Да, я бы сказал, что это вызывает у меня отвращение; каждое утро, когда я иду гадить, это мне загаживает мозги. Я не понимаю, как человеческое тело может!.. Сперма, на худой конец, но дерьмо... Я не понимаю, как мы можем...

БАЙОН: Содержать в себе это?

С. ГЕНЗБУР: Нет уж. Я предпочитаю блевать и тем самым не увеличивать количество производимого дерьма. Вот так. Раз я увидел колбаску маленькой Шарлотты, причем... фантастических размеров! Я еще подумал: невероятно! Бедная малышка. Как она может выдать такое? Это же должно ей... Фантастика! К тому же у меня не было под рукой бумаги, а колбаска лежала передо мной, и я, которого всегда тянуло к собирательству, подумал: «Невероятно, как же это забрать?! Что же это такое? Это же ужас! Эдакая черная загогулина... С ума сойти! И чтобы такая огромная штука вышла из такой маленькой девочки!» Хотя, в ее возрасте, лучше, когда выходит, чем когда входит.

Копрофагия

БАЙОН: Теперь — десерт. Мишель Симон[186].

С. ГЕНЗБУР: Ах да, Мишель Симон. Он был скатофагом. Мы с ним приятельствовали. Как-то я у него стянул несколько фотографий порно. Потрясающая печать. С девчушками, которые хотели сниматься в кино, или со шлюшками, не знаю... с проститутками. А фотографии великолепные.

Дело в том, что я пистонил его любовницу. И это она дала мне эти... Это было во время — не «Париж—Голливуд», но еще до секс-шопов и всего этого бардака, — в то время, когда все было еще запрещено: волосатые лобки и т. д. Следовательно, эти фотографии были очень ценными, они меня здорово цепляли. Прекрасные картинки, которые я у него стибрил. Я украл у Мишеля Симона эти фотографии и, наверное, на них дрочил. Я наверняка дрочил на эти фотографии, а позднее мы вместе с Мишелем работали на одной картине[187]. Не помню, на какой именно... черт, shit — нет, лучше, дерьмо! Ну, не важно. Не будем называть ни имя режиссера, который был редким мудаком, ни название фильма, ни наши роли, которые были такими же мудацкими, но... Дружба.

Мгновенная дружба. Между Мишелем Симоном и мною. Этот старый господин и я, — я был уже не первой свежести, но все же... — и это было классно. Ни с чем не сравнимо! Не знаю почему. У Мишеля Симона была такая рожа! И у меня не лучше, такая же уделанная. На улице сразу чувствовалось, что его, этого седого человека в белом кабриолете, любили. Он отнесся ко мне с симпатией, но не гомосексуальной. Он даже не знал, что я туркал его лахудру, которая была такой дрянью, такой падлой, в комнате по соседству, в Сен-Дени, — мрак! И он как-то рассказал мне эту фантастическую историю...

«Однажды я был...» Нет, сначала я расскажу, как я повез его к «Люка-Картон» отведать вальдшнепов. А в зале ресторана «Люка-Картон» всегда дежурит метрдотель, поскольку вальдшнепов готовят прямо на столе перед клиентом: берут кишки, дерьмо, укладывают это на канапе — блюдо так и называется: «вальдшнеп на канапе»,— птицу не потрошат, а ухитряются сделать так, чтобы дерьмо не воняло, — думаю, добавляют арманьяк или коньяк. Так вот, а довольный Симон возьми да ляпни во весь голос: «О! Да ведь здесь кормят говном!» — «Мсье Симон! Как можно, мсье!» — оскорбился метрдотель. — «Ну, хотя бы чуть-чуть есть?» — взмолился Симон. После чего и рассказывает мне следующую историю: «Как-то я оказался на мели, будучи уже знаменитым Мишелем Симоном, и не знал, где переночевать. Дело было еще до войны, и пошел я, значит, в один бордель...»

Итак, Мишель Симон пришел к хозяйке, с которой был в приятельских отношениях: «У тебя пожить можно?» — «Можно. Будешь спать на последнем этаже, в мансарде с двумя девчонками».

Значит, ночует он там, причем не обязательно трахая своих соседок по комнате, они ведь ему как подружки. У него там была отдельная кровать. И вот однажды он заходит в комнату и говорит: «Послушайте-ка! Здесь никак попахивает говнецом!» Dixit* Мишель Симон. Это было что-то колоссальное! Почти физическое ощущение! Услышать из уст Мишеля, с его-то харей, такой же раздолбанной, как и моя: «Здесь никак попахивает говнецом!»

И тут одна из его соседок смущенно так и говорит: «Мишель, мы должны вам кое в чем признаться. Мы здесь придумали одну штуку. Дело в том, что некоторые едят это десертными ложками... И это пользуется таким успехом, что не хватает того, что мы можем... предложить. Так вот, мы зовем подружек, чтобы с их помощью пополнять запас... и замораживаем это дело в морозилке. А потом.... Разогреваем на водяной бане».

БАЙОН: Фу-у-у-у!

· С. ГЕНЗБУР: Это грандиозно! Грандиозно! Grandioso! Потрясающе! От этого просто дырожопит! Крышу сносит! Скальп дыбом!

---

* Сказал (*лат.*).

НЮ

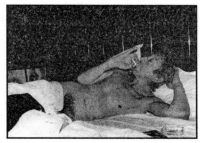

БАЙОН: Какие художники тебе наиболее близки? Фернанд Кнопф?[188]

С. ГЕНЗБУР: Кто? Долой!

БАЙОН: Подожди, может, другие... Андрогин Кнопф, который все время рисовал свою сестру в мужском обличье? Или Бэкон? Или Эгон Шиле?[189]

С. ГЕНЗБУР: Эгон? Тошнилово этот Эгон... Shit...

БАЙОН: Тошнилово? Значит, Бэкон?

С. ГЕНЗБУР: Бэкон. Для меня из современников он самый великий одержимый. Это Фрэнсис Бэкон. Да! Его колоссальные эякуляции! Цинковыми или титановыми белилами. Его превосходные триптихи.

БАЙОН: Черный или розовый? Самый сексуальный цвет?

Ню

С. ГЕНЗБУР: Во-первых, черный — это не цвет, а валёр, если говорить технически; так как валёры идут от совершенно белого, через серый, к черному. Это значения. А цвета — это цвета: это... солнечный спектр.

БАЙОН: Значит, еще один вопрос замят?

С. ГЕНЗБУР: Нет. Вопрос не замят. Какой мой сексуальный цвет? Наверно, зеленовато-желтый. Веронская зелень, серо-зеленый, зеленый. Терпеть не могу желтый кадмий.

БАЙОН: Как ты сказал?

С. ГЕНЗБУР: Кадмий. Зато люблю марену, это слегка педерастическая розоватость. И ярь-медянку. Вот.

БАЙОН: Одежда: ты любишь обнаженность или предпочитаешь, когда ткань скрывает?

С. ГЕНЗБУР: Ты говоришь обо мне? Или о девчонках?

БАЙОН: Нет, о тебе.

С. ГЕНЗБУР: А-а. Обнаженность или?..

БАЙОН: Или ткань. Вуали, шелка...

С. ГЕНЗБУР: Все, что идет от хиппачества? Долой!

БАЙОН: Нет, нет. Не хиппи. Завуалировано.

С. ГЕНЗБУР: Типа индийских шалей?

БАЙОН: Да нет же! Ты предпочитаешь тело обнаженное или тело декорированное?

С. ГЕНЗБУР: Тело, декорированное мной? Да. Ведь есть пояса-подвязки и чулки. Но чулки не современные. Шелковые, но не нейлоновые: нейлон не пробуждает чувств. А вот когда переходишь от шелка к человеческой плоти, тут уж... А если появляются зацепки, то это тоже неплохо, not bad. Но полный отказ от panties!* Все эти «банановые корки» — долой! Но чулочная застежка, которая щелкает тебе прямо в рожу, — это неплохо. Какие аксессуары можно еще предложить девчонке, чтобы она отдалилась от животного состояния? Трусики «Petit-Bateau» — это берем сразу, но смотря как и на ком! Вот, например, малышка Бамбу знает, как носить «Petit-Bateau»: чуть просторные, чтобы слегка отходили — не для того, чтобы яйца были видны, их у нее нет, но... Not bad**.

БАЙОН: А где же под всем этим обнаженность?

С. ГЕНЗБУР: Это ты здорово подметил! Обнаженность... Для этого надо отрегулировать свет, ну и позы: есть девчонки грациозные и не очень. Есть задницы красивые, завораживающе-нагловатые, а есть угловатые. Угловатая девчонка заслуживает особенного подхода... но с другой стороны.

---

* Дамские трусики (*англ.*).
** Неплохо (*англ.*).

БАЙОН: Разговор о заднице привел нас к гейской теме.

С. ГЕНЗБУР: Yeah, man*.

БАЙОН: Мы не могли к этому не прийти. Это будет концом конца. Ты уж постарайся, хорошо?

С. ГЕНЗБУР: Это — да, это...

Педаль

БАЙОН: Итак, начнем так: первый раз, когда ты официально стал считаться геем, это было в день твоей смерти, в газете.

С. ГЕНЗБУР: Да, в «Либе»[190]. Я был мертв.

БАЙОН: Ты там объявлял, что умер в окружении целой стайки порхающих отроков.

С. ГЕНЗБУР: Я уже и сам не помню. Ах да! У меня были галлюцинации, и это было хорошо. Очень красивая газета.

БАЙОН: С тех пор, похоже, это усугубилось...

С. ГЕНЗБУР: Усугубилось что? В смысле количества? Опять цифры? Ноль, два, три, ноль и точка... Что это значит?

БАЙОН: Ну, ты изменился...

С. ГЕНЗБУР: Да, я изменился. Я не буду тебе рассказывать... нет, я буду рассказывать, но только без всяких «усугубилось»!

БАЙОН: Нет, нет! «Усугубилось» — это только для того, чтобы взбодрить читателя.

С. ГЕНЗБУР: Ну, если это для печати... Ладно. На самом деле я стал это воспринимать спокойнее.

БАЙОН: А?

С. ГЕНЗБУР: Жизнь такая пластинка... (*Молчание.*)

БАЙОН: Давай же...

---

* Да, парень (*англ.*).

С. ГЕНЗБУР: Нет, но... Я хочу услышать твои предположения.

БАЙОН: Ну же! Если ты не скажешь, то это пропадет. Так что ты стал воспринимать спокойнее?

С. ГЕНЗБУР: Спокойнее после того, как... меня пропердолили. Я считаю, что мужик не может трахаться, если он... Он не может себе представить, что такое конец, если не почувствовал конец в себе самом. То есть проанализировать, что такое вставка, он сумеет только после того, как ему самому вставят... Только так он поймет, что может чувствовать девчонка, чувствуя в себе такую странную и такую суровую, с дизайнерской точки зрения, штуку. Хорошо трахаться не сможет тот, кто не был и шпагой, и ножнами.

Хорошо трахаться — это значит побывать и мужчиной, и женщиной. То есть, я уже об этом говорил, не только практиковать онанизм посредством другого лица, но еще и понять, что за таинственный предмет этот конец, этот штырь.

Конец нам был дан, и мозг орошен кровью. Если все дело только в крови, то ничего не получится. Если это всего лишь орошение кровью, то это остается чем-то скотским, свинским; а ведь это туда и сюда, туда и оттуда. Значит, нужно побыть женщиной, чтобы понять. Вот. Попробовать. И перейти грань, любить только это, если... если есть обоюдная эякуляция.

БАЙОН: А в твоем случае?

С. ГЕНЗБУР: Мне никогда не везло с парнями. Прежде всего, у меня было отвращение к коже. Затем, я был крайне... я чувствовал себя... не ослабленным и не виноватым... как сказать?

БАЙОН: В стороне?

С. ГЕНЗБУР: Вот-вот. Отстраненным! «Отстраненный» — это красивое слово для подобных ситуаций. Но зато всегда были чувственные фиксации по отношению к парням. И даже в моем возрасте — забудем про «мой возраст» — я все еще сожалею.

Я жалею, что когда я был молодым, то у меня не получалось с мужиками или же у них не получалось со мной. Я упускал мужиков в смысле любви. Я познал многих, многие из них были красивы, но я был очень стыдливым, ну, в общем, это не удавалось. Не получалось, не клеилось. Такова жизнь, я много чего пропустил. Отсюда сожаление. Ностальгия. Да, сильная ностальгия. В молодости, в армии я мог либо трахать сам, либо быть оттраханным. Я трахал.

БАЙОН: В то время или?..

С. ГЕНЗБУР: Или что?

БАЙОН: Или всю жизнь?

С. ГЕНЗБУР: Начиная с двадцати лет. Ностальгия. Вот почему я очень сочувствую девчонкам, которые любят друг друга, и мальчишкам, которые любят друг друга.

А еще я выходил на панель. Один или два раза в жизни. Если связать стыд и робость вместе, то получается связь, эротическое дополнение.

БАЙОН: При каких обстоятельствах Серж Гензбур оказался на панели?

С. ГЕНЗБУР: При встречах, которые я называю случайными, когда меня тянуло не к блядям, а к блядунам. И каждый раз все заканчивалось скверно. Не для них, а для меня. Я цеплял какого-нибудь красавца, я цеплял красивых и милых парней. И давал себя натягивать. Два или три раза. И ни разу не получалось хорошо, не знаю почему. Но у меня по-прежнему некое... и вот почему я хорошо трахаюсь.

Наверняка во мне есть что-то женское. Сцены Бэкона мне кажутся охренительно трагическими! А копуляция между парнями, копуляция между девчонками — это мне представляется шикарным. Им можно простить даже использование приспособлений. Хотя настоящим девчонкам, которые любят друг друга, вовсе не нужны фальшивые письки: так грациознее и класснее. Я говорю как художник и как музыкант: это должно быть приятно на слух. А мужской междусобой — это скорее хард.

БАЙОН: Более сурово.

С. ГЕНЗБУР: Более грубо, более резко. Менее приятно. И потом, к одному члену добавляется еще и другой. Разумеется, есть еще и оральный способ, но существующая сегодня возможность выбирать самому, кем быть: парнем или девчонкой, это неплохо. Иметь выбор, когда ты парень, выбирать пол...

Но иногда можно и попасть. Попасть на какую-нибудь скотину, на тех, кто по-животному груб... Я могу сказать, что самое прекрасное объяснение в любви, которое у меня было в жизни, исходило от парня. А не от девчонки.

Этот парень увидел мое выступление в кабаре, где я когда-то начинал петь. Он был просто заворожен. Мне было тридцать лет, я пел уже давно. Он приходил каждый вечер, красивый такой юнец, красавчик, и я чувствовал, что он приходит ради меня. Он не отрывал от меня взора, было даже как-то неудобно. Даже напрягало, потому что он приходил каждый вечер. В течение одного месяца, двух, трех. И вот однажды... Он был не агрессивен: «Мсье Гензбур...» А я ему говорю: «Да, можем пройтись немного», ну, прогуляться вечером после концерта.

И он начал разбирать то, что я делаю — делал, это было в пятьдесят девятом, в шестидесятом, — разбирать совершенно потрясающе. Что я делал, что я представлял для него, каким он хотел бы меня видеть... В итоге я определил его к себе в постель.

А там, скажем прямо, я выступил не в мужской, а в женской роли. В результате — полный облом. Повсюду дерьмо и т. д. Кайфа я не получил и выставил его вон. Он хотел попробовать снова, он мне сказал: «Я не сумел тебя сохранить...» А я был в ужасе.

Только что было такое... только что я услышал нечто совершенно потрясающее, великолепное... Великолепное! Даже не знаю, откуда он это взял. И женственное, женственнее не придумаешь. Однако в мужской роли выступил именно он. Но мне не понравилась, даже покоробила его брутальность. Может быть, она бы мне и понравилась, она могла бы мне понравиться, допустим, в случае с каким-нибудь негром. А этот меня упустил, как, впрочем, упускали они все.

БАЙОН: Полный провал. Ай-ай-ай. Совсем как интервью.

С. ГЕНЗБУР: Кавалеры меня упустили. Я... я упускал дам, и нередко, но они того заслуживали: это были не такие дамы, чтобы их пилить часами. Но оттого, что меня упускали парни, у меня осталось какое-то сожаление... Фантазм был бы... я не люблю слово «фантазм». Я бы сказал «фиксация»: эротическая фиксация на мужиков. Мне бы хотелось... Конечно, я был активным, то есть выступал в мужской роли, но какая жалость, что я не сумел как следует выступить в женской. В роли девчонки.

БАЙОН: Ты говорил об экзорцизме. Что из себя изгонять, что в себе заклинать? И зачем в это ввязываться?

С. ГЕНЗБУР: То, что остается изгонять... That's the problem. Вот в чем проблема. В будущем. Но у меня постоянные проблемы. Я не знаю, куда двигаюсь.

БАЙОН: В следующей пластинке у тебя будет кричать уже мужчина?

С. ГЕНЗБУР: Не исключено. Не исключено, что я откажусь от девчонок... Потому что... Да, я прошел весь путь. Даже не путь: это не круг и не сфера, это спираль... И я двигаюсь к центру. Но как далеко этот центр, я не знаю.

БАЙОН: Надир, зенит...

С. ГЕНЗБУР: Возвышенное слово. Зенит — это как зияющий анус, дырка в попе. Да, о девчонках я уже сказал все, что мог, но, наверное, еще не все сказал о мальчишках. Это правда.

БАЙОН: А фотография в костюме SS — это что?

С. ГЕНЗБУР: Это моя идея. Я придумал эту штуку, наглядевшись на весь этот бардак и прочитав одну фразу из Джеймса Джойса: «I am the boy that can enjoy... invisibility»[191]. Идея скорее режиссерская, постановочная. Я ангажировал известного фотографа Клейна, а себя посадил «в вагон». Вагон в федеральной армии — нет, со стороны янки, — это когда какой-нибудь солдат совершал провинность, его сажали в вагон, то есть запирали в скотовозку, и не давали виски; отсюда и выражение. Итак, я посадил себя «в вагон» на неделю, отчего и рожа такая смазливая.

БАЙОН: В этом есть что-то почти религиозное. В некотором роде очищение?

С. ГЕНЗБУР: Да, думаю, в моем подсознательном есть что-то и от этого. Что-то очень серьезное, невероятно серьезное. Ах, а еще полное отрицание фотографии! Физическое отрицание этой полицейской, нацистской констатации, какой является фотография. Пока ее не ретушировали...

Потому что я себе сказал: «Ну, вот и все, это кранты: быть педерастом я уже не смогу...» Потому что когда теряешь перья... Песок из меня еще не сыпется, хотя со дня на день... Песок начинает сыпаться, когда ты серьезно обломан. Это ужасно. Меня тошнит от тех, кто выглядит «старыми педами». Но после ретуши фотография получилась красивой; красивым стал и я.

Старый гомосексуалист — это отвратительно. Два гомосексуалиста в Древней Греции или даже сегодня два красивых, юных отрока, которые вставляют друг другу с наскока, — это прелесть, или две девушки; но когда это начинается в моем возрасте... Невольно задумываешься: «Кому я могу понравиться?» Я говорю о мужиках: с девчонками я уже все прошел.

БАЙОН: А экзорцизм?

С. ГЕНЗБУР: Экзорцизм, это относительно Джейн. Удар кнутом. У меня три года оставались следы. Вот тебе на хер и экзорцизм. Была пластинка с Изабель Аджани, была пластинка с Джейн, была пластинка с... но не будем об этом. Экзорцизм в том, что я не вернулся в Кингстон. Я поехал в Нассау. Там я был действительно уязвлен: я знал, что виноват сам. Алкоголизм, маразм, а-га-га, я был непрезентабельным.

Я был еще и совершенно нетранспортабельным, и ее это все достало, и она скипнула, а я переориентировался на чуваков. И хлебнул по уши. На пластинке «Звездные новости» чувствуется, что я еще уязвлен, но на «Love on the beat» — уже все, горечи больше нет. Название одной темы страшное: «Sorry angel».

БАЙОН: Я не это хотел от тебя услышать. Я говорил об экзорцизме в связи с педерией. Твоя навязчивая идея — это образ, подобный Томасу Манну? «Смерть в Венеции»?[192]

С. ГЕНЗБУР: Да, именно так. С...

БАЙОН: Художник в старости, увядание и маразм.

С. ГЕНЗБУР: Да! И грим облезает...

БАЙОН: Тебе страшно?

С. ГЕНЗБУР: Этого я не боюсь; я не боюсь ничего, так что на кой суетиться. Даже если свой поезд я уже упустил.

БАЙОН: Красивый конец.

С. ГЕНЗБУР: Да, я упустил поезд с мужиками. У меня были девчонки, но у меня не было парней.

БАЙОН: На этом наша передача заканчивается.

Родители, Ольга и Иосиф Гинзбурги

Жорж Брассанс и Серж Гензбур

Жерар Депардье и Серж Гензбур
на съемках фильма «Я тебя люблю, я тебя тоже нет»

Юл Бриннер, Серж Гензбур и Джейн Биркин
в фильме «Конокрад»

Серж Гензбур

Серж Гензбур во время съемок фильма «Каннабис»

Серж Гензбур на телепередаче «Nulle Part Ailleurs».
Париж, 10 мая 1989 г.

Серж Гензбур на концерте в Казино де Пари

Шарлотта и Серж Гензбур

ИЗ ИНТЕРВЬЮ РАЗНЫХ ЛЕТ

ДЕТСТВО,
ЮНОСТЬ,
РОДИТЕЛИ

Моя мать была святой и навсегда такой останется. У нее было трое детей, у меня две сестры (*камера снимает статую Девы Марии*). Когда я был подростком, у меня в голове крутился миллион планов, касающихся музыки и живописи, архитектуры, скульптуры, поэзии.

Мои первые воспоминания относятся к возрасту около двух лет. Каждый день отец играл — просто так, для себя — Скарлатти, Баха, Вивальди, Шопена или Кола Портера. Он мог сыграть в своей оранжировке «Танец огня» Мануэля де Фальи или латиноамериканские песенки, это был универсальный пианист. Такова была прелюдия к моему музыкальному образованию: фортепиано моего отца, я слышал его каждый день, всю жизнь от ноля до двадцати лет. И это сыграло важную роль...

Мое прошлое меня ничему не научило, кроме как умению беречь себя. Я всегда обожал ходить в лицей, так как мне было интересно наблюдать за тем, что там происходит. Я потерял отца несколько лет назад, но у меня остается ощущение, будто он рядом со мной, я словно вижу его живым. Любовь к музыке передалась мне именно от отца.

Повлияли ли вы на карьеру сына?
ЖОЗЕФ ГИНЗБУРГ: Мне так не кажется, потому что разве я мог как-то повлиять на это?

СЕРЖ ГЕНЗБУР: Ну, тут все просто: научив меня играть на фортепиано, подыскивая мне работу в ночных клубах. Я получил идеальную подготовку...

Ж. Г.: В этом плане — да. Разумеется, если бы не отец-музыкант, ты, может, и вообще не думал бы о музыке.

Не осталось ли у вас сожаления художника, который не стал художником, или архитектора, который не стал архитектором?

С. Г.: О нет, с этим покончено...

Ж. Г.: Об архитектуре он даже не мечтал, это была попытка доставить удовольствие матери, но с живописью все обстояло серьезнее, ведь я тянул его в академию...

С. Г.: Да, отец, пожалуй, допустил ошибку, настаивая на профессии художника, ведь через несколько лет неизбежно пришлось бы решать проблему выживания. Он сам, не будучи меценатом, вряд ли бы смог удовлетворить мои потребности. Но однажды, когда я был еще совершенно отравлен живописью, он сказал мне: «Ладно, пора заканчивать с этим, потому что теперь пора зарабатывать на жизнь». Но он малость запоздал.

Ж. Г.: Я не говорил заканчивать, нужно было заниматься и тем и другим одновременно!

С. Г.: Невозможно, живопись — это схима, тут нужно все отдать этому.

Думали ли вы, что ваш сын будет поэтом?

Ж. Г.: Хотелось бы приукрасить подобную «кличку», но, как мне кажется, «поэт» достаточно условное определение, хотелось бы, чтобы для Сержа изобрели новый термин...

Ваш сын опасен?

Ж. Г.: Опасен? Пожалуй, да — для посредственностей. Не слишком скромно звучит, но я фанат Сержа. Если бы его песни мне не нравились, то я прямо сказал бы ему об этом, но до сих пор он слышал от меня лишь комплименты. И я счастлив за него, потому что он пользуется успехом...

1970

СЕРЖ ГЕНЗБУР: Знаешь, я до сих пор во всех подробностях помню тот день, когда мама сказала: «Ты идешь в школу». И у меня потекли слезы по щекам. Учительница потом меня успокаивала.

ДЖЕЙН БИРКИН: А каким был твой отец?

С. Г.: Он не был очень строг, но однажды с такой силой потянул меня за ухо, что мочка отвисла. Посмотри, это видно невооруженным глазом.

Д. Б.: А чем он занимался?

С. Г.: Он был пианистом: играл в барах, в ночных клубах, летом на пляжах. А еще он участвовал в автомобильных гонках. Но это были не простые гонки, в них главным была не скорость, а изящество, искусство, скажем так, элегантность вождения. Я обожал смотреть на него. Знаешь, эдакий лопоухий придурок, мечтающий когда-нибудь стать таким же крутым, как отец. Хотя мы с ним не много общались. Кстати, ты, наверное, заметила, что во многих клипах я сижу за рулем.

Д. Б.: Ты не сожалеешь о том, что не удалось больше времени провести с отцом, лучше узнать его?

С. Г.: Я был очень робок перед ним, он был робок передо мной. Он не всегда понимал мое творчество, был страшно шокирован моей первой песней. А после его смерти я обнаружил в его вещах вырезки из прессы. Представляешь, он хранил все статьи обо мне. Я понял, что потерял друга.

Когда скончался отец, у меня вырвалась ужасная фраза. Мне позвонила Жаклин (сестра), по ее тону я понял, что случилось что-то серьезное, и у меня из глубины сердца вырвалось: «Что-то стряслось с мамой?» Это было жестоко, потому что они с Лилиан были любимицами отца. У него возникло желудочное кровотечение... Мы с сестрой в слезах отправились в Ульгат[1]. Когда я подошел к телу отца, у меня возник инстинктивный детский порыв, я вдруг поверил, будто он рассердился на меня, я испугался наказания и был готов выкрикнуть: «Папа, я больше не буду!»

Я нашел маленькое местное кладбище около моря... Позднее мама посетовала, что не может навещать могилу, это слишком далеко. Тогда я пустил в ход связи и получил место на кладбище Монпарнас, в двадцати метрах от могилы Бодлера. Несколько лет спустя там, рядом упокоился Жан-Поль Сартр. Потом мама присоединилась к отцу, и когда-нибудь я примкну к ним...

Гораздо позднее мне приснился необычайный сон. Я знал, что отец снялся в фильме, кажется в 1936 году. Я никогда не видел фильм, впрочем, там он появлялся лишь ненадолго. Но вот во сне я сказал себе: «Пойду в кинотеатр посмотреть на папу...» И вот я в зале, и на черно-белом экране среди множества других музыкантов я вдруг вижу его крупным планом. Я выкрикнул: «Папа, я здесь!» — и в этот момент он сошел с экрана и проявился цвет... И там, в моем сне, мне было пятьдесят лет, тогда как отцу — тридцать... Поскольку я, к несчастью, атеист, то не сделал из этого никакого вывода...

Когда я впервые услышал игру профессионального пианиста, музыкальное искусство поразило меня.

Рядом со школой для девочек в заброшенном квартале находится детский сад, в который я пошел в 1935 году. По иронии судьбы прямо рядом с моим детским садом находилось здание, где проводило свои мероприятия общество писателей, композиторов, поэтов. Барельефы этого здания всегда поражали меня. Среди композиций была, например, голова Бетховена, чей взгляд пугал меня.

В школе я был довольно прилежным учеником и получил почетную награду по окончании.

В десять лет я обожал Шарля Трене[2]. Я был без ума от этого певца, просто зациклился на нем... Вспоминаю каникулы, пляж. Мне понравилась одна девочка моего возраста. В ту пору из репродукторов повсюду разносились песни, и втрескался в нее под *J' ai ta main dans ma main* Трене. Мне это врезалось в память, и с тех пор я вообще здорово запоминаю образы и звук... Сверкнувшая любовь и совершенная чистота. Она была хорошенькая, я уже тогда был не чужд эстетизма!

Курить я начал лет в тринадцать, шел следом за каким-нибудь франтом, пока тот не бросал дымящийся окурок. Я хватал его и затягивался. Денег у меня тогда совсем не водилось. Я курил парижские «Р4». Их продавали поштучно. В ту пору я докуривал сигарету вот досюда (*показывает окурок в 5 миллиметров*), пока не обжигал пальцы. Здесь и скапливался весь гудрон и весь никотин.

На улице Шапталь был парикмахер, с которым у меня вечно возникали проблемы. Он во что бы то ни стало хотел умастить меня после всякими лосьонами, а я с трудом наскребал денег на простую стрижку, чтобы волосы прикрывали уши. Так что у меня на этот счет возникли комплексы... А рядом была лавочка, где продавали краски. Здесь, на улице Эннер, я каждый день катался на роликах и делал на полной скорости пируэт. Квартал был довольно спокойный, а ведь в ту пору сюда порой доносились звуки перестрелки в районе пляс Пигаль, там гангстеры сводили счеты... По четвергам, если с оценками было все в порядке, мы с сестрами могли съесть по пирожному. Так что мы втроем, рука об руку, спускались в булочную...

В ту пору я начал приворовывать, заделался маленьким клептоманом. Я таскал дорогущих оловянных солдатиков, миниатюрные гоночные автомобильчики, пистолетов набралось на целую коллекцию; я просто ронял их в портфель. Но принести все это домой было невозможно: все тут же открылось бы, а я не смог бы объяснить, откуда это взялось. Это было просто помутнение разума — воровство как тяга к запретному. Так что я раздавал все приятелям, детям консьержки, таким же бедолагам, раздавал до тех пор, пока однажды не попался. Директор магазина прихватил меня на месте преступления и сказал: «Стой здесь, а мы сходим за твоим отцом». Но я дал им неверный адрес. Когда он это понял, то вышиб меня из магазина ногой под зад. Вот это послужило финальной точкой — такое жуткое унижение. После этого я больше никогда ничего не крал.

Юность

Отец заставил меня задуматься о том, что пора бы начать самому зарабатывать. Что касается живописи, тут учителя пророчили мне блестящее будущее, они твердили о моей яркой одаренности. Но отец-то понимал, что когда занимаешься живописью, то часто бывает не на что промочить горло. Он позаботился о том, чтобы я взял уроки игры на гитаре. Меня научил играть один цыган, у него были невероятно темные волосы, просто цвета воронова крыла. В ту пору еще писали, макая перо (перья фирмы Sergent-Major) в чернила. Он вырисовывал расположение аккордов, и если случалось испачкать чернилами пальцы, то он вытирал их о волосы...

На пляс Пигаль в ту пору собирались безработные музыканты, выпрашивавшие ангажементы. Освоив игру на гитаре, я околачивался там, в ожидании, чтобы кто-нибудь поманил меня пальцем — поиграть в субботний вечер на танцах. Мы подолгу торчали там. Отец подталкивал меня, подсказывал, куда податься; поскольку у него было неплохое положение, ему довелось работать во всех ночных клубах в районе Пигаль. Я в ту пору только играл на гитаре — впрочем, без особого блеска, так, ритм-гитара... Есть четыре категории музыкантов, о чем я тогда не подозревал: неудачники без шанса на выигрыш — ждут стоя; те, у кого есть более-менее стабильная работа, дожидаются, устроившись за столиком в кафе напротив; затем знатоки, или те, кто казались мне таковыми, эти сидели в кафе чуть дальше. Там бывали саксофонист Андре Эйкян, пианист Лео Шуляк... А еще были суперспецы, эти показывались крайне редко, они работали в студиях звукозаписи. Я-то был готов сыграть все, что угодно: пасодобль, танцы-шманцы, я даже пел по-испански...

Я считаю, что мои выступления в барах для меня были своего рода артистической школой. Знаете, как здорово играть в барах! Мне очень нравилась местная публика. А впрочем, в ту пору для меня главным было зарабатывать деньги, и вскоре я выпустил первый диск. Если честно, я был страшным снобом.

Пианист в баре — это лучшая школа. Мой репертуар простирался от Лео Ферре[3] до Шарля Азнавура[4], включая Кола Портера, Гершвина, Ирвинга Берлина или Мулуджи[5] («Как маленький мак»). Так и вижу, как распеваю «Лестницы Бют де Шомон нищим даются непросто», поглядывая, как богачи ковыряют омаров, все как один во фраках... Я зарабатывал по две тысячи старыми за ночь... Две тонны! Но я уже заразился снобизмом: я уже не играл нон-стоп, время от времени я имел право на перерыв. Так вот, я направлялся к барной стойке и заявлял: «Теперь я клиент, мне, пожалуйста, шампанского. Сколько я тебе должен? Две тысячи? Изволь...» Я был доволен, вот идиот... Более того, меня распирало от гордости. Как-то вечером я играл на фортепиано, и какой-то тип дал мне один франк. Тут я со всем присущим мне высокомерием встаю и говорю ему: «Сударь, я не музыкальный автомат!»

🎧 В 1959 году Гензбур выпускает альбом *Le claqueur de doigts*. На конверте изображен он сам, с пистолетом двадцать пятого калибра и букетом алых роз.

163

Мне кажется, этот альбом стал революционным для вас, для вашего стиля. У вас появились многочисленные джазовые и просто танцевальные композиции. Вы намереваетесь работать в этом направлении и дальше?

Вы правы, для меня этот альбом своего рода революция. Я считаю, что музыканты не должны пренебрегать влиянием джазовых гармоний на современную песенную культуру. Мне было интересно попробовать спеть на французском языке американскую и южноамериканскую музыку.

🎧 В декабре 1965 года Гензбур поселился в знаменитом Сите дез Ар[6], основанном Мальро, — в доме, расположенном возле ратуши, с потрясающим видом на Сену, Нотр-Дам, Пантеон.

Жилье было вполне монашеским: маленькая студия, двадцать три метра, сидячая ванна, кровать, кухонный уголок. Если поставить рояль, то уже не протиснуться. Я купил себе дагерротипный портрет Шопена, поставил его на фортепиано: казалось, он смотрит на меня, готовый плюнуть мне в рожу. В Сите дез Ар я провел около двух лет, и был очень счастлив. Там целый этаж занимали граверы, другие этажи принадлежали архитекторам, художникам, музыкантам. Коридоры уходили в бесконечность. До меня доносилось, как разыгрывают гаммы и прочие экзерсисы исполнители-виртуозы, и страшно комплексовал по поводу своих дерьмовых песенок. После этого я начал твердить, что работаю в легком жанре для легкой публики.

В эту пору я вел себя как необузданный Казанова: осмелюсь заметить, девушки выстраивались в очередь. Только что не ложились у порога в ожидании своего часа. Порой я понимал, что сыт по горло, и решал никому не открывать дверь. Накупал побольше консервов, чтобы можно было разогревать, устраивался за складным столиком приговаривая: «Никаких девиц!» Через пару дней все начиналось по новой.

🎧 Для телепрограммы «Четыре истины» (1967) Гензбур описывает свое жилище в Сите дез Ар:

Вот здесь этаж музыкантов, так что по коридору разносятся звуки Шопена, Стравинского, Бартока... Впрочем, это напоминает мне раннюю юность, потому что отец будил меня Шопеном. Он играл гаммы, играл прелюдии Шопена, которые я слышу здесь каждый день. Возникает впечатление флэш-бэк — все будто двадцать пять, а теперь и тридцать лет назад.

Получается сбой, ведь я тот тип, что зарабатывает кучу денег за счет несерьезных вещей. А они переживают трудности, занимаясь серьезными вещами. Поэтому я чувствую себя здесь в какой-то степени изгнанником. Что не совсем верно. Это я занял агрессивную позицию, поскольку ощущаю собственную вину. Они считают, что я трудяга. По правде говоря, это не так. И от этого мне не по себе.

Мне трудно объяснить свой образ жизни. Я много курю, что вводит меня в транс. Поговаривают, что я употребляю наркотики, что абсолютная чушь... Прекрасно знаю, что это модно. Люди занимаются этим, чтобы впасть в транс, а я-то в нем и так пребываю. У меня такой вид, будто я малость под кайфом. Но я не употребляю никаких наркотиков, кроме мечты.

Собака

🎧 Гензбур со своей собакой Нана[7] (бультерьером).

Собаки ужасно умные животные. Но я знал одну собаку, которая перестала признавать своего хозяина, когда он перестал курить, представляете? Поэтому я решил не бросать. (*Смеется.*)

Моя собака похожа на меня, такая же уродливая. Обожаю с ней гулять. Мне кажется иногда, что это не я ее прогуливаю, а она меня. Нана водит меня на поводке.

Нана, дай лапу. (*Собака протягивает лапу.*) Молодец. Посмотрите только, какая умная симпатичная собака и какие у нее большие зубы. (*Открывает собаке пасть.*)

ЖИВОПИСЬ

В 1940 году отец привел меня в академию живописи на Монмартре. Там я занимался у двух стариков-постимпрессионистов, Камуэна и Жана Пуи. Здесь состоялась и эротическая инициация: однажды на входе я пропустил вперед — я уже тогда был галантным — молодую женщину, очень красивую. Это была натурщица. Мне еще не доводилось работать с обнаженной моделью, я рисовал гипсы — делал прорисовки углем. Затем вспоминаю другую натурщицу, негритянку по имени Жозефа. Однажды я углядел у нее в паху краешек гигиенической салфетки; это было потрясение...

Поговорим о вашем дебюте. Вообще, вы начинали свой жизненный путь как художник, учились в академии, не правда ли? Много картин удалось продать?

Нет. В юности я был очень замкнут и погружен в себя, поэтому не хотел продавать свои картины.

Что вы рисовали?

Я работал в разных жанрах. Много экспериментировал.

ДЖЕЙН БИРКИН: Он рисовал обнаженных женщин, я видела эти картины. (*Смех в зале.*)

Живопись наложила на меня отпечаток. Я обрел в ней главное — искусство как средство достичь внутреннего равновесия, интеллектуального равновесия. Песни, слава — они нарушают его. Занимаясь живописью, я был счастлив. Я обожал живопись и малодушно расстался с нею...

Я перестал писать картины, когда у меня появились деньги их покупать. Я думал, что смогу стать великим, но ошибся. Хотя в мастерских академии все восхищались исключительностью моей манеры.

🎧 В 1950 году Гензбур работал в детском центре в Шамфлере.

Передо мной были великолепные детские рисунки. К примеру, одна девчушка нарисовала для меня паровоз прямо на крыше дома, это было потрясающе, просто сюрреализм! На занятиях я им ничего не навязывал. Но все эти дивные находки со временем исчезают, стоит детям подрасти, и в какой-то момент яйца становятся овальными, а кубы кубическими. Поэзия исчезает.

В начале пятидесятых я много занимался коллажем, а чтобы малость подзаработать, рисовал цветочки на старинной мебели — творил подделки под Людовика Тринадцатого и прочих Людовиков. Еще я раскрашивал черно-белые кинокадры на афишах, что вывешивались перед входом в кинотеатры. Здорово навострился. Так что я подкрасил губки сотням Мэрилин для фильма «Ниагара»[8]. Работал анилиновыми красками, получая по франку за фото — имеются в виду старые франки. Короче, перебивался чем бог пошлет.

Скажите, а кто этот загадочный персонаж — Евгени Соколов?[9]

Это я собственной персоной. Ловкий парень, очень творческий, художник...

Вы ведь тоже занимались живописью?

Тридцать лет.

Можно ли сказать, что ваша книга — своего рода памфлет, направленный против живописи?

Не против живописи, а против карьеризма в искусстве, вид искусства в данном случае не важен.

Как вы считаете, можно ли сказать, что мы находимся в мастерской великого художника, который упустил свой шанс?

Да, пожалуй.

Почему вам однажды пришла в голову идея уничтожить свои картины? Вы можете представить, как бы повернулась судьба, если бы вы не совершили этого поступка? Отчего вы не остановили себя?

Потому что я находился в состоянии поиска. Я искал, но не нашел. В моем творчестве произошел перелом. И вообще, я люблю разрушать. Я бы с удовольствием и первые свои диски уничтожил. Я нуждаюсь в том, чтобы разрушать, — этот процесс необходим, без него невозможно обновление.

Как-то в Мадриде, проходя по музею Прадо, я восхищался «Садом наслаждений»[10] Иеронима Босха, потом, наткнувшись на группу американских туристов, я сделал нечто в духе дадаистов... Мы были в зале примитивистов, где стоял радиатор; я опустился перед этим радиатором на колени, восклицая: «Великолепно! Чистый сюрреализм! Какая мощная скульптура!» Туристы тут же подтянулись, чтобы посмотреть... «Прелестно, не правда ли?» — повторяли они.

🎧 Любимые художники Гензбура — это Сальвадор Дали, Пауль Клее и Фрэнсис Бэкон. Рисунок Дали «Охота на бабочек» висел у Гензбура дома, и он был счастлив, когда однажды, при случайной встрече, Дали попросил у него этот рисунок для выставки. Купленный Гензбуром рисунок Клее *Mauvaises nouvelles des étoiles* дал название альбому 1981 года. У Бэкона он однажды попросил автограф в ресторане. Поскольку бумаги у художника не было, он расписался на подсунутой Гензбуром стофранковой банкноте. Автограф, любовно обрамленный владельцем, красовался на стене его дома на улице Верней.

Бэкон самая крупная величина в современной живописи. Бэкон — это деградация души, это no man's land, ничейная земля между Добром и Злом. Бэкон — это вышвырнутые наружу эякуляции возвышенного. Великолепно... Эти гнусные видения, вторжения гомосексуального начала. <...> Его вопящие отвратительные изображения Папы Римского[11]... Он попал в точку, поскольку в конечном счете все, что относится к иудео-христианству, оказывается вполне фашистским...

Я

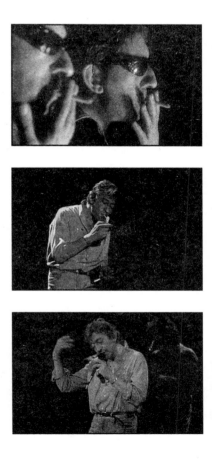

Представляете, я очень-очень мало знаю о своем происхождении. Я потерял отца, маму, свою собаку. Мне уже много лет, а я все еще такой же ловкий, сообразительный, любопытный, как мальчишка, юнец лет пятнадцати. Здорово, да? В моем новом диске главное — с одной стороны, ощущение бурной юношеской энергии, с другой — мое возрастное разочарование в жизни. Знаете, иногда мне кажется, что я неутомим и вечен.

Как вам удается получать удовольствие от жизни? Во время работы, наверное?

Не знаю, по-моему, работа — это не всегда такое уж удовольствие, это ведь не развлечение.

Но когда пишешь песни, занимаешься музыкой, это нечто особенное, не так ли?

Да, вы правы, но я уже так давно всем этим занимаюсь, что перестал воспринимать это как счастье, как свободу, как удовольствие, вообще как что-то особенное. Я не знаю на самом деле, что такое счастье, не могу дать ему собственного определения.

Но когда вы только начинали играть на рояле, вы были счастливы?

Да, это было довольно весело. Белые клавиши, черные клавиши... Рояль — зебра, как наша жизнь. В юности, когда я начинал играть, у меня было много времени размышлять о жизни, я часто замыкался в себе. Мне было хорошо.

Нет, ну а все-таки вы были счастливы?

Я же говорю, я не помню, что такое счастье, я забыл. Как я могу вам ответить?

Но неужели это волшебное состояние не возвращается даже в работе? (Гензбур качает головой.) Боже, вам надо излечиться от этой меланхолии!

Я лечусь. (*Смеется.*) У меня все хорошо, и мне больше нечего сказать.

Я слышу в вашем голосе отчаяние.

Да, я в отчаянии, ну и что?

И вы культивируете в себе это отчаяние?

Да, я ращу в себе цветы боли, они цветут и пахнут.

Но на самом деле вы ведь не так уж и пессимистично настроены, вы ведь противоречивый человек?

Да, я как доктор Джекил и мистер Хайд. (*Смеется.*)

Вы уже не такой женоненавистник, как несколько лет назад?

Да я никогда не был женоненавистником, я был стыдлив, и все. Не слишком нежен. Что вы хотите — чтобы я с моей физиономией был нежен?! <...> Я тверд. Нежен я дома, но не перед людьми.

А знаете, у вас с вашей внешностью масса поклонниц?

Видно, они не глупы, если можно так выразиться!

Что вы имеете в виду?

Они прекрасно понимают, что за моими песнями стою я. Песни — это мое ремесло, моя униформа, но в жизни я, сам по себе, — нечто другое. Чуть более легкий. И потом, зачем говорить: «Нужно быть таким-то. Нужно улыбаться. Не нужно быть строгим. Нужно быть любезным»? Что это за разметка от розового до серого? Можно быть хоть черно-белым, о господи! В кино есть потрясающие типы, которые все время суровы, как Джек Пэланс[12]. И их обожают. В мюзик-холле это не пройдет, скажут: «Этот тип чертовски мрачен, он суров, он злой...» Но почему? Почему не взглянуть на жизнь иначе?

176

Ну не знаю... Вот вы сейчас прошлись по студии, отыскивая галстук. Вы двигались танцующим шагом человека, который ощущает радость жизни.

Да, если хотите... Но не так определенно...

После микроинфаркта, перенесенного в мае 1973 года, в интервью Гензбура возникают исповедальные ноты:

Когда жизнь кажется неизбежной — пиши пропало.

Когда чувствуешь, что она тебя держит, думаешь: надо оставаться.

Но это неправда. И все равно ты остаешься, чтобы все пропало.

Надеюсь, ненадолго, ненадолго, ненадолго.

Я задержусь.

Вы любите себя?

Не настолько, чтобы совать в рот то, что вытащил из носа.

Вы сноб?

Снобизм — это пузырек из бокала шампанского, который, проникнув в ваш организм, размышляет, через какой проход ему выйти наружу.

Вас называют скептиком. Вы скептик?

Человек создал богов, обратное еще не доказано.

Вы серьезно это говорите?

Нет, шучу, конечно.

Когда вы наконец перестанете хохмить?

Да вы что! Я только начал.

Надеть маску — это защитный жест. Мне кажется, я надел эту маску и не снимаю ее вот уже двадцать лет.

Снять ее уже не удастся, она приклеилась к коже. Снаружи — весь этот маскарад жизни, за маской — негр, и это я.

Робость? Ее высшая стадия — когда испытываешь робость по отношению к себе самому, не осмеливаясь приблизиться. Обращаешься к себе почтительно, никакого тыканья. Общение с собой на «вы» — это уже аристократия робости. Я говорю об этом не просто так: когда я застегиваю штаны перед зеркалом, я прячу от себя член... В действительности робость — это избыток нарциссизма. Это означает, что мне присущ не нарциссизм, а нечто более порочное: онанизм по отношению к персоне, выступающей посредником.

Внешность

Мне рассказывали, что в молодости вы ходили в униформе и в каске. Для красоты? Может, примерите сейчас? Хочу посмотреть, какое впечатление вы производили в подобном наряде на окружающих.

Конечно. Пожалуйста. (*Надевает каску.*) Я был в ту пору молод, но столь же безобразен, как и сейчас.

Вы, наверное, пользовались популярностью в этом шлеме?

Да, особенно среди парней.

Знаете, я очень собой доволен. Я красив, я богат, я успешен, я всего добился. (*Смеется.*) Да нет, я преувеличиваю, конечно. Начать хотя бы с того, что я некрасив. В юности я был симпатичным, как все молодые люди, а потом что-то произошло, выросли эти огромные уши и этот невероятный нос. А теперь еще и волосы стали расти с запредельной скоростью, стричь не успеваю. Это меня ужасно смешит, так как раньше я носил более короткую стрижку.

Но уши-то, наверное, сильнее торчали при коротких волосах?

Да. На самом деле, я стараюсь следить за собой, стричь волосы и так далее. Чтобы нормально выглядеть, мужчинам приходится прикладывать больше усилий, чем женщинам. Это несправедливо. Жизнь вообще несправедлива, поэтому надо все время меняться, споря с бытием. Когда мне плохо, я пою о любви, когда хорошо — о расставании.

Что вы сейчас читаете?

Лихтенберга[13]. Если хотите, могу вам процитировать из него мой любимый афоризм.

Конечно.

«Уродство выше красоты, потому что оно не кончается».

🎧 Рекламный ролик (Гензбура фотографируют с разных ракурсов).

Через десять лет я буду выглядеть еще хуже, так что лучше фотографироваться сейчас. Для своего портрета я выбрал пленку «Konika».

Знаете, я вполне способен сам оценить свою работу. И вот что я вам скажу: за последнее время я написал очень мало хороших песен. Это правда. Я продолжаю пользоваться популярностью и как автор, и как певец, и как режиссер. Но публика меня обожает лишь потому, что я звезда. А звездой я стал уже давно. Я личность, я герой, я персонаж — увидев меня один раз, зритель больше не забудет никогда.

Короче говоря, всей популярностью я обязан своей мерзкой отвратительной физиономии с длинным носом, которую я просто ненавижу.

Жизнь

Однажды кто-то спросил вас, считаете ли вы себя снобом. Вы ответили тогда, что вы «сноб, стоящий на самом краю». Что это значит?

Это значит, что я ненавижу вульгарность, живу в XVI округе и ухаживаю за собой, делаю маникюр.

🎧 В 1958-м перед выступлением Гензбура в парижском зале «Олимпия» директор Бруно Кокатрикс[14] предложил ему смягчить некоторые пассажи в таких песнях, как *Jeunes femmes et vieux messieurs* / «Молодые женщины, пожилые господа» и *La femme des uns sous le corps des autres* / «Жены одних под телами других».

О, смягчить. Разумеется нет. Разве что смягчить все, что я делал, все, что перепробовал. Я не распутник. Я предавался распутству, сделал немало глупостей, это приводило меня в отчаяние. На самом деле у меня сохранились идеалы чистой любви. Мне удалось сохранить цельность. Быть может. Если бы я действительно был распутником, то не впадал бы каждый раз в отчаяние.

У меня было несколько друзей, теперь их стало меньше. Я становлюсь все более сложным человеком, более необузданным, мизантропом, женоненавистником... Забавно. Раньше я был просто мизантропом, теперь я стал еще и женоненавистником. Но я все же сохраняю свои главные ценности: общение с детьми, с женой. Творческий процесс продолжается, я чувствую обновление духа, и мои руки мне послушны. Они больше не дрожат, посмотрите. (*Смеется, протягивая руки.*) Ну, почти не дрожат.

Избавиться от алкогольной и табачной зависимости нелегко, однако это необходимо. В конце концов я понял, что это вредит здоровью, действительно разрушает меня, мой мозг, мои легкие, всего меня. Надо сказать, я настолько пресыщен разнообразными ядовитыми веществами, что теперь с удовольствием очищаю организм.

Я шел по жизни очень быстро; люди, города мелькали перед глазами, словно я летел на карусели. Однако я успевал многое видеть, замечать, я успевал полюбоваться природой, остановить взгляд на клене, насладиться пейзажем. Я знаю, я был ранен в самое сердце, ведь я перенес инфаркт, но очень надеюсь, что смогу выжить.

Я прекрасно сознаю, что мои песни часто агрессивны. Знаете, некоторые пишут музыку по-школярски, по-ученически, другие, напротив, по-учительски, а я люблю ломать свое музыкальное перо, люблю спотыкаться и ошибаться.

Что означает для вас успех вашей песни [15] *Poupée de cire?*

Сорок пять миллионов франков.

А кроме денег?

Ну, разве что удовлетворение, но это смешно. Меня знали как замкнутого типа, чертовски интеллектуального, загадочного, не понятого соотечественниками, — и вот теперь извольте...

Я могу помышлять лишь о собственной проекции на сцене, чтобы там возник я — такой как есть. После конкурса я ощущаю, что надо мной поглумились. Но как дерьмово для типа, которому хотелось творить, ощутить, что над ним поглумились. Если хотят посмеяться, то смеются. Уж я в этом кое-что понимаю! В конце концов, я предпочел бы, чтобы смеялись поменьше и чтобы я действительно оставался собой. А на это все — плевать.

Я не давал обязательства избрать профессию свободного художника. Кто-то отправляется в контору, но в шесть вечера он уже свободен. Я — нет, я свободен весь день, но это означает, что вовсе не свободен. Ночью, с двух или четырех часов, когда мне удается лечь, меня все время одолевают мелодии. Это противно, но попробуй избавься от них. Чудовищное ремесло! Я кропаю пустячок, отправляюсь в Югославию, а мне возвращают его — он звучит по-югославски на радио. Накропал другую штуку, *Javanaise*, смотрю прямой репортаж и слышу: *J'avoue j'en ai bavé pas vous* — это Жюльет Греко. А я сижу за фортепиано, и это возвращается ко мне как бумеранг! И эта безумная сторона профессии может сожрать человека, если у него нет головы на плечах.

Забавно, что я, закрытый, — этакий умник, интеллектуал, непонятный и не понятый окружающими — ведь так обо мне говорили! — вдруг обрел гигантскую популярность. На самом деле, я себе представить не могу, что бы было, если б я предстал перед зрителями таким, какой я есть на самом деле. Скорее всего это был бы полный провал. Поэтому мне пришлось себя переделывать для публики, я же не хочу, чтоб меня помидорами закидали. Для такого человека, как я, провал был бы невыносим.

Я знаю, как развлечь зал, я умею быть смешным, забавным и могу заставить публику смеяться. Хотя иногда думаю, что надо попробовать быть менее забавным и более самим собой, но это дохлый номер. Никому это не нужно.

Я бы хотел, чтобы меня забыли на следующий же день после смерти. Мне абсолютно нечего больше сказать этому миру, я не хочу продолжать надоедать ему еще и после кончины. По-моему, цепляться за реальность и желать вечной жизни в памяти людей — стремление, дурно пахнущее эгоистическим романтизмом.

Видите ли, я из тех людей, которые ко всему готовы: я эдакая шикарная дрянь, которая любит люкс и всегда получает то, что хочет. Я обожаю все редкое и дорогое...

Разве вы не сожалеете о том, что ваши отношения с людьми складываются именно так и вы не можете делиться с людьми своими переживаниями?

Нет, абсолютно не жалею. Мне кажется, что скорее я та губка, которая вбирает воду, но не отдает ее. Я хотел бы впитывать чужие переживания, но своими делиться не буду. Речь идет не о моих любовных чувствах, а об отношениях с людьми. Я ни о чем не жалею. Я такой с детства, ничуть не изменился. Верный себе самому, замкнутый, диковатый. И я не изменил своего поведения вовсе не потому, что таково мое ремесло.

Мне кажется, я разрываюсь между добром и злом. Мне кажется, что у меня чистая душа, но в то же время во мне есть нечто нечистое. Нечистое — это навязчивые сексуальные идеи. Можно сказать, что я садист и фетишист. Мой садизм носит абстрактный характер, он скорее ментального плана. Что касается фетишизма, для меня отличающегося от животного состояния, то это означает быть загадочным в физической любви. Это чисто эстетическая проблема: я слишком много занимался живописью, и у меня прежде всего работает зрение. Будучи художником, я привык к натурщицам, к обнаженному женскому телу. Обнаженная женщина сама по себе для меня вообще не представляет интереса, абсолютно никакого. Обнаженная женщина на пляже — это просто животное. А животное состояние меня разочаровывает, мне сразу хочется удалиться. Так что мне нужно нечто более сложное.

Я мало где бываю, только если на это есть веские основания. Есть вещи, которые нужно делать. Это часть игры. Я принимаю в ней участие, но не во всем. Я не общителен и не слишком любезен, я по-прежнему остаюсь мизантропом...

Я являюсь тем, кем меня хочет видеть молодежь: маргинал, немного анархист. Согласитесь, забавно быть маргиналом и одновременно иметь гигантские возможности...

Надевая маску, я стараюсь защитить себя, вот и все. Я придумал эту маску двадцать лет назад и с тех самых пор ношу. Неудивительно, что теперь мне уже не удается ее снять, она приросла к лицу.

Впереди еще очень долгий маскарад жизни, на котором вряд ли кто-нибудь когда-нибудь увидит мое лицо.

На самом деле в душе я остался ребенком, застенчивым и мечтательным, сочетающим в своем характере искренность, невинность, непокорность и дикарство...

Такому замкнутому человеку, как я, необходима провокационность в творчестве, просто чтобы расслабиться, немного раскрепоститься, отвести душу.

Я ненавижу, когда меня анализируют. Никому никогда не позволю вмешиваться в мои мысли и копаться в чувствах. Это недопустимо. Я думаю, ни один художник в подобном не нуждается, потому что произведения и так более чем открыто говорят о его сущности.

Знаете, я уже тридцать лет принимаю барбитал, иначе вообще не смогу заснуть, все, что угодно, только не спать: я мечтаю, разговариваю сам с собой, ударяюсь в размышления...

Из этих размышлений потом вырастают песни, фильмы?

Нет, вовсе нет, я совершенно отключаюсь от внешнего мира, убегаю из него в мир фантазий и мечтаний.

Алкоголь, наркотики

Во время службы в армии я был ярым трезвенником. Надо мной все издевались из-за этого. Говорили: Гензбур — водохлеб... А потом, когда я покинул армию, то сорвался немного...

Самое тяжелое после стольких лет разнузданного, неистового алкоголизма — сохранить ясность сознания, потому что во время запоя все кажется радужным, веселым, доброжелательным. Вы не замечаете, что вокруг одни придурки, и живете припеваючи. А потом в один прекрасный момент наступает шок.

Многие пишут обо мне, что я принимаю наркотики. Это неправда, я не хочу, чтобы журналисты представляли меня в таком лживом свете перед публикой. Буду откровенен: я пробовал наркотики, все лучшие американские сорта, да, но сейчас я их не употребляю и никогда не появляюсь на сцене под кайфом. Иногда я бывал немного пьян, вот и все. Советую молодежи никогда не принимать наркотиков — таково мое послание новому поколению.

ЖЕНЩИНЫ[16]

Скажите, а в жизни вы такой же женоненавистник, как и в песнях?

Да.

Да? Тогда я бы хотела узнать еще одну вещь. Однажды вы сказали, что, если бы вас сослали на необитаемый остров, вы бы взяли с собой пять женщин, и среди них, например, Офелию, Лолиту. Какова была бы роль этих пяти женщин?

Все просто. Пять женщин — пять чувств.

А какое качество для вас главное в женщине?

Чтобы заботилась обо мне. (*Смеется.*)

А непростительный недостаток?

Фригидность.

Однажды, когда я играл в баре (летом 1956 года, в Ле Туке) во время вечернего чая, от пяти до семи, возникла дивная женщина, — мои дивные губы так и произнесли: *дивная.* Более красивая, чем Брижит... Наши взгляды встретились, когда я играл *My funny Valentine*, и я понял, что вытянул скверный билет... На ее пальце красовалось обручальное кольцо, но она была одна, она явно проводила уик-энд в шикарном равностороннем треугольнике между отелем «Вестминстер», казино и «Клуб де ла Форе». Когда она вновь появилась вечером, на ней было великолепное вечернее платье, она была так прекрасна, что в зале все стихло... Она села неподалеку от фортепиано, и я сказал метрдотелю: «Спросите у той молодой женщины, что бы ей хотелось услышать?» Она попросила меня исполнить *My funny Valentine* и послала мне бокал шампанского. Немного погодя она встала, глядя мне в глаза. Через пять секунд — я засек время — до меня дошло: «Э-э, да она хочет снять маленького пианиста. Но я — я не хочу этого». Я потупился и позволил ей уйти. И всегда сожалел об этом.

Мне нравятся внешне суровые, загадочные и очень холодные девушки. По опыту знаю, что с чувственной с виду девушкой дело чаще всего заканчивается ничем. Я одинок. В поисках женщины на меня порой находят приступы бешенства. Я компенсирую это эстетизмом, эротизмом и даже фетишизмом.

Я никогда не буду питать нежность к женщинам, я их ненавижу. С ними все вечно что-нибудь не так.

Почему хорошенькие девушки влюбляются в некрасивых мужчин?

Меня они обожают, а мне для этого не нужно даже пальцем шевелить. Мой телефон трезвонит беспрерывно. С каждой почтой приходят любовные письма.

Мне нравятся женщины как объект, красивые женщины, манекенщицы, модели. Во мне просыпается художник. Я никогда не говорю «Я тебя люблю», это они твердят мне об этом. Равноправия не существует.

Для меня любовь — это потайные комнаты и волнение запрета. В любви должно быть нечто отвратительное и скрытое. Скрытое от других. Впрочем, я вовсе не являюсь раскрепощенным человеком, в том смысле, который зачастую подразумевается: мне кажется, что мое воспитание, напичканное запретами, представляет интерес, поскольку я таким образом могу вести жизнь домашнего порнографа. Воспитание, лишенное запретов, приводит к бессилию, оно ведет к бессилию целые поколения. <...>

190

Девушка без табу — скверная возлюбленная. Если отсутствуют запреты, если утрачено ощущение запретных путей, откуда в таком случае возьмутся любовные восторги?! Современная женщина способна породить массу гомосексуалов, поскольку она жаждет освобождения... В этом плане я весьма консервативен. Я любовный реакционер!

Брижит Бардо

Я — тип, живущий анонимно, вне мира, и вдруг меня заставляют разыгрывать плэйбоя. Я не волокита... Я по-настоящему влюблен, и это никого не касается, но во мне нет ничего от жениха. Б. Б. счастлива. Б. Б. работает. Б. Б. развлекается. Нам хорошо вместе, а закон вовсе не запрещает совместное проживание.

Время моей работы с Брижит Бардо — благословенный период. За одну ночь я мог создать две, три песни.

Как-то мы с Брижит Бардо обедали, и за обедом я напился, вполне сознавая, что делаю. Она назавтра позвонила мне и спросила, почему я так поступил. Я отмалчивался — типа «я был сражен твоей красотой». Она сказала мне следующее: «Напиши мне самую прекрасную песню, какую сможешь выдумать». Ночью я написал песни — «Бонни и Клайд» и *Je t'aime, moi non plus*.

🎧 Песня *Je t'aime, moi non plus* была записана Гензбуром и Бардо, но адвокат, агент Бардо и прочие заинтересованные лица объединились, и на пластинку был наложен запрет (уцелело лишь несколько копий). Во «France dimanche» был опубликован скандальный репортаж, где рассказывалось о впечатлении, которое производит запись. Гензбур в свою очередь заявил журналисту:

В скандальной газетке была опубликована скандальная статья, поэтому не может быть и речи о том, чтобы породить еще один скандал, выпустив пластинку: она слишком прекрасна. Это эротическая песня, которую явно запретили бы слушать тем, кому еще нет восемнадцати. Но музыка сама по себе удивительно чистая... Я впервые в жизни написал песню о любви, и вот что из этого вышло, дело приняло скверный оборот. Бардо великолепно интерпретировала текст. Работа с ней доставила мне огромное удовольствие. Я побудил ее петь в драматической манере, вышло здорово.

Как вы провели Рождество?

В одиночестве, да...

🎧 После разрыва с Брижит Бардо Гензбур вскоре покидает студию в Сите дез Ар и покупает небольшой домик в Сен-Жермен де Пре. Декоратора он просит оформить жилище в черном цвете (черным должно было быть все, включая драпировки на окнах) и развесить повсюду громадные черно-белые фото Брижит, подсвеченные под неожиданным углом. (Когда в его жизни появится Джейн Биркин, он велит заменить портреты Б. Б. на фотографии Мэрилин Монро.)

Я был совершенно не в себе, когда мы с Брижит перестали работать вместе. Я чувствовал себя опустошенным. Так, наверное, чувствует себя гитара с оторванной струной, зеркало, разбитое вдребезги, распоротый небосклон.

🎧 Написав несколько песен, знаменовавших прощание, Гензбур пережил череду скоротечных романов. Впоследствии, в 1984 году, он признает:

Это была вовсе не пластическая хирургия... скорее ментальная. Совершенно очевидно, что Бардо оказала влияние на мою судьбу: она придала мне уверенности, посоветовав заняться кино.

 Много лет спустя Б. Б. напишет[17]:

Гензбур — лучший и худший, ин и янь, белое и черное. Кажется, это был русско-еврейский маленький принц, любивший мечтать, читая сказки Андерсена, Перро и братьев Гримм, принц, перед трагической реальностью жизни превратившийся в Квазимодо[18], способного волновать или отталкивать в зависимости от его или нашего общего душевного состояния. В глубине этого существа, робкого и агрессивного, скрывается душа поэта, незаконно лишенного нежности, правды, цельности.

Его талант, музыка, тексты, его личность создали одного из крупнейших композиторов нашей прискорбно грустной эпохи.

Эпоха Джейн

 Ведущий телепередачи: «А сейчас знаменитый Серж Гензбур исполнит песню „Элиза“, для которой он выбрал себе удивительно красивую партнершу». Выходит Гензбур, рядом с ним Джейн Биркин. Они разыгрывают следующий диалог:

— Вас ведь на самом деле зовут не Элиза, да?
— Нет, меня зовут Джейн, Джейн Биркин.
— Вы актриса? Снимаетесь в кино, так?
— Да.
— А где вы снимались?
— В *Blow up*.
— С Дэвидом Хэммингсом[19]? Симпатичный парень... А еще?

— С вами!

— Да, в фильме «Слоган»... А еще?

— Например, в «Бассейне» [20].

— Это фильм с Аленом Делоном, да?

— Да.

— Красивый парень.

— О да!

— А теперь вы хотите петь. Кто подал вам эту мысль?

— Это вы!

С. Г.: Женщины часто бывают очень агрессивны, особенно если они красивы и сексуальны, например как Брижит Бардо.

Д. Б.: А что ты от нее хочешь? Она же само совершенство с ног до головы. Человек становится капризным, когда даже его ступнями окружающие любуются.

С. Г.: Такие женщины обычно бывают недотрогами.

Д. Б.: Ну и что?

С. Г.: Мне больше нравятся реальные женщины, с недостатками.

Д. Б.: Ну знаете, на самом деле никакой даме не понравится, если вы начнете хватать ее за попу.

Вы часто признавались женщинам в любви?

С. Г.: Нет. Признания — это явно не мое. Я, конечно, пытался вести сладкие речи вроде: «Дорогая, ты так мила, я тебя люблю...» — фу, я никогда не был фанатом подобных глупостей.

Джейн, он и вам не признался в любви?

Д. Б.: Нет, он мне сказал: «Неужели ты хочешь, чтоб я это произнес? Это же банально! Давай не будем, тебе все равно не понравится».

С. Г.: Нет, ну я пытался, конечно, но не преуспел. (*Смеется.*)

Д. Б.: Ты не можешь говорить о любви просто потому, что твоя любовь всегда была с тобой. Когда что-то всегда рядом, перестаешь это ценить и даже замечать.

Вот когда теряешь любовь, тогда понимаешь, как сильно любил.

У Сержа очень сильный и независимый характер. Он дает мне полную свободу, словно мальчик, позволяющий своему воздушному шару немного полетать над головой, но ни на минуту не выпускающий из рук ниточку, к которой шар прикреплен, понимаете? Мне нравится быть воздушным шаром, но я хочу всегда чувствовать эту самую ниточку. Если ее обрежут, я улечу в небо и потеряюсь.

С. Г.: Хотите откровенно? Да? Я думаю, нет ничего страшного в потере любимого человека. Когда теряешь кого-то, чувство только усиливается, расцветает заново.

Д. Б.: Так ты хочешь меня потерять?

С. Г.: Просто я понимаю, что чем более популярной становится Джейн, чем больше ее снимают в кино, тем это опаснее для наших отношений.

Д. Б.: Но если бы не Серж, то я бы провалилась во всех этих фильмах. Я без него ничто.

С. Г.: Я думаю, мы справимся. Будем сосуществовать. Карьера Джейн будет расти одновременно с моей. Но если ее карьера пойдет вверх, а моя останется на месте... (*Качает головой и делает указательным пальцем отрицательный жест.*)

Я люблю Джейн, она значит для меня очень много, а точнее, все. Я никогда раньше подобного не произносил, но я действительно люблю эту девушку. Если она меня бросит... (*Качает головой и закуривает.*)

Теперь хотелось бы немного поговорить о Джейн.

С. Г.: А что тут говорить? Я уверен, что именно благодаря ей песня завоевала такой успех. Я предвидел, что Джейн будет бесподобна, я это знал, вот почему свое имя на обложке диска я попросил напечатать маленькими буковками, а ее — огромным жирным шрифтом. Вначале я думал, что спою эту песню с Бардо, она, собственно, и была написана для Брижит, а потом понял бездарность затеи. В журналах того периода столько скандальных статей о нас писали, что, если бы мы еще спели вместе *Je t'aime, moi non plus*, из этого вообще раздули бы невесть что. Потом я поклялся себе никогда не записывать эту песню. Я играл и играл ее, но всякий раз понимал, что имею дело со слишком тонким, чувственным произведением. Когда я дал послушать песню Джейн, она сначала была шокирована, потом я сел за рояль. Мы с Джейн сохранили тональность до мажор, и что самое интересное — Джейн смогла спеть мелодию на октаву выше. Мне кажется, ее голос звучит особенно. Думаю, именно Джейн принесла славу этому диску, вряд ли оригинальный вариант завоевал бы столько сердец.

А теперь вопрос Джейн. Серж сказал, что вы сначала были шокированы песней. Почему?

Д. Б.: Когда я услышала эту песню, то более всего меня шокировали слова. Я не очень хорошо знала французский, так как недавно приехала из Англии и не все понимала, но то, что я услышала, меня вогнало в краску. Я ужасно не хотела прослушивать песню еще раз, а когда Серж заговорил о том, что хорошо бы спеть ее, мне сделалось жутко. А потом я влюбилась в мелодию, она потрясающая, очень красивая, и я согласилась петь.

Я понимаю людей, которых шокировала наша песня, она действительно странная, но она чистая. Я думаю, она очень чистая.

С. Г.: Это песня о любви, вот и все. «Я тебя люблю, я тебя тоже нет» — это любовная песня. А знаете, почему «я тебя тоже нет»? Потому что парень просто слишком робок, чтобы сказать «я тебя тоже».

Д. Б.: Серж меня веселит, он смешит меня. Когда мы стали встречаться, то очень много гуляли, он водил меня повсюду, все показывал, и мы много смеялись. Меня спрашивали, как я могу любить этого циника, который ненавидит женщин. А я ничего подобного в Серже не заметила. Он водил меня в клубы, в рестораны, он очень забавный. А когда пьяный, вообще прелесть. Знаете, я считаю, он под маской цинизма просто скрывает свою робость, свою скромность.

С. Г.: Да я вообще не циничный, я романтик. В юности я был скромником и романтиком. Я стал вести себя цинично в ответ на нападки, касающиеся моей внешности, точнее, моего уродства и еще моей прямоты. Я очень прямой человек. Все путают прямоту и цинизм.

Из того, что вы называете уродством, вы умудрились сделать стиль, который как раз передает ваше вечное стремление к откровенности, прямоте.

С. Г.: Да я знаю, что не красавец, но мне совершенно все равно. Если кого-то интересуют красавцы, то это, конечно, не ко мне. Но у меня были женщины, которые любили меня таким, какой я есть. Джейн, кстати, самая красивая женщина из всех, кого я знал, и тоже не обращает ни малейшего внимания на мое внешнее несовершенство.

Д. Б.: Мне нравится, что люди называют Сержа циничным, потому что так я чувствую свое превосходство над ними. Знаете, это как иметь собаку, которая на всех лает и кусается, а подходя к хозяину, машет хвостом.

С. Г.: Я прочитал где-то, что надо принимать женщин за то, чем они хотят казаться, позволяя оставаться тем, чем они являются. Это явно про Джейн. Но я принимаю ее именно за того человека, которым она является.

Д. Б.: Серж сумасшедший.

🎧 Серж Гензбур и Джейн Биркин на репетиции.

С. Г.: Музыку надо чувствовать. В ней все взаимосвязано. Невозможно просто петь сочиненное произведение. В процессе исполнения певец тоже должен творить, и для этого необходимо все время чувствовать в себе ритм, пульс, нерв музыки, которую воссоздаешь на сцене. А часто получается, что голос звучит как бы отдельно от музыки.

(Подходит к Джейн и настукивает пальцами ритм.)

С. Г.: Ты поешь неритмично. Я это слышу. Ты затягиваешь.

(Джейн поет.)

С. Г.: Нет, ты можешь немного замедлить, но это должно быть ритмично.

С. Г.: Когда я в первый раз увидел Джейн, то подумал: «Боже, что за английская дурнушка!»

Д. Б.: А когда я увидела Сержа, то сначала обратила внимание не на его лицо, а на его манеру поведения и нашла ее отвратительной! (*Смеется.*)

С. Г.: Ну, не знаю, я просто стараюсь быть собой. Некоторые люди пытаются себя переделать, выдать за то, чем не являются, а я хочу быть естественным. Вот и все. Когда я был маленьким, то всегда смешил своих сестер до слез, любил дурачиться. И Джейн я смешу. Это же здорово, что она смеется.

Д. Б.: Это правда. Серж как ребенок. У него воображение как у ребенка. Он придумывает такие игры для моей дочери, до которых я сама в жизни бы не додумалась.

С. Г.: Джейн как луч света в моем царстве тени. Для такого мерзкого, опасного и во всех отношениях подозрительного типа, как я, Джейн просто подарок.

🎧 На съемках клипа к песне *Melody Nelson*. Джейн Биркин в роли Nelson.

С. Г.: Nelson — это маленькая девочка, она живет в двадцатом веке, у нее веснушки, она рыжая, не утонченная красавица, но довольно миловидная.

Голос за кадром: *Но она хоть немного привлекательна?*

С. Г.: Да.

Д. Б.: Она на меня похожа?

С. Г.: Да.

Д. Б.: А ты сам тоже изображаешь какой-то персонаж в своей собственной жизни?

С. Г.: Нет.

Д. Б.: Зачем мы поженились?

С. Г.: Чтобы у меня были дети.

Д. Б.: Зачем в клипе ты меня убиваешь?

С. Г.: Чтобы наша любовь продлилась вечно.

Д. Б.: Практически все люди, которые видят Гензбура, проникаются к нему любовью. Но эти люди не видели его в повседневной жизни, не говорили с ним, они не понимают, что он из плоти и крови, как и все остальные. Он очень сильная личность, но в то же время он часто ведет себя как ребенок. Когда такой человек рядом с тобой, ты чувствуешь свет и радость. Я уверена, что многие люди ревновали меня к Гензбуру, потому что сами хотели быть с ним.

С. Г.: Отношения между мужчиной и женщиной в нашей профессии постоянно подвергаются испытанию на прочность: и он и она должны все время сохранять равенство. Когда Джейн была в зените славы, я начал сдавать, и это было очень тяжело. Ситуация начала напоминать «месье Биркин», и это мне совсем не нравилось. Я чувствовал, что это держит ее в напряжении, тогда как сам я в ту пору делал вещи экстра-класса, но тогда не было всех этих золотых и платиновых альбомов. Возникло искажение, выбивавшее меня из колеи, мне хотелось присоединиться к Джейн в переживаемом ею стрессе славы. Тогда это причиняло мне страдания, а потом — reverse-charge* — я написал «Марсельезу» и затеял концерты в Palace...

_____

* Здесь: контрнаступление (*англ.*).

Шарлотта

Входит Джейн Биркин с ребенком на руках и начинает разговаривать по телефону.

Познакомьтесь, это Шарлотта (*указывая на дочь*).

Очень приятно. А когда вы решили завести ребенка, вы думали о том, как будете его воспитывать? Каким вы хотите видеть детство Шарлотты?

Не знаю. Я об этом совершенно не думал раньше. Я буду учить Шарлотту разным вещам...

А второго ребенка не собираетесь завести?

Еще не знаю.

Я последнее время очень мало сплю и рано встаю. А сегодня я провожал дочь в школу. Знаете, ей уже мальчики улыбаются, я в шоке. Это же моя малютка, она недавно еще писала в штанишки.

Я очень долго искал источник вдохновения для своего творчества и вот недавно понял, что это — моя дочь Шарлотта. Мы с ней вместе записали диск *Charlotte for Ever* / «Шарлотта навсегда». Шарлотта очень талантлива. Это видно по диску. Она уже не девчонка, но еще и не молодая женщина.

Бамбу[21]

🎧 После ухода Джейн Биркин Гензбур встретил манекенщицу Бамбу, которая родила ему сына. Гензбур активно занялся фотографией и выпустил альбом под названием «Бамбу и куклы».

Я абсолютно моногамен. Я убедился в этом. Был период в моей жизни, когда я думал, что это не так, но я ошибался. В общем, наверное, это неплохо. Мне это даже нравится. Моногамия предполагает очень сильные чувства. Именно такие чувства я испытываю к Бамбу.

Значит, любовь существует?

Для нее. Кажется, это Бальзак сказал, что в любви всегда один человек страдает, а другой делает вид. Впрочем, пока у нас с Бамбу все хорошо. Жизнь есть жизнь. Я, вообще, до сих пор не понимаю, зачем женщинам мужчины, а мужчинам женщины. Отношения между полами довольно жестоки. У мужчин гораздо больше преимуществ. Например, я могу встречаться с двадцатичетырехлетней девчонкой, хотя мне пятьдесят семь. Но представьте себе обратное: женщина моего возраста с молоденьким парнем. Это будет выглядеть смешно, это станут порицать. Вот в чем проблема.

🎧 Диалог Бамбу и Гензбура

Б.: С кем бы ты был, если бы мы не встретились?

С. Г.: Какая разница, сейчас для меня важен только один человек — это ты. Я думаю, ты последняя женщина в моей жизни. А ты-то размышляла, что было бы с тобой, если б мы не встретились?

Б.: Да. Но у меня нет идей на этот счет. Я не представляю себе, чем бы я занималась и вообще, жила бы я здесь или в другом месте. Я не знаю, смогла бы я жить без тебя или нет...

С. Г.: Да уж, я заклеймил тебя каленым железом здесь (*указывает на голову*) и здесь (*указывает на сердце*).

Б.: А что бы ты сделал, если бы я тебя бросила?

С. Г.: Ну, знаешь, ты была бы не первой, кто меня бросил... Хотя, возможно, последней... (*Улыбается.*) Я устойчив к таким вещам.

ПЕСНИ

Когда я начал писать музыку, я презирал классическое музыкальное образование. Искал нужные ноты, аккорды, много работал над тесситурой мелодии по отношению к диапазону своего голоса.

Вы относитесь к песне как к искусству?

С. Г.: А что, можно свыкнуться с коммерческим воздержанием и говорить об искусстве?

Вы считаете нормальным положение, при котором самая глупая песня приносит автору больше всего денег?

С. Г.: Это столь же нормально, как разбогатеть на продаже колбасы. Это великолепное, прекрасно организованное мошенничество. Песня входит к людям без стука. Вы показываете свою физиономию на TV, и она либо нравится, либо нет.

Вы пишете песни из любви к искусству или для заработка?

С. Г.: У меня несколько особый случай. В течение пятнадцати лет я был художником, а ныне зарабатываю на хлеб, сочиняя песни. Это надоедает. И чем сильнее надоедает, тем сильнее меня одолевает желание написать какую-нибудь «непесенную» песню.

Лео Ферре: В общем-то, когда он пишет что-нибудь, то это для души, а не ради денег. Вы не правы, рассматривая песню как второстепенный жанр. Конечно, если вы идете на поводу у коммерческих соображений, навязанных главой звукозаписывающей фирмы, то... сами понимаете... Есть искусство, и есть говно...

С. Г.: Если глава фирмы звукозаписи...

Л. Ф.: Не говорите мне об этих людях, это дельцы.

С. Г.: Но кто может заткнуть мне рот?

Л. Ф.: Знаю я вашу ситуацию. Она драматична. Если у вас возникает желание что-либо написать и спеть, то надо написать и спеть, старина.

С. Г.: У себя дома?

Л. Ф.: Нет, на улице. Надо выправить в префектуре лицензию на продажу газет.

С. Г.: Мне порой хочется отрезать себе ухо, как Ван Гог. Но он сделал это ради живописи, а не ради песни.

Как вам кажется, какой персонаж предстает в ваших песнях?

Уж точно не популярный герой. Я эволюционирую в сторону трудовых будней. Я не пишу песен, что обрушивают стены на мостовые...

А вам не скучно писать песни, рассчитанные лишь на часть элиты?

Я воспринимаю это иначе. Если моя публика невелика, то это не значит, что я адресую свои песни элите. Не знаю, кому именно нравятся мои песни. Должно быть, такие существуют, поскольку я как автор получил определенную известность.

Есть ли французские исполнители, которые вам нравятся?

Нет, все они плаксы, им недостает мужественности, они стремятся пробудить у мидинеток стремление их утешить.

Что же вы намерены делать в таком случае?

Песня подводит меня к написанию музыкальной комедии. Предположим, что меня тянет подняться над повседневными реалиями. Не представляю, что в пятьдесят буду выступать на сцене. В настоящий момент песня для меня — так же, как прежде живопись, — это способ жизни на обочине общества.

Песня устарела, она отживает свой век. У нас нет песни, созданной для нашего времени. Посмотрите на живопись, на литературу: песня застыла на месте, музыканты щиплют струны и продолжают распевать песенки, как в эпоху Аристида Брюана[22]. Я попытался — не слишком всерьез, в непринужденной манере — сделать что-то такое, где возникал бы сплав слова и музыки. В этом своем диске (*Gainsbourg Percussions*) я использовал африканские ритмы, я применил их в забытой манере, что вовсе не является уступкой современности. Нужно, чтобы форма соответствовала этому ритму, а ритм, в свою очередь, был для нее характерен...

«Новая волна»[23], признаюсь, это прежде всего я. «Новая волна» подразумевает авангард песни. Меня мало волнует тираж «Тентена»[24] или «Бабара»[25]... Думаю, что молочные зубы выпадают быстро, а зубы мудрости режутся болезненно. Разве что это позволяет молодым людям, а речь идет о немалых вложенных бабках, так вот, если это позволяет им покупать вагоны леденцов или леденцовую фабрику, это уже неплохо... Но меня это не задевает. У меня другое ремесло. «Йейе» — это американские песни, американские песни с субтитрами.

В таком случае, каково ваше ремесло, или что вы теперь понимаете под этим? Каковы ваши главные темы?

Моя сфера — это французская песня. Французская песня не умерла, она должна двигаться вперед, а не тащиться на буксире за американской. Нужно брать современные темы. Петь о бетоне, о тракторах, о лифте, о телефоне... не только рассусоливать о том, как встречаются и расстаются в восемнадцать лет. Предположим, я пишу о жене приятеля, подружке соседа... Это не проходит. А в жизни, как-никак, только это и есть. В современной жизни для всего нужно придумывать слова, язык. И музыкальный, и язык слов. Сотворить целый мир, воплотить его. Сотворить французскую песню.

Ну вот, теперь, в 1966 году, вы работаете под «Битлз», только в одиночку. Как вы пришли к этому?

Пришел, потому что существует мировое течение, зародившееся в Ливерпуле, которое невозможно игнорировать. Так что все просто. Нельзя застыть. Пишешь сложные песни — тебя называют интеллектуалом. Пишешь легкие — говорят, что принес себя в жертву коммерции... Меня никак не оставляют в покое.

Однажды мы говорили о стиле «йе-йе» и роке... Вы как-то сказали: «Да пусть они закупают свои леденцы вагонами»... Что вы думаете об этом теперь? Что те молодые люди постарели?

Да, постарели, и я тоже.

Но теперь вы производите для них леденцы[26]. Это ваша кондитерская фабрика!

Да, но... у меня имбирные леденцы.

Нынче я вывернул свою куртку наизнанку.

Наизнанку?

Я вывернул куртку, так как обнаружил, что у нее норковая подкладка. Думаю, что уж лучше без претензий делать рок, чем выдавать скверные песенки с литературными претензиями. Вот это действительно невыносимо.

А зачем вы вывернули куртку наизнанку?

Потому что в моем возрасте нужно либо добиться успеха, либо все бросить. Я сделал довольно простой математический расчет: предположим, я выпущу двенадцать своих песен — приличную пластинку в тридцать три оборота, красивый конверт, продуманные, отточенные названия. Из двенадцати номеров два будут крутить по ящику и на радио, совершенно игнорируя остальные десять. Что я делаю: пишу двенадцать песен для двенадцати различных исполнителей, и в результате все двенадцать пользуются успехом.

🎧 После победы певицы Франс Галь[27] с ее песней Poupée de cire / «Восковая кукла» на конкурсе «Евровидение-1965»[28] Гензбур сказал:

Я больше не пойду ни на какие уступки. Я пытался, но неудачно, смягчить визуальный образ или несколько затушевать мой цинизм, мое женоненавистничество. Не вышло! Я слишком груб! <...> О, конечно, я имел немалый успех на Левом берегу! Но Рив Гош — это еще не публика. Публика — это та масса людей, которые покупают пластинки, которые готовы снести «Олимпию», чтобы попасть на *Animals*, толпы, которые наводнили аэропорт «Орли» перед прилетом «Битлз». Вот эту публику мне не удалось околдовать. Когда я был подростком, гадалка предсказала, что успех ко мне придет из-за границы. И вот, на конкурсе в Неаполе за меня не было подано ни одного голоса из Франции! За меня голосовала заграница. Что означает успех? Деньги? Я зарабатываю достаточно, чтобы тратить без счету. Но успех, скорее, это когда сбываются мечты юности. В таком случае, я явно не преуспел. Я потерпел неудачу, ведь я хотел быть художником, но забросил живопись!

Когда мы спели эту вещь вместе с Джейн, я чуть не расплакалея. Она вела себя так трогательно, так старалась, ей было очень сложно, а слова еще не были до конца готовы, и я обдумывал название песни. Оно пришло внезапно, само собой: *Lemon incest* / «Лимонный инцест».

Знаете, когда я пишу песню, я могу быть сначала очень ей недоволен, а затем безумно ее полюбить. Я человек настроения. Иногда я пишу целыми ночами, потом прихожу в студию и записываю сочиненные мелодии. Музыка всегда во мне. Когда я сплю, путешествую, я все время проигрываю что-то в голове. Музыка — мое утешение в депрессии, грусти, меланхолии.

Песню *Mon légionnaire* / «Мой легионер» вначале спела Пиаф и только потом я. Это очень тонкое, сложное произведение. Я выстрадал эту песню, я репетировал часами, изнурял себя, хотел добиться совершенства, и сделал это. Есть еще одна «проклятая» песня, которая меня чуть не убила, — *Sombre Dimanche* / «Мрачное воскресенье» — потрясающая вещь, я ее спел в новой версии.

🎧 Одну из самых известных своих песен, *Accordéon* / «Аккордеон», Гензбур написал специально для своей любимой французской исполнительницы Жюльет Греко[29]. Ей же он в свое время подарил песню *La Javanaise*. Вскоре после этого многие популярные звезды стали обращаться к Гензбуру с просьбами о создании песен в самых что ни на есть разных жанрах.

Я авангардист. Могу написать песню для кого угодно в любом стиле, в том числе в своем собственном.

У вас настоящий дар, пожалуй, даже можно назвать это одной из форм гениальности, как думаете?

Да, пожалуй. Почему нет?

Удивительно. Редко кому удается писать музыку для других и одновременно выпускать столько собственных альбомов, не пренебрегая практически ни одним музыкальным направлением!

Я просто пытаюсь оставаться самим собой, развиваясь и отражая в своем творчестве разные музыкальные идеи.

Скажите, почему бы нашему проклятому авторуисполнителю не присмотреться поближе к музыке нового поколения?

Мой художественный директор преподнес мне в Белграде пакет с пластинками Джонни Холлидэя[30]. «Вот что стоит делать!» — сказал он. На меня напала хандра, за полгода я не написал ни одной ноты, ни одной строчки. Потом случился тот скандал, когда я прикурил сигарету от банкноты в сотню динар. Это пятнадцать старых франков! Они решили, что это была банкнота в десять тысяч динар, и с воплем «Провокация!» выставили меня из страны.

🎧 В 1982 году певец и композитор Ален Башунг[31] создает альбом *Play Blessures* совместно с Гензбуром и на его тексты. Выход этого альбома, по словам Башунга, расколол Францию пополам. Гензбур остался недоволен результатом, что нашло отражение в интервью.

Воспользуюсь выражением Виктора Гюго: «Класть мои стихи на музыку воспрещается»[32].

А если бы в самом деле понадобилось положить какое-нибудь стихотворение?

Ну... разве что на спуск воды в унитазе?.. Что еще можно было бы использовать? Уф-ф... Непросто. Немного Рахманинова? Нет. Немного Малера? Нет. Шёнберг? Нет. Берг? Нет. Дебюсси — точно нет. Скарлатти — нет, Бах — тем более. Шопен — разумеется нет, это создало бы двойственность. Ага, знаю: немного из Арта Тэйтума![33]

Je t'aime, moi non plus
«Я тебя люблю, я тебя тоже нет»

Я решил, что у французов аллергия на джаз, и прежде всего на современный джаз, который мне тогда нравился. Так вот, я решительно забросил джаз и занялся поп-музыкой. Поп — в смысле популярной — музыке я до этого вообще никогда не уделял внимания.

И лучшее доказательство вашей правоты — то, что некоторые ваши песни облетели весь свет. Одна из них наделала особенно много шума. <...> Я, разумеется, имею в виду Je t'aime, moi non plus.

Да, во Франции она прошла первым номером, чего прежде не случалось. Думаю, что продано двадцать пять тысяч, а будет — почти четыре миллиона. Я так считаю. Меня могут упрекнуть в цинизме, но, к сожалению, в моем ремесле приходится считать. Напротив, это не цинизм, это чистая правда. Эта песня принесла мне целое состояние. Это вышло случайно, я записал ее, потому что это красивая песня и до предела эротичная.

Давайте поговорим немного о Джейн... Она похожа на цветок, более того, она ни на кого не похожа!

Надеюсь, что она из пластика, потому что обычные цветы вянут. Нет-нет, это глупость, она прекрасна. Она прекрасна, она годится мне в дочери, ей нет и двадцати. Мне повезло. Успехом *Je t'aime, moi non plus* я обязан ей... Я предчувствовал это, я велел дать ее имя громадными буквами, а свое — петитом, поместил на конверте ее фото. Песня была написана не для нее, а для Брижит Бардо. Я поклялся себе никогда не записывать ее. Но потом я прослушал песню и сказал: «Нет, так не пойдет, слишком хорошая тема». Я прокрутил ее Джейн, она поначалу была шокирована. Потом я уселся за фортепиано. Мы сохранили прежнюю тональность до мажор. Она пропела все октавой выше, что придало песне особый, очень юный оттенок, и, вероятно, это и двинуло диск. Я не уверен, что оригинальный вариант имел бы международный успех.

В песне *Je t'aime, moi non plus* выражено превосходство эротизма над сентиментализмом... Существуют миллионы песен, посвященных романтической любви: встреча, узнавание, ревность, иллюзии, разочарования, свидания, предательство, упреки, ненависть и т. д. В таком случае, почему бы не посвятить хотя бы одну песню разновидности любви, куда более распространенной в наше время, — физической любви? *Je t'aime* — песня вовсе не непристойная, она кажется мне вполне разумной, заполняющей пробел.

Скрытый смысл этой песни в том, что девушка произносит «Je t'aime» во время любви, а мужчина, с его нелепой мужественностью, не верит этому. Он думает, что она произносит эти слова лишь в момент удовольствия, наслаждения. Со мной тоже случается такое. За этим стоит некий страх, что тебя поимеют.

История с «Марсельезой»

В 1979 году Гензбур создает свой скандальный вариант «Марсельезы» — песню *Aux armes et cetera* / «К оружию и так далее», давшую название одноименному альбому. Применив свою излюбленную технику коллажа, он наложил мотив «самой кровавой песни в истории человечества» на экзотические ритмы Ямайки. В качестве идейных предшественников Гензбур сослался на дадаистов, Бретона и «Тошноту» Сартра. В музыкальном решении его вдохновляли Джей Хокинс, Роберт Паркер, Отис Реддинг, Джимми Хендрикс, а также рэггей.

Я грезил о Ямайке, о ее музыке, где так легко запасть на то инстинктивно-животное, чистое, жестокое, чувственное и болезненно навязчивое, что так далеко от английской серости и от небесной синевы Нэшвила и Лос-Анджелеса.

Скажите, а ваша песня Aux armes et cetera была сознательным вызовом или?..

Вовсе нет. Хотя однажды, когда я пел мою «Марсельезу» — *Aux armes et cetera*, на меня прямо на концерте напала группа чернокожих, и мне пришлось отбиваться. Из Версаля, где проходило выступление, я возвращался уже в сопровождении телохранителей.

Вас не смущает, что вы зарабатываете деньги с помощью Руже де Лиля? (Смеется.)

О нет. По-моему, получилось прекрасное сочетание: Руже де Лиль — Гензбур, Aux armes — et cetera.

🎧 Серж Гензбур приобрел на аукционе в Версале подлинный текст «Марсельезы», переписанный Руже де Лилем для композитора Луиджи Керубини (в 1833 году). Певец заплатил за него 130 тысяч франков и был очень доволен. Торг начался с 40 тысяч. Гензбур выиграл, оставив за собой последнее слово. В зале торгов пожилой месье свистел и выкрикивал: «Это прискорбно, это скандал! Жаль, что мне не двадцать лет, а то я повыдергал бы ему руки!»

Возвращение из Версаля было грандиозным. Меня сопровождал телохранитель поляк Пифи, вышибала в Palace. С нами была моя подружка Бамбу, она родом из Индокитая. Я русский еврей, а машина — «шевроле» — американская! При этом на заднем сиденье лежал рукописный оригинал «Марсельезы»! Поразительно!

🎧 После публикации в «Фигаро» статьи М. Друо «„Марсельеза" Гензбура», где говорилось о том, что это не песня, а «скандальная, дебильная пародия», оскорбление национального гимна, причем оскорбление, совершенное не французом, а евреем. Гензбур напечатал в «Matin Dimanche» ответное письмо. И началось так называемое «дело Марсельезы», которое некоторые сравнивали со знаменитым «делом Дрейфуса», что, впрочем, лишь способствовало продажам пластинки с записью песни и альбома. В итоге тираж альбома перешагнул порог в миллион экземпляров.

🎧 После выхода в феврале 1975 года альбома *Rock around the bunker* / «Рок вокруг бункера») в высказываниях Гензбура, как всегда рассчитанных на эпатаж, прозвучала тема терроризма, столь актуальная в эпоху палестинских терактов, итальянских Красных бригад, немецких групп, а также борьбы с поднимавшим голову неонацизмом.

Лично я предпочитаю играть в бойню, это забавляет. Мне бы, пожалуй, понравилось быть террористом... Если бы я теперь сделался террористом, то отправился бы в Южную Америку, чтобы пришить недобитых нацистов. Еще я бы совершил поездку по Испании. Там есть бывший комиссар по делам евреев, французский аристократ, добавляющий сахар в клубнику. После смерти Помпиду он заявил, что желает вернуться на родину. Этому старому бонзе не повредила бы пуля в живот; это эвфемизм! Короче, если я узнаю, что он возвращается во Францию, то куплю пистолет, чтобы его порешить. В таких ситуациях я не отступаю! Если нацисты собираются вернуться к власти, предупреждаю, что еще в тысяча девятьсот сорок восьмом году я отлично стрелял из легкого пулемета. Думаю, не разучился.

«Rock around the bunker» — такие слова услышишь во Франции не каждый день.
А как вы хотели бы, чтобы я это перевел? «Dansons autour de la casemat?» («Станцуем вокруг каземата?»)? Вряд ли это завело бы массы...
Вы хотели бы нравиться молодежи?
Граучо Маркс довольно интересно высказался насчет этого. У него должен был родиться внук, и его спросили, как он себя чувствует в связи с этим. Он ответил: «Никогда не свыкнусь с мыслью, что женат на бабушке!» С публикой и женщинами все точно так же:

я готов пожертвовать постаревшей частью публики, которая, впрочем, по-прежнему западает на меня.

Скажите, в каком стиле выдержана музыка альбома L'homme à tête de chou / «Человек с капустной головой» (1976)?

Музыка? По правде сказать, никогда не знаю, что делать. Я человек-черновик, у меня нет правил. Это должно отвечать моим желаниям. Я подвержен влиянию того, что происходит снаружи, но теперь хорошо бы поставить себе вопросы, потому что я несколько пресытился пульсациями поп-музыки. Я не Брассанс[34], вот он — чистый художник-классик. У него нет проблемы формы. А я все подвергаю сомнению

Рок-музыка

🎧 Произведя на свет в 1965 году многочисленные бурлескные композиции, Гензбур отправляется в Лондон, дабы зарядиться энергией рок-н-ролла.

Рок — очень интересная по ритмике музыка. Она созвучна моей жестокой творческой природе и потрясающе подходит мне.

Я считаю, что новая волна рока, о которой сейчас говорят критики в связи с современной музыкой, — это прежде всего мое творчество, потому что именно я стал первопроходцем, если угодно — я стоял в авангарде французского рока, я был изобретателем словесной игры, которая подчинила французский язык грубому музыкальному стилю под названием «рок».

На моем новом диске я исполняю рок-композиции, я схожу с ума по року. Меня раздражает та манера, в которой его преподносят французы. Они играют в рок, но по-настоящему с ним справиться не могут. Французский язык вообще не создан для рока, стоит лишь сравнить, как звучит по-английски, например: «Once again», а потом по-французски: «Encore une fois», или «I feel better now», а потом «Je me sens mieux maintenant» — это звучит ужасно, французский язык проигрывает в роке по сравнению с английским. Хотя французский на самом деле потрясающий язык. Я часто вставляю речитативы в свои песни, мне доставляет удовольствие просто говорить по-французски.

Я очень много работал над стихом, над тем, как ритм стиха сочетается с ритмом музыки. Особенно много сложностей было с песней о Нью-Йорке, так как ее я исполняю вместе с хором. Когда я закончил работу над этим произведением и прослушал запись, то просто ужаснулся. Песня показалась мне страшно напыщенной, какой-то неестественной. А позже, проиграв ее в студии, я понял, что получил то, что хотел. Более всего я горд тем, что адаптировал французский язык к южноамериканским и африканским ритмам. До меня подобного никто не делал. Да, это было здорово.

Помните, вы однажды говорили, что хотите попробовать поработать с роком, написать стихи и положить их на рок-музыку? Что вы думаете об этом теперь?

Теперь я изменил свое мнение, так как поэтический язык для рока совершенно не годится. Когда пишешь рок, лучше не ставить перед собой литературных задач. Понимаете? Иначе может получиться бред.

Вы вечно раздираемы противоречиями.

Пожалуй.

Вот сейчас, например, вы поете словно «Битлз», только в одиночку. С чего вдруг?

Ничего удивительного. Это влияние известного всем музыкального течения, зародившегося в Ливерпуле. Мне нравится рок-н-ролл. Почему я все время должен что-то прояснять в своем творчестве? Когда я пишу сложную музыку, журналисты говорят, что я хочу казаться интеллектуалом; когда легкую — меня обвиняют в том, что я поддался коммерции. Теперь вот я виноват, что увлекся рок-н-роллом. Оставьте вы меня в покое. (*Смеется.*) Понимаете, я сейчас вступил в такой возраст, когда пора начинать писать на потребу публике — в хорошем смысле этого слова, надо добиваться успеха или уходить со сцены. Я стараюсь не просто творчески подходить к работе, но и рационально.

КИНО
ET CETERA

🎧 В 1959 году Серж Гензбур сыграл в фильме *Voulez-vous danser avec moi?* / «Не хотите ли потанцевать со мной?» вместе с Брижит Бардо. На экран он попал не сразу, этому предшествовало сочинение музыки к фильмам.

Как вы впервые пришли в кино?

На самом деле просто меня однажды увидел Мишель Буар, и я ему так понравился, что он решил снять меня в своем фильме.

Интересно, что же его так поразило в вас?

Надо полагать, моя отвратительная внешность, мое будоражащее воображение уродство. (*Смеется.*)

В этом фильме я играл роль заурядного учителя пения с довольно свинской физиономией. Брижит была очаровательна, но было страшно подумать о том, чтобы подойти к ней. Вокруг нее, как вокруг оперной дивы, все время толпился народ: режиссер, гримерша, секретарь, парикмахерша, помощник режиссера. Контакт все же получился, но искры не было: мне по молодости она показалась слишком юной, подростком, слишком хорошенькой. Позже в ней появилась некая утонченность.

🎧 В 1967 году Гензбур появился на телеэкране в эпизодической роли маркиза де Сада в историческом сериале Абеля Ганса «Присутствие прошлого».

Почему именно вам доверили эту роль?

Не знаю... (*Смеется.*) Из-за моих прекрасных глаз, носа, рта, голоса...

Разве у вас лицо садиста?

Да, некоторым так кажется...

После съемок в полутора десятках фильмов, среди которых было немало приключенческих и детективных, Гензбур получил от режиссера Пьера Грембла предложение сыграть главную роль в картине под названием *Slogan* / «Девиз». Отбор на главную женскую роль длился довольно долго, многие известные французские модели участвовали в пробах. Наконец Грембла остановил свой выбор на малоизвестной английской актрисе по имени Джейн Биркин. Герои в фильме то ненавидят друг друга, то безумно любят, вечно мучаются, терзаются, места себе не находят.

«Я ужасно не хотел брать кинозвезд, — говорил режиссер. — Опытные актеры зачастую лишены той естественности поведения, которая необходима моим героям, уж слишком они профессиональны. Поэтому-то я положил глаз на Гензбура, так как его лицо не замылено, он не так много снимался в кино. А вот с женским образом проблем было гораздо больше, и мне пришлось прокатиться в Рим и в Лондон, чтобы в конце концов принять решение. Понимаете, моя героиня, с одной стороны, наивная, восторженная девочка, с другой — жуткая стерва. Джейн Биркин не говорила по-французски, когда приехала в Париж, поэтому ей пришлось нелегко. Конечно, у нее сильный акцент, это слышно в фильме. Однако она подходит для роли как никто другой. Она потрясающе играет эмоции: разочарование, истерику, прекрасно умеет плакать перед камерой, но в то же время у нее есть и комедийный талант, она может рассмешить зрителя до колик в животе. Когда она произносит, глядя наивными глазами, фразу „T'aimes pas moi?" («Ты меня не любишь?»), то смеется даже Серж, хотя обычно он жутко смурной.

Для фильма Грембла заказал мне романтическую музыку, на американский манер. Я сказал ему: «Оставь меня в покое, увидишь, что я сделаю». Ему непременно хотелось, чтобы я добавил в его фильм нечто романтическое, — но музыка ничего не может добавить к фильму! Если не романтичен сам фильм, то невозможно, приклеивая там-сям романтические мотивчики, сделать его таковым. И потом, сам я вовсе не романтический персонаж, я совершенно беспозвоночный. Итак, я не смог сделать ему ту музыку, которую он хотел, потому что мы не имеем никакого права плутовать с музыкой. Музыка в кинематографе должна: primo[*] — идти контрапунктом к фильму, secundo[**] — никогда не превращаться в плеоназм.

🎧 В 1968 году Гензбур и Биркин снимались в Непале в фильме Андре Кайата *Les Chemins de Katmandou* / «Дороги Катманду» вместе с Рено Верлеем и Эльзой Мартинелли. Кайат потребовал, чтобы Гензбур подстригся, а волосы ему покрасили в цвет перца с солью.

Кайат сказал мне: «Нужно наклеить вам усики, а то ваша физиономия слишком примелькалась». Я ответил: «Но, в конце концов, вы снимали Азнавура в „Passage du Rhine", Бреля[35] в „Опасностях профессии"...» Но нет же, пришлось согласиться на усы, и в результате я весь фильм проходил с неподвижной верхней губой, как англичанин. Кайат заявил, что сценарий для него закон-

---

[*] Первое (*лат.*).
[**] Второе (*лат*).

чен, когда снят фильм; так вот, он ездил по Индии и Непалу, не отрывая носа от сценария. Я показываю ему: «Гляди, какой кадр с этими прелестными малышами!» Он в ответ: «Нет! Все кадры здесь, на бумаге». ...Позднее он спланировал снять крупный план на севере Индии, с отъездом на пятьдесят метров, среди деревьев в цвету. Только когда мы туда прибыли, все уже было сожжено палящим солнцем. Как вы думаете, что делает Кайат? Он ведь написал в сценарии: «деревья в цвету», так вместо того, чтобы подыскать другой план, он нанимает пятерых рабочих, чтобы насадить в павильоне на деревья бумажные цветы.

🎧 В 1966 году в Сен-Тропе Гензбур вместе с Жаном Габеном снимается в фильме *Le Jardinier d'Argenteuil* / «Садовник из Аржантея» Жан-Поля Ле Шануа.

Мой персонаж был невероятно глуп, чтобы не сказать больше. Я играл кинодеятеля-авангардиста, который устраивает хэппенинг на яхте. Что до Габена, то мы устраивали неслыханные пьянки. Он тотчас внушил мне симпатию. Во время съемок мы хохотали до упаду. Он попросил меня написать музыку к ленте, поскольку был сопродюсером фильма. Он пригласил меня к себе, он жил недалеко от Булонского леса, в Нейи. «Поднимемся в комнату дочки, — сказал он, — там есть фортепиано». Я наиграл несколько тактов, и он сказал: «Ну ладно, парень, мне кажется, это просто очаровательно».

🎧 В том же году Серж Гензбур снялся вместе с Анной Кариной[36] в фильме под названием *Anna* / «Анна». Для этого фильма он написал музыку.

В ту пору я побил собственный рекорд по бессонным ночам: работал восемь суток подряд. Ночью писал музыку, которую должны были записывать завтра. С утра съемки в студии, а во второй половине дня я снимался вместе с Лурсэ, одним из каторжников в «Видоке». После всего этого я проспал сорок восемь часов нон-стоп...

 В августе 1966 года в Колумбии начинаются съемки детективного фильма *Estouffade à la Caraïbe* / «Духота на Карибах», где главную женскую роль играла Джин Сиберг. Гензбур взялся за роль второго плана, чтобы побывать в экзотических местах.

Мы снимали в Санта-Марии, а затем должны были вернуться в Боготу. В колумбийских джунглях я встретил девчушку лет двенадцати. Она была просто очаровательна, я подарил ей пластинку *L'eau à la bouche* / «Слюна во рту», и с этого момента она прониклась ко мне безграничным обожанием... Предполагалось, что мы должны вернуться в Боготу на машине, но я сказал Сиберг: «Только сумасшедший попрется через джунгли по раздолбанным дорогам. Наймем лучше вертолет». Она согласилась, и вертолет прилетел за нами. Когда я уже поднимался в кабину, примчалась та девчушка: она понимала, что никогда больше меня не увидит, она смотрела на поднимающийся вертолет, не отводя от меня глаз, ее темные волосы взметнулись вверх под вихрем вращающихся лопастей... а ее взгляд... этот взгляд трудно забыть...

 В последний день съемок привычное течение событий было нарушено из-за Гензбура. Он закурил сигарету в ресторанчике, отбросив спичку куда-то назад. Через пятнадцать секунд все было объято пламенем. Вокруг началась паника. Гензбур завороженно смотрел на пламя, повторяя: «Это я сделал?»

К счастью, никто не пострадал, но от здания вскоре ничего не осталось. Я понял, что лучше уносить ноги, и отправился к знакомой девице — в ожидании, когда ветер переменится. К тому же это был последний день съемок, назавтра все разъезжались. Утром я вернулся в отель и нос к носу столкнулся с колумбийскими фликами, вооруженными пистолетами, они меня тут же сцапали. Улаживать дело явился адвокат — будто из фильмов Орсона Уэллса: толстый, тяжело дышащий, в белом костюме...

🎧 Позже в Провансе он снимался в фильме *Ce sacré grand-père* / «Проклятый дед» с Мишелем Симоном.

Я играл в фильме, и я написал для него песню, которую мы исполнили с Мишелем Симоном.

Этот проект был важен для вас?

Да, этот фильм очень сблизил нас с Симоном. Мы в кадре сидим на траве, выпиваем по стаканчику и поем. Забавно.

🎧 Впервые в своей жизни Гензбур сам снял фильм. В *Je t'aime, moi non plus* (1975—1976) он изобразил грязный скаредный жалкий безликий мир, фактически иллюзорный, вневременной, в сером пространстве которого разворачивается драма. Конфликт возникает между тремя главными действующими лицами: любовной парой гомосексуалистов и женщиной. Название фильма дублирует знаменитые слова «Я тебя люблю, я тебя тоже нет», ставшие классикой после исполнения одноименной песни.

Этот фильм — результат всей творческой деятельности, которой я когда-либо занимался: живопись, архитектура, музыка — конечно, все это нашло отражение в моем кино.

Вам было сложно руководить актерами?

С. Г.: Нет. Знаете, снимать кино — это искусство видеть, а я долго занимался живописью, так что у меня есть опыт.

ДЖЕЙН БИРКИН: А мне кажется, снимать фильмы — это особенный вид творчества. Кино гораздо более жестоко, чем живопись и музыка, оно всегда говорит очень открыто и зачастую может сильно ранить зрителей. Но я считаю, Гензбур молодец, он хотел создать сложные противоречивые характеры, он не гнался за простотой содержания.

Если фильм сексуален, то это потому, что такова жизнь. Возможно, этот фильм вызовет шок, поскольку люди всегда воспринимают бедных гомосексуалов как больных или как неведомо кого. Мне кажется, что по выходу фильма они будут растроганы, потому что трогательны сами характеры персонажей.

С. Г.: Знаете, я вообще люблю нарушать правила, выходить за рамки предложенного, бросать вызов всему запрещенному. Это здорово, особенно в двадцать первом веке. В моем фильме, например, есть сцены гомосексуальной любви, есть много очень жестоких моментов. Не думайте, что я хочу травмировать зрителей, шокировать их, вовсе нет. Мое творчество адекватно человеческим эмоциям, мой фильм действительно очень человечен, потому что я сам — чувствителен, и я пытаюсь быть искренним со зрителями.

Серж, скажите, зачем вы снимаетесь в кино? Какова ваша цель? Вам это доставляет удовольствие?

Да, я получаю от этого удовольствие, и потом, смена деятельности — это всегда хорошо. Таким образом я словно освежаюсь для дальнейшего музыкального творчества.

🎧 В 1980-х годах Гензбур снял три полнометражных фильма: *Equateur* / «Экватор», *Charlotte for ever* / «Шарлотта навсегда», *Stan the Flasher* / «Стэн-эксгибиционист».

Я реалист. Я вижу жизнь такой, какая она есть. Я не запираюсь в темной комнате в своем удобном кресле и не думаю о том, какой бы могла быть жизнь, нет. Я выхожу на свет и смотрю, что происходит вокруг. Поэтому и в фильмах я стараюсь обнажать реальность.

Гензбур также снимается в кино. Сейчас он работает над фильмом Je vous aime / «Я вас люблю» вместе с Катрин Денев. Но играет ли он персонаж, придуманный режиссером, или самого себя?

Я играю одновременно и себя, и персонаж. Просто мы похожи. Собственно, так и было задумано изначально. Если бы образ мне не подходил и мне было бы в нем неуютно, я бы ушел из фильма. Но в этом нет необходимости, потому что я полностью слился со своим героем. Я создаю образ, развиваю его, переделываю, но остаюсь в рамках собственной личности.

🎧 Съемки фильма «Экватор» по роману Жоржа Сименона[37] *«Лунный удар»* (1933) начались в конце 1982 года. Гензбур здесь выступил в трех ипостасях: как автор сценария, режиссер и композитор.

Моей целью было обрисовать и очертить сепией усиливающуюся испорченность героя, глубокого идеалиста... когда ясность его натуры и романтическая слабость приходят в противоречие с гуманистическими порывами и любовным разочарованием. Действие происходит в Африке в 1950-е годы, тонко проработанная колониальная тема.

Мне созвучно трагическое пристрастие Сименона в этом романе к теме истоков расизма; я никогда бы не стал ставить фильм с Мегрэ, мне совсем не нравится вся эта полицейская тематика. В «Экваторе» есть очень близкая мне притча, невозможность отношений между двумя человеческими расами — мужской и женской.

Эротические сцены я трактовал дистанцированно, как бы сквозь противомоскитную сетку. Барбара Зукова[38] как нельзя лучше подошла на роль Адели: властная, подверженная влиянию инстинктов женщина, несколько напоминающая Лану Тернер в фильме «Почтальон звонит дважды»[39].

Скажите, почему в фильме, где действие происходит в Африке, так мало сцен тамошней действительности?

Это было сделано умышленно. Никто не скажет, что этот фильм мог бы быть снят в павильоне. Это абсурд. Мне не удалось бы добиться такой игры актеров. Они были измучены жарой, лихорадкой, охвачены страхом, напичканы хинином. И потом, снимать местную фауну означало бы поддаться экзотизму. Текст Сименона очень замкнутый; все эти слоны и гиппопотамы хороши для эпических фильмов. Но передо мной не стояла задача снять очередную версию «Тарзана», поэтому я довольствовался несколькими планами мангровых зарослей — эти кусты с искривленными корнями показались мне чрезвычайно драматичными. Я ощутил, как скверно бы мне пришлось в тех местах, где нужно было бы поддерживать контакты с первобытными существами... Мои корни, мой микроклимат — это чертов VII округ[40], пропитанный табачным дымом.

Все прочее — литература

🎧 В 1979 году в издательстве «Галлимар» выходит небольшая повесть Гензбура *Evguénie Sokolov* / «Евгени Соколов». Критики, мягко выражаясь, не оставили эту книгу без внимания, они выразили надежду, что этот первый роман автора окажется и последним. Герой повести — художник, ведущий богемный образ жизни, в каком-то плане это alter ego Гензбура. Художника вдруг настигает громкая слава. Критики трубят о «гипер-абстракции», о «формальном мистицизме», о «редкой эвритмичности». Но чем лучше продаются картины, тем хуже становится самому художнику.

Эта книжечка потребовала шести лет работы. Я делал немало достаточно серьезных выписок, предпринял розыски на медицинском факультете, приобрел несколько научных монографий. В целом это не бог весть что, но точно и крепко выстроено.

Смех, который мог бы увенчать чтение моей книги, — это единственный нервный смешок, поскольку мой текст в высшей степени трагичен. «Евгени Соколов» — это автобиография, взятая под широким углом, то есть с искажениями, дикими искажениями, напоминающими манеру Фрэнсиса Бэкона.

Текст вызывает отвращение, но он позволил мне ощутить ностальгию по всему тому, что мне не случилось сделать в живописи. Евгени — тип, который сознательно разрушает себя, поскольку жаждет славы, и слава разрушает его. Так что здесь есть автобиографические моменты.

 В телепередаче «Ах, вы пишете» ведущий Бернар Пиво[41] расспрашивает Гензбура о книге.

Евгений Соколов — кто это?

Изначально это я. С искажением в духе Фрэнсиса Бэкона. Мне хотелось говорить о художнике.

То есть я вас неверно понял?

То есть это трюкач, ведь я и сам трюкач.

В юности вы были художником?

Тридцать лет назад. С Андре Лотом[42] и Фернаном Леже[43].

Следовательно, эту книжечку следует воспринимать как памфлет, направленный против живописи?

И всех карьерных фокусов, каковы бы они ни были.

Уж вам-то, как-никак профессиональному провокатору, они хорошо известны, не так ли?

Да, но это сильнее меня, для меня провокация — это динамика. Мне хочется встряхнуть людей. Когда вы их встряхиваете, выпадает несколько монет, удостоверение личности, военный билет... Если не провоцировать, то мне не о чем будет говорить.

Телевидение, пресса

Телевидение вам больше нравится, чем открытые концерты?

Да, телевидение — это мое. Крупный план моей физиономии обычно впечатляет публику. А вот на сцене я чувствую себя как-то неуклюже.

На телевидении я часто давал дурацкие интервью, но я совершенно об этом не жалею. Мне органически необходимо устраивать разборки, скандалить, говорить грубости, шокировать людей. Только так я могу выжить в эфире. Слава богу, я давно понял, что во время интервью мне можно шутить, болтать глупости или нецензурно ругаться, иначе я ударяюсь в рассуждения, начинаю говорить что-то заумное и невнятно. Так нельзя. Это неправильно. Хорошо, что никто не мешает мне выходить за рамки дозволенного!

Люди, которые смотрят телевизор, хотели бы, чтобы к ним являлись в смокинге, тогда как они сами смотрят телек в тапочках, у стола, застеленного пластиковой клеенкой. Так вот, я прихожу к ним в том виде, в котором они смотрят меня.

Забавно, но по отношению к прессе я остался настоящим ребенком. Обожаю вступать в схватку с журналистами, меня этот процесс нисколько не смущает, а, наоборот, жутко развлекает. Я отличный стрелок, умею легко и изящно отражать нападение прессы. Во время интервью у меня всегда такое ощущение, будто выпускаю пулю из ружья и жду, когда она достигнет своей цели и поразит собеседника.

Ведущий: Сегодня у нас в гостях Серж Гензбур, который всем известен как самый оригинальный певец и композитор последних двадцати лет. Серж Гензбур также является режиссером, покорившим миллионы зрителей. Однако многие до сих пор не приемлют провокационный характер его творчества и поведения.

Смотрите, что я сделаю с этой купюрой в пятьсот франков. (*Гензбур достает купюру из кармана и поджигает ее.*)

Скажите, как застенчивый человек, которым вы себя иногда представляете в интервью, уживается с образом развязной эстрадной звезды, который вы создаете?

Я не выставляю себя застенчивым, я такой и есть в действительности, и ответить на ваш вопрос очень сложно, так как мне самому порой тяжело осознавать, что во мне два человека.

Серж Гензбур, вы работаете над голосом?

У меня нет голоса.

Мы бы хотели знать, почему вы так критично и порой со злостью отзываетесь о своих современниках?

Ну, таков мой тип поведения...

Не пытайтесь уйти от вопроса.

Да я и не ухожу, просто нападать гораздо приятнее, чем хвалить. (*Смеется.*)

Вы ужасно горды своей песней Douze belles dans la peau, верно?

Да, это правда. (*Смеется.*)

Все, что я создал в музыке, несет в себе негатив. Я писал ради шутки, насмешки, изливая иронию, злость. Кстати, Оскар Уайльд был абсолютно прав, сказав, что «быть циничным — значит знать всему цену, но не осознавать ценности».

СТИЛЬ,
ТВОРЧЕСТВО

🎧 Анкета:

— Если бы вы не были собой, кем бы вы хотели быть?
— (*Немедленный ответ*) Маркизом де Садом. (*После паузы*) Робинзоном Крузо.
— Ваша любимая фраза из Бодлера?
— Странность — одна из составляющих красоты.
— Какие семь книг вы возьмете с собой на пустынный остров?
— «Старуху-любовницу» Барбе д'Оревильи; стихи Катулла, «Дон Кихота» Сервантеса, «Адольфа» Бенжамена Констана, фантастические рассказы Эдгара По, сказки братьев Гримм и Перро.
— А пять дисков?
— Шёнберг, Барток, Джонни Рэй, Стэн Кентон, Рэй Кониф.
— А женщин?
— Мелизанду[44], Офелию, Ослиную Шкуру[45], маникюршу и Вивьен Ли[46]. И джинсы.

🎧 В разгар событий в Алжире Гензбур в конце 1958 года исполняет в кабаре «Милорд» несколько своих песен, и среди них песню *Jambe de bois* / «Деревянная нога». Реакция публики, которая обычно не слишком обращала внимания на пианиста, была довольно яркой.

Я доволен, что такие вещи их задевают. Точно так же я ликовал и в те вечера, когда публика в «Милорде» или в «Труа Боде» слушала меня, бросая косые взгляды... Разве песня не может наводить страх? Сюрреалисты охотно идут на это в своих произведениях. Разве не таковы картины Гойи[47]? Современная жизнь, она ведь тоже внушает страх, что не означает, что ее нужно принимать всерьез. Я художник. Мне тридцать лет. Я хотел заниматься творчеством, так же как хотел бы того же самого для людей, которые теряют столько времени, занимаясь чем попало. Хотелось бы, чтобы все те, кто работает с утра до вечера над тем, что совершенно не вызывает у них интереса, занялись творчеством. Чихал я на все это, на все эти выдуманные абсурдные профессии. На всех этих дятлов-штамповщиков, что дни напролет «пробивают дыры, дырочки, еще дырочки»...[48]

Я очень критически отношусь к собственному творчеству. Знаете, я на самом деле весьма рассудочный и здравомыслящий человек. Строго оцениваю свои произведения, никогда не даю себе расслабиться, в общем, я довольно беспощаден к себе, никогда не дурачусь, не выделываюсь, музыка — это не клоунада. Кроме того, у меня предостаточно работы в самых разных сферах, я же занимаюсь не только музыкой: я и сейчас продолжаю писать картины, снимаю кино, читаю Поля Леото. Ненавижу повторяться, подходить к работе шутя, мне нужны различные сферы искусства, чтобы воплотить свой творческий потенциал.

Я думаю, чтобы быть по-настоящему современным, чтобы идти в ногу со временем, чтобы получить право называться художником, поэтом, музыкантом двадцатого века, надо писать стихи в свободном размере и сочинять немелодичную музыку.

Помнится, в одной из моих песен есть такая язвительная фраза: «Прикладное искусство предназначено для второсортных художников».

К этим словам каждый может отнестись, как ему угодно, я лично не нахожу в них ничего оскорбительного для кого бы то ни было, кроме, пожалуй, себя самого. Однако я не изменю своего мнения. Какой смысл посвящать себя области искусства, о которой ничего не знаешь? Я имею в виду тот факт, что если некое искусство может быть осознано и понято человеком без предварительного ознакомления с его основами — это, несомненно, прикладное искусство. Представьте себе: способен ли человек по-настоящему проникнуться произведениями Пауля Клее, не изучив и не поняв («Понять — значит уподобиться», — говорил Рафаэль) Фра Анжелико, Делакруа, Мане, Сезанна, Макса Эрнста?

И как, по-вашему, понять Фрэнсиса Бэкона, не изучив Пауля Клее?

Надо всего один раз углубиться в себя, задуматься, присмотреться, чтобы понять свой стиль, увидеть свой путь и проанализировать, насколько велик талант.

Я уверен, что все великие поступали подобным способом: Рембо, Берг...

Впрочем, в прикладном искусстве, вроде моего, достаточно окинуть проницательным взглядом окружающих коллег, мысленно разгромить в пух и прах их ошибки, а затем работать, смело двигаясь к цели.

Еще я бы хотел заметить, что обычные талантливые художники, стремящиеся соответствовать вкусам сегодняшнего дня, будут удостоены лишь мимолетной славы. Тогда как настоящие мечтатели, гении, не зацикленные на золотых дисках, презирающие сиюминутное признание и неумолимо следующие вверх, целиком и полностью посвящая свое творчество небу, найдут отклик в сердцах будущих поколений.

Кстати, насчет внутренней концентрации и самоанализа: Марлон Брандо ведь не случайно затыкал себе уши, чтобы не слышать слов, произносимых партнерами. Таким образом, он полностью сосредотачивался на своих эмоциях, как бы тонизируя свой талант, он почти погружался в состояние медитации, и надо сказать, драматизм игры только усиливался.

Может, мне тоже попробовать заткнуть уши? А? Как думаете?

Серж Гензбур, хотелось бы знать, отчего вы так суровы со своими современниками?

С. Г.: Ну, предположим, это моя позиция.

О, позиция. Нет, вы ведь не подросток, чтобы занимать позицию! Вы слишком умны для этого. <...>

С. Г.: Куда удобнее атаковать, чем получать удары...

Во всяком случае, ваши песни здорово атакуют, должна вам сказать. Так здорово, что ими заинтересовались эстрадные звезды. А вы в этом масштабе — пылинка. Хочу употребить громкое выражение, пусть это вас не шокирует: вы нечто вроде Домье[49] эстрады, не правда ли?

С. Г.: И правда, громкое выражение.

Что ж, это так, и все же ваши песни — это маленькие шедевры. Скажите, вы испытывали гордость, написав Douse belles dans la peau?

С. Г.: (ледяная улыбка).

Забавно, не так ли?

Гензбуру не надо стараться, чтобы его любили, чтобы быть нужным, потому что он на самом деле необходим людям, его слушателям. Все хотят прикоснуться к этой потрясающей личности, свободной, полной сарказма, воображения и юмора. Все хотят видеть его, быть сопричастными...

С. Г.: Во мне два человека, которые отлично друг друга понимают; и для того, чтобы они продолжали друг друга понимать, я постоянно убиваю себя. Я должен убивать себя, чтобы каждый раз перерождаться заново, обновляться.

Обновление необходимо, так как я постоянно нахожусь в поиске. Поиск себя самого очень тяжелое занятие, которое часто ни к чему не приводит, поэтому остается лишь смеяться над всем...

В творчестве необходима трезвость, рациональность, ясность сознания. Без этого творческий процесс невозможен, хотя чаще всего подобный «рассудочный» подход приводит к неврастении и вдобавок делает человека жутко язвительным.

Мои песни как раз рождаются от слияния названных мною факторов, поэтому все мое творчество источает горькую иронию...

С. Г.: Знаете, я не жалею ни о чем в своем творчестве. Да, меня бросает в разные стороны, из стиля в стиль, из жанра в жанр, ну и что? Таков мой характер.

Что доставляет вам удовольствие? Есть ли какие-нибудь занятия, которые вас вдохновляют?

С. Г.: Моя профессия прежде всего. Я отношусь к своей работе с большой страстью. Я обожаю музыку, я обожаю стихи, я обожаю французский язык.

Как может автор с такой репутацией, как у вас, сочинять коммерческие шлягеры?

С. Г.: Вы хотите этим сказать, что здесь есть парадокс? Я приспосабливаюсь. Для себя я работаю в более авангардном стиле. Все довольно просто, я могу делать все, что угодно. Одну песню для Жюльет Греко, другую для Франс Галь, третью для себя. Три стиля.

И в целом вы похожи на фальсификатора того или иного дарования.

С. Г.: Если хотите, да.

Но фальсификатора, который наделен собственным талантом. Для обыкновенных фальсификаторов это в целом не характерно... Они прекрасно подражают, но не делают ничего оригинального.

С. Г.: В таком случае, зачем я здесь? <...> Забавно, но я не претендую на то, чтобы быть самим собой.

С. Г.: Условия для творчества должны быть особенными. Когда у художника над головой безоблачное голубое небо — это неинтересно. Что ему делать с этим бесконфликтным, безыдейным образом? Нечего делать. А вот когда в небе разражается гроза, сверкают молнии — тогда-то и рождаются бессмертные произведения.

🎧 Комментарий по поводу *Coffret de l'intégrale*: 9 CD, 207 песен).

Это не собрание сочинений, не шкатулка с моими песнями — это мой саркофаг!

Честно говоря, не очень-то хочется все это переслушивать. Вообще, сейчас, испорченный табаком и крепким алкоголем, мой голос мне нравится куда больше, чем в былые годы.

УСПЕХ, ПУБЛИКА

Мне очень понравилось, как вы жонглируете словами в песнях.

Да, меня тоже забавляет мое умение говорить банальности, маскируя их оригинальными, необычными лексическими оборотами. Это довольно просто на самом деле, далеко ходить не надо.

Вы думаете, публике нравятся банальности?

Главное — понравиться не публике, а женщинам. Сначала аплодирует женщина, уже потом ее муж.

Влияет ли на вас публика во время выступления?

Да, если публика скверная, я становлюсь более агрессивным, и чем агрессивнее становлюсь я, тем хуже делается публика. Приходится определить, чего же ты хочешь: чтобы тебя любили или ненавидели. Во всяком случае, я вовсе не жду, что слушатели немедленно разразятся криками «Ура!».

Чтобы преодолеть страх перед публикой, я придумал беспроигрышный трюк: потребовал, что подсветка была как можно ярче... чтобы не видеть лиц в зале. Потому что там... там попадаются такие рожи!

Кабаре — это не настоящее. Публика, состоящая из снобов, аплодирует серьезным вещам, но не покупает пластинок. В мюзик-холле публика аплодирует легким штучкам и именно она покупает диски.

Вы говорите, что не ищете успеха, что если он приходит, то это не ваша заслуга, а просто случайность.

Однако же вы часто рассуждаете о деньгах, о различных вкладах, акциях, коммерческой выгоде...

Одно другому не мешает. Если бы у меня была паранойя на почве денег, то я бы уже заработал гораздо больше, уверяю вас, особенно учитывая то, сколько я пишу на заказ.

А кто ваши заказчики?

Мирей Матье, Франсуаза Харди...

Я прекрасно сознаю пределы собственной стыдливости. Во времена, когда у Пиаф продавалось пятьсот тысяч пластинок, а я сидел на мели, я отказался написать для нее песни. Я отказался писать для Ива Монтана, так как у нас были идеологические расхождения. Отказался писать для Холлидэя, для других, чьи продажи шли отлично. Не стал компрометировать себя... На том моем уровне самосознания это выглядело бы смешно. Не хотел становиться в колонну.

Была скверная полоса, когда мировую сцену оккупировали маленькие рок-группы шестидесятых годов. А потом, в шестьдесят девятом, мы с Джейн выпустили несметное количество дисков, не могу даже точно назвать цифру, в том числе «Я тебя люблю, я тебя тоже нет».

Мне бы хотелось знать, почему вы так резко поменяли свой стиль?

Мне кажется, что у большинства французов аллергия на современный джаз и они не хотят его слушать. Поэтому я перестал их мучить и полностью посвятил себя поп-музыке.

Некоторые ваши песни стали хитами, известными на весь мир, это так?

Только одна песня, одна, надо быть скромным. Но одна моя песня действительно наделала много шуму.

И мелодика этой песни совершенно не соответствует ничему, что можно было бы обозначить традицион-

ным жанровым термином. Я имею в виду песню Je t'aime, moi non plus.

А я и не стремился к тому, чтобы эта песня «соответствовала», как вы говорите. Это «песня-проститутка», но особенная проститутка, шикарная, не с пригородных улочек. (*Смеется.*)

Удивительно, что эта песня стала номером один не только во Франции.

Также в Англии. Да, я не помню, чтобы подобное случалось хоть раз раньше. Это успех.

Успех, которого вы не ждали?

Да, я думал, что заработаю двадцать пять тысяч, а получил четыре миллиона. Неплохо. Извините, возможно, я циничен, но такая уж профессия — о прибыли не вспомнить нельзя. На самом деле это не цинизм, это реальность, экономический подсчет. Песня сделала мне целое состояние, а я этого и не ждал, я к этому не стремился. Это получилось само собой. Я написал эту песню, потому что она показалась мне самой красивой и эротичной, какую я когда-либо мог себе представить.

 В шестидесятых годах Францию накрыла волна музыкального движения под названием *Salut, les copains!* / «Привет, приятели!». Популярная молодежная музыка на какое-то время затмила творчество Гензбура, однако это было ненадолго. В отместку Серж Гензбур пишет песню *N'écoute pas les idoles* / «Не слушай идолов», и на музыкальном конкурсе 1965 года получает главную премию. Неожиданный триумф превращает Гензбура из странного, не всем понятного шансонье-экспериментатора в популярнейшего, модного певца.

Что значил для вас триумф 1965 года (песня Poupée de cire, poupée de son / «Кукла из воска, кукла из звука»?

Прежде всего сорок пять миллионов (*смеется*) и удовлетворение, конечно. Жаль только, что публике не нравится современный джаз. Я его очень люблю; по-моему, это удивительно эротичная музыка. Но я хочу нравиться публике и не стану ее мучить. Многие мои слушатели говорят, что я выгляжу циничным и претенциозным. Мне кажется, за это меня тоже любят. Ведь я создаю образ свободного, раскованного человека.

Знаете, я обожаю ночь, может, оттого, что раньше играл в барах. В темноте я чувствую себя куда более естественно и раскованно. А для того чтобы быть современным поэтом, или музыкантом, или художником, или композитором, надо выглядеть свободным. Только таких людей публика уважает. Сперва я думал, что меня полюбят таким, какой я есть. Но я ошибся. Застенчивый, сосредоточенный, ушедший в себя человек, певец никому не нужен. И мне пришлось несколько поработать над собой. В шестьдесят пятом году я стал создавать веселые танцевальные композиции вроде *Quand mon 6.35 me fait les yeux doux* / «Когда на меня нежно смотрит браунинг калибра 6.35».

Конечно, когда поешь, надо стараться, надо стремиться, чтобы исполнение было законченным и в какой-то степени театрализованным, отрепетированным, чтобы все движения были запланированными и точными, чтобы выступление было заранее отработано. Певцы, кажется, называют это «сделать последний бросок» или просто «поставить точку». Но мне, честно говоря, такой подход скучен. По-моему, это тоска...

Когда я пою, то отсутствием старания, расхлябанностью своей бросаю вызов публике. Ненавижу аплодисменты: по-моему, это устарело, никакого удовольствия от них не получаю. И вообще, надо сказать, что за многие годы карьеры я так и не смог избавиться от своей природной застенчивости. Например, я не могу в конце песни, как Брель, заорать во все горло, чтобы рухнул занавес, или учудить еще что-нибудь в этом роде... На самом деле, я считаю, что подобные действия не несут в себе особого смысла, так, демагогия...

Знаю, в реальности я не кажусь таким уж мечтательным, особенно после того, как выпустил этим летом альбом в стиле диско. Это была в чистом виде коммерческая операция с целью наварить денег. Цинично, конечно.

Вы считаете, что желание побольше заработать — цинизм?

Ну, не знаю. Успех этого альбома все лето вгонял меня в депрессию. Хотя я все предвидел заранее, собственно, я и рассчитывал на бешеный успех. Было, конечно, несколько неплохих песен, интересных по ритму, но в целом ужасно, совсем не мой стиль. И главное — журналисты так оживились, стали осыпать меня удивленными вопросами, я чуть с ума не сошел, уворачиваясь от них.

Нью-Йорк

В Нью-Йорке я часто хожу в картинные галереи, обожаю местные художественные собрания, они великолепны. Я сам много писал, когда жил там. Для меня это город-символ.

Нью-Йорк. Репетиция.

С. Г.: Я обожаю Нью-Йорк. Это самый лучший город. И музыканты здесь лучшие, мои любимые музыканты.

(Обращаясь к музыкантам.) А вы каким находите Гензбура?

МУЗЫКАНТЫ (*хором, смеясь*): Этого-то парня? Отличный парень!

ОДИН ИЗ МУЗЫКАНТОВ: Мы очень много работаем, чтобы достичь нужного результата. Обстановка потрясающая: сигаретный дым, аромат алкоголя, мы общаемся, слушаем друг друга, исправляем друг друга. Гензбур — перфекционист, он оттачивает каждую ноту, каждый жест, каждый такт тридцати песен, которые мы должны исполнить. Гений не останавливается, не прекращает импровизировать.

Париж

Люблю, чтобы у каждой вещи в доме было свое место. Не знаю, возможно, это следствие моих занятий живописью. Когда рисуешь, ведь очень важно правильно распорядиться пространством холста. Точно так же, кстати, и в музыке: надо уметь работать с музыкальным пространством, с формой, с ритмом, все должно быть подогнано идеально.

В доме каждый предмет дорог мне, каждый что-то значит, представляет для меня ценность, поэтому у всего должно быть свое место.

Вы живете с женой и детьми. Вам хватает места, пространство не уменьшается от присутствия большого количества людей?

Наоборот, мои дети — это своего рода волшебные генераторы творчества, они — мое вдохновение. Я чувствую, что с каждым днем они становятся все ближе ко мне. Мои дети — главное в жизни, ну и Джейн тоже не последнее место занимает. (*Смеется.*)

Месяц назад я закончил лечение. Боже, как оно меня изматывало. Это было совсем не весело. Когда вернулся домой, у меня возникло ощущение, что дома за это время все изменилось, как будто кто-то переставил мебель, поменял местами фотографии, даже яркость света казалась какой-то другой. Я даже испугался, что в доме есть кто-то посторонний. Я не из трусливых, просто храбрость для меня — это осознание опасности. Я сказал себе: «Здесь кто-то есть». И закрыл дверь на ключ. Я не позвонил ни в полицию, ни друзьям, я просто закрылся, и все. Внезапно я услышал голос наверху. У меня был газовый баллончик, и я сумел обезопасить себя. Ко мне в дом действительно проник человек, но это был не грабитель. Он просто хотел провести день в доме Гензбура. Он порылся в моих дисках, полежал в моей ванне, поспал в моей кровати. Он ничего не сломал в квартире, не нанес совершенно никакого ущерба.

🎧 Однажды в галерее на рю де Лилль Гензбур обратил внимание на странную статую. Это была скульптура Клода Лаланна «Человек с капустной головой» — совершенно обнаженный сидящий мужчина с вращающимся капустным кочаном вместо головы.

Я наткнулся на «Человека с капустной головой» в витрине галереи. Я возвращался к нему раз пятнадцать, потом, словно под гипнозом, толкнул дверь, выложил наличные и велел доставить фигуру ко мне домой. Поначалу она строила мне рожи, затем Человек с капустной головой оттаял и рассказал мне свою историю. Он был журналистом и скандально влюбился в девицу из парикмахерской, та оказалась достаточно смышленой, чтобы обманывать его с рокерами. Он пристукнул ее огнетушителем, мало-помалу впал в безумие, и его голова превратилась в кочан капусты.

КЛОД ЛАЛАНН: Я всего пять дней назад закончил эту скульптуру, и ее сразу купили. Я был рад, что вещь досталась Гензбуру, потому что мне очень нравилось то, что он делает. Позже он позвонил мне, чтобы спросить, позволю ли я поместить изображение статуи на обложке его нового альбома. Я, конечно, не возражал, и он в благодарность пригласил меня в студию звукозаписи, чтобы я мог послушать еще не вышедший альбом «Человек с капустной головой».

ДРУГИЕ

Фреэль

 Гензбур часто вспоминал о своем знакомстве с великой французской певицей Фреэль. Ей посвящена песня *Les petits paves* / «Мелкие неприятности», которую Гензбур исполняет переодетым в волка, и песня *La recette de l'amour fou* / «Рецепт сумасшедшей любви».

Уже в ту пору, в школе, я стал петь, много слушал Фреэль, с которой позднее мне удалось познакомиться. Она однажды пригласила меня в кафе — выпить по стаканчику. Помню, как шел по мокрому тротуару под дождем на встречу с ней.

Мне было лет девять-десять, и вот я повстречал Фреэль, она была необъятна. Она жила в двух шагах, в тупике Шапталь, возле театра «Гран гиньоль». Она прогуливалась по улице, в накидке, под мышками по пекинесу, а позади, метрах в пяти, на соответствующем расстоянии, как в армии, плелся жиголо. Я тащился домой из начальной школы, у меня на нагруднике был прикреплен почетный крест за хорошие оценки. Фреэль остановила меня, погладила по голове и сказала: «Какой славный мальчик! — Она меня просто не знала как следует. — Ты успеваешь в школе, вижу, у тебя крест. Пойдем, я тебя угощу»... Отчетливо помню эту сцену: это было на террасе кафе, что на углу Шапталь и Эннер. Она заказала себе графинчик красного, а мне дьябло-гренадин и тарталетку с вишнями! Первый контакт с шоу-бизнесом! Это было что-то, дама была сильна...

Борис Виан

Как-то вечером, в «Милорде», я увидел Бориса Виана. Я стойко перенес выступление этого типа, мертвенно-бледного в свете прожекторов, бросавшего ультраагрессивные тексты в лицо ошеломленной публике. В тот вечер я был сыт этим по горло. На сцене он выглядел так, будто объят галлюцинациями, притом галлюцинациями болезненными, доводящими до стресса. Злокачественный, язвительный тип. Услышав его, я сказал себе, что хочу сделать что-нибудь в этом вторичном жанре...

Первым, кто решился написать обо мне статью, был Борис Виан. Признаюсь честно, когда я увидел свое имя в газете, первое желание, которое возникло в моей голове, — броситься за стирательной резинкой и уничтожить статью. К сожалению, типографские чернила невозможно стереть, так что мне тоже пришлось сделаться неприкосновенным.

Борис пригласил меня к себе в Сите Верон, за «Мулен Руж». Он сказал мне, открывая сборник Кола Портера: «У вас та же просодия, те же приемы сдвигов и аллитераций».

Эдит Пиаф

🎧 В октябре 1962 года Гензбур принимал участие в праздновании 40-летия Реймона Дево, где и состоялось его знакомство с Эдит Пиаф.

Кажется, Пиаф спросила: «Кто этот юноша с гитарой? Это Гензбур? Говорили, он злой, но он держится вполне симпатично. Приведите его!» Я пожал ее руку, уже скрюченную артритом, она назначила мне встречу у себя, на бульваре Ланн. Квартира была совершенно пустой, она ненавидела мебель. Она попросила меня написать для нее несколько песен... А через некоторое время она умерла. Но что невероятно, так то, что Джейн (Биркин) тогда жила в том же доме, они могли бы встретиться! В то время в английском высшем обществе было принято отправлять дочек к богатым дамам в Париж — осваивать шитье, кружева, французский язык. И вот, в доме Пиаф наши дороги с Джейн скрестились.

 Шестнадцатилетняя Джейн заглянула в квартиру Пиаф, где проходило прощание с великой певицей. Там в это время находился и Гензбур, но тогда они не обратили внимания друг на друга.

Жюльет Греко

СЕРЖ ГЕНЗБУР: При нашей первой встрече я обмер от страха. Я оробел перед этой удивительно красивой женщиной. Мне нравилась ее надменность.

ЖЮЛЬЕТ ГРЕКО: Помню, как он впервые пришел ко мне, принес свои песни. Полное зеро! Он робел, он был в панике. У меня были очень красивые бокалы для виски — резной хрусталь. Я налила ему выпить, но у него тряслись руки, и бокал, выскользнув, разбился вдребезги!

ЖЮЛЬЕТ ГРЕКО: *Вы агрессивны?*
СЕРЖ ГЕНЗБУР: Да, есть немного.
Ж. Г.: *Почему?*
С. Г.: Для меня это укрытие.
Ж. Г.: *Что в мире вы ненавидите больше всего?*

С. Г.: Слабоумие.

Ж. Г.: *А что доставляет вам наибольшее удовольствие?*

С. Г.: Живопись.

Ж. Г.: *Это ваша единственная настоящая любовь?*

С. Г.: Да, единственная.

Ж. Г.: *Кто вы в собственных глазах?*

С. Г.: В настоящий момент не бог весть что — надежда.

Жак Брель

Весной 1959 года мы с Брелем гастролировали в провинции, играли в каких-то залах с жуткими фоно. Звук был ужасный, можно было все люто возненавидеть. Порой во время переездов Брель сажал меня в свою тачку — «понтиак» с откидным верхом — и выжимал сто пятьдесят километров в час. Так что ставкой в игре было, разобьемся ли мы всмятку или нет... В каждом городе у Бреля уже были свои фанатики — мне не слишком нравится слово «фан». Я отдавал себе отчет в том, что он разнесет весь барак. У двери гримерной толпы парней и еще больше девиц требовали автограф. Я пережидал в стороне, когда все закончится. Однажды в толпе мне бросилась в глаза девчушка лет тринадцати-четырнадцати, в ее взгляде было нечто возвышенное. Она, робея, подошла ко мне и сказала: «А я... я пришла из-за вас, месье Гензбур». Меня просто перевернуло.

Сейчас шесть утра, я только что вернулся, мы выступали с Брелем! Я рад, что засну в одиночестве в своем номере. Брель приволок с собой своих друзей, свои литании и добровольцев аккомпаниаторов-гитаристов. Я наконец остался один. Но какой вихрь, какой обаятельный парень! (*Тулуза, 24 марта 1959 г.*)

Мне никак не уразуметь произношение Бреля, но что удивительно — он живет лишь своим делом. Когда он не поет, то погружается в депрессию. В гримерной, за несколько минут до выхода на сцену, он прорабатывает гитарный аккомпанемент или пишет новые песни.

Боб Марли

Когда я сел за рояль, я понял, что это не шутка. Играть на пианино нелегко, нужен огромный профессионализм. Я питаю глубокое уважение к черным музыкантам, они часто пишут замечательные композиции, лаконичные, яркие. Со многими из них я дружу, например с Бобом Марли, он настоящий профессионал. Не знаю, где он черпает свое гениальное вдохновение.

Уитни Хьюстон

ВЕДУЩИЙ: *Дамы и господа, представляю вам Уитни Хьюстон и Сержа Гензбура, который сегодня специально для встречи с Уитни надел смокинг.*

СЕРЖ ГЕНЗБУР (*по-французски*): Вы прекрасно выглядите.

В. (*переводит*): Он говорит, что вы замечательно выглядите.

УИТНИ ХЬЮСТОН: Спасибо.

С. Г.: Она превосходна.

В.: Он говорит, что вы потрясающая.

С. Г.: Нет, я сказал, что она гений.

В.: Он говорит, что вы гений.

У. Х.: Спасибо.

С. Г.: Я хочу ее трахнуть.

В.: Он говорит, что вы очень красивая.

С. Г.: Дайте мне самому поговорить. (*На плохом английском*.) Я сказал, что хочу ее трахнуть.

В.: Да нет, не слушайте его, он говорит, что вы очень красивая.

У. Х.: Вы уверены, что он именно это говорит?

В.: Да. Он говорит, что хотел бы подарить вам цветочки.

С. Г.: Вовсе нет. Я сказал, что хочу ее трахнуть.

В.: Знаете, он иногда выпивает лишнего, так что не слушайте его.

С. Г.: Я не пил!

У. Х.: Вы уверены?

В.: Да какая разница, это его нормальное состояние, хоть пил, хоть не пил.

Катрин Денев

Отрывок концерта. На сцене Гензбур, Катрин Денев и ведущий.

Ведущий: Я вижу, что ради вас, мадам (обращаясь к Катрин Денев), Серж Гензбур сделал над собой усилие и надел смокинг. Этот костюм и правда делает вас, Серж, хоть немного похожим на мужчину. (Смеется.) К тому же он побрился.

Так что я абсолютно готов петь.

Замечательно. Сейчас будет исполнена песня под названием Dieu est un fumeur de havane / «Бог курит гаванские сигары», а так как это музыка из фильма «Я люблю тебя», в котором Серж Гензбур снимался вместе с Катрин Денев, то он согласился спеть дуэтом.

Да нет, это Катрин согласилась спеть со мной, а не я.

Примечания

Гензбур рассказывает о своей смерти

[1] Перевод сделан по изданию: *Gainsbourg* raconte sa mort. Entretiens avec Bayon (изд. Éditions Grasset & Fasquelle, Paris, 2001). Впервые текст был опубликован под названием Gainsbourg mort ou vices (изд. Éditions Grasset & Fasquelle, Paris, 1992).

[2] *Байон Бруно* (Bruno Bayon, р. 1951), журналист, с 1980 года музыкальный хроникер в газете «Либерасьон». Опубликовал интервью с Хабертом Селби-мл. «Селби из Бруклина» / *Selby de Brooklyn* (Christian Bourgois, 1983), а также книги «Лицеист» / *Le Lycéen* (quai Voltaire, 1987), *Les «Animals»* (Grasset, 1990, отмечен премией Interallie), «Серж Гензбур, мертвый или живой» / *Serge Gainsbourg mort ou vice* (Grasset, 1992), «Сторожевая дорога» / *La Route des gardes* (Grasset, 1998), «Неподвижные страны» / *Les Pays immobiles* (Grasset, 2005).

[3] Люсьен Гензбюр (Lucien Guinsburg, 1928—1991) сменил имя и фамилию в самом начале своей эстрадной карьеры (1954). Имя *Serge* ему нравилось своим «русским» звучанием, а две добавленные гласные упрощали французское написание фамилии: Gainsbourg = *Gain* (выигрыш) + *bourg* (город).

[4] *Ив Монтан* (Yves Montand, наст. имя Иво Ливи / Ivo Livi, 1921—1991), французский киноактер, певец. Монтан был знаком с Гензбуром; они вместе снимались в фильме *Mister Freedom* (реж. Уильям Клейн, 1969).

[5] *Жан-Поль Сартр* (Jean-Paul Sartre, 1905—1980), французский писатель, философ, проповедник феноменологической онтологии и атеистического экзистенциализма («Бытие и ничто», 1934), а позднее препарированного марксизма («Критика диалектического разума», 1960). Автор романов («Тошнота», 1938; «Дороги свободы», 1945—1949), рассказов («Стена», 1939) и пьес-притч («Мухи», 1942; «Грязные руки», 1948; «Дьявол и Господь Бог», 1951). Основатель и руководитель журнала «Ле Тан модерн» / *Les Temps modernes*. Газета «Либерасьон»/ *Libération*, которую он основал в

1973 году, чтобы «предоставить слово народу», в настоящее время находится под контролем финансового магната Эдуарда Ротшильда.

6 *Марианна Фэйтфулл* (Marianne Faithfull, р. 1946), английская певица и актриса. Записывалась с *Rolling Stones* и *Pink Floyd*, играла более чем в 20 фильмах. Снялась вместе с Гензбуром в фильме *Anna* (реж. Пьер Коральник, 1967). Исполняла песни Гензбура; в 1967 году записала сингл с его песней *Hier ou demain* / «Вчера или завтра».

7 Восклицание «оуе!» восходит к средневековым кличам глашатаев, возвещавших о важных новостях.

8 *Борис Виан* (Boris Vian, 1920—1959), французский писатель, певец, музыкант. Получил скандальную известность после публикации романа, написанного под псевдонимом Вернон Саливен, — «Я приду плюнуть на ваши могилы» / *J'irai cracher sur vos tombes*, который стал поводом для судебных разбирательств. Автор песен, пьес, рассказов и романов, совмещающих абсурд и фантастику, черный юмор и пародию. С 1952 года член Патафизического колледжа, Живодер 1-го класса, Выдающийся Подрядчик Ордена Большого Гидуя, Трансцендентальный Сатрап, президент Чрезвычайной Комиссии Облачения. В 1958 году в газете *Canard enchaîné* Виан пишет хвалебную рецензию на пластинку Гензбура, а через год они знакомятся лично.

9 *Диоген* (Диоген Синопский, ок. 400 — ок. 325 до н. э.), древнегреческий философ-киник. Практиковал крайний аскетизм, доходящий до эксцентричного юродства. Называл себя гражданином мира (космополитом). По преданию, жил в бочке.

10 *Гонзаг Сен-Брис* (Gonzague Saint-Bris, р. 1948), писатель, историк, журналист. Был главным редактором «Фигаро», ведущим на радио, директором по развитию издательского концерна «Ашетт Филипаччи Медиа», директором-совладельцем журнала «Femme».

11 *Рита Мицуко* (Rita Mitsouko), французский рок-дуэт (Катрин Ренже / *Catherine Ringer* и Фред Шишен / *Fred Chichin*), выступающий с конца 1970-х годов.

12 *Ален Башунг* (Alain Bashung, р. 1947), французский рок-музыкант и композитор, поэт «денди», выступающий с 1960-х годов. Восторженный поклонник Гензбура. Пластинка *Play Blessures* с песнями Сержа Гензбура в исполнении Башунга выходит в 1982 году.

¹³ *Изабель Аджани* (Isabelle Adjani, р. 1955), французская актриса театра и кино, певица. На эстраде дебютировала под руководством Сержа Гензбура: в 1974 году он помог ей записаться в телешоу *Rocking Chair*. В 1983 году выходят три пластинки его песен в ее исполнении: долгоиграющая *Isabelle Adjani* и два сингла: *Beau oui comme Bowie* и *Pull Marine*, занявший первое место в хит-параде и легший в основу видеоклипа Люка Бессона. Аджани — единственная актриса, получившая четыре премии «Сезар» за лучшую женскую роль. Участвовала в рекламных кампаниях мыла «Lux», стирального порошка «Woolite», автомобиля «Renault» и носков «GAP».

¹⁴ *Ги Беар* (Guy Béart, р. 1930), французский певец-шансонье. В конце пятидесятых выступал вместе с Гензбуром (совместные гастроли по Франции и Италии в 1959 году).

¹⁵ *Poutrape* — неологизм, составленный из *pou* («вошь») и *trappe* (зд. «западня», но еще и «рот»).

¹⁶ *Мишель Дрюкер* (Michel Drucker, р. 1942), репортер и спортивный комментатор (ORTF, TF1), ведущий популярных развлекательных программ «Елисейские поля», «Звезды 90-х», «Кинозвезды», «Забавные звезды», «Празднуем праздник!» и т. д. Автор семи книг, одного фильма.

¹⁷ В 1986 году Мишель Дрюкер приглашает Гензбура на программу «Елисейские поля» и представляет его Уитни Хьюстон. Именно ей он и говорит: «I'd like to fuck you» (см. с. 14 наст. изд.).

¹⁸ «Никелированные ноги» / *Pieds Nickelés*, многосерийные приключенческие комиксы, чья оригинальность заключалась в отсутствии морализаторства и использовании разговорного языка и жаргонной лексики. Создавались несколькими поколениями художников: с 1908 года (в журнале *l'Epatant*) Луи Фортоном; с 1934 года — Аристидом Перре; с 1948 года — Рене Пеллареном по прозвищу Пеллос.

¹⁹ Отсылка к французскому фильму «Цыган» (*Le Gitan*, 1975, реж. Жозе Джиованни / José Giovanni), в котором Ален Делон исполняет роль главаря банды и народного мстителя, или аллюзия на песню *Mon pot' le gitan* / «Мой кореш Цыган» (1954, слова Жака Верьера / Jaques Verrière, музыка Марка Эйраля / Marc Heyral).

²⁰ *Ежи Косински* (Jerzy Kozinski, 1933—1991), американский писатель польского происхождения, автор романизированной автобиографии «Раскрашенная птица» (1964).

[21] *Вэнс Тэйлор* (Vince Taylor, 1939—1991), американский музыкант из рок-группы *Playboys.*

[22] *Клаус Кински* (Klaus Kinski, наст. имя Клаус Гюнтер Накшински /Nikolaus Günter Nakszynski, 1926—1991), киноактер польского происхождения. Наиболее значительные роли Клаус Кински сыграл в фильмах режиссера Вернера Херцога, где ярко проявилась актерская индивидуальность, которой свойственна подчеркнутая, на грани психопатологии, эмоциональность. В жизни Кински культивировал эпатаж и скандальное поведение.

[23] «Вы арестованы» *(англ.).*

[24] *Вуди Аллен* (Woody Allen, наст. имя Аллен Стюарт Кенигсберг /Allen Stewart Königsberg, р. 1935), американский актер, режиссер, сценарист. Возможно, имеется в виду фильм «Сыграй это еще раз, Сэм» / *Play it Again, Sam* (1972, реж. Herbert Ross / Герберт Росс), в котором Вуди Аллен участвовал как сценарист и актер.

[25] *Манаус,* город в Бразилии.

[26] Эта пластинка была выпущена в 1987 году.

[27] *Майлс Дэвис* (Miles Davis, 1926—1991), американский трубач, оказавший огромное влияние на развитие джазовой музыки, гениальный популяризатор таких новых направлений, как кул-джаз и джаз-рок. Пластинка Майлса Дэвиса *You're under arrest* вышла в 1985 году.

[28] Неологизм Гензбура, образованный от частицы отрицания *an-* (ср. *ан-архия,* т. е. «без-властие», «без-началие», или *ан-альгия,* т. е. «отсутствие болевого чувства») и существительного *amour* («любовь»).

[29] *Траппист,* член католического монашеского ордена цистерцианцев, проповедовавших траппу, то есть бедность и крайний аскетизм.

[30] *Фокас,* денди, сноб, чье имя стало нарицательным после романа «Господин Фокас» / *Monsieur Phocas* (1895) Реми де Гурмона / Remy de Gourmont и романа «Герцог де Френез, господин Фокас» / *Le duc de Fréneuse, Monsieur Phocas* (1901) Жана Лорэна / Jean Lorain.

[31] Обыгрываются имена персонажей сатирического романа Гюстава Флобера «Бувар и Пекюше» / *Bouvard et Pécuchet* (1880).

[32] См. примеч. 59.

[33] *Дон Жуан,* легендарный персонаж испанского происхождения. Ловкий и коварный обольститель впервые появ-

ляется в произведении Тирсо де Молина «Севильский озорник, или Каменный гость» (1625). Порождает целый ряд литературных и художественных произведений, как, например, комедию Мольера *Dom Juan ou le Festin de pierre* (1665) или оперу Моцарта *Don Giovanni* (1787).

[34] Игра слов, основанная на аллитерации и акрофонической перестановке: Gainsbourg se barre (Гензбур сваливает) и Gainsbarre se gourre (Гензбур ошибается).

[35] *Алан Вега* (Alan Vega, р. 1948), английский певец из панк-группы *Suicide*.

[36] «Новая волна» (*англ.*).

[37] *Роберт Смит* (Robert Smith), английский гитарист из постпанк-группы *The Cure*.

[38] *Жерар Мансе* (Gérard Manset, р. 1945), французский рок-музыкант, певец, композитор.

[39] *Орсон Уэллс* (Orson Welles, 1915—1985), американский актер и режиссер, неподражаемый мастер мизансцены и монтажа, создатель эпохальных картин «Гражданин Кейн» / *Citizen Kane* (1941) и «Процесс» / *The Trial* (1962), экранизаций *Macbeth* (1948) и *Othello* (1952) и детективов «Дама из Шанхая» / *The Lady from Shanghai* (1948), «Тайное досье» / *Confidential report* (1975).

[40] «Суицид» / *Suicide*, название первой пластинки (1977) и одноименной группы, которую в начале 1970-х основали Алан Вега и Мартин Рэй. Из-за имиджа городских бродяг, нигилистских текстов, провокационного стиля в духе Уорхолла и *Velvet Underground* дуэт часто ассоциируется с ньюйоркским панком (*Television, Richard Hell, Ramones, Dictators* и др.); оказал влияние на техно-поп 1980-х (*Depeche Mode, Soft Cell, Gary Numan*).

[41] Непонятно, действительно ли Серж Гензбур ездил на машине с красным номером, который разрешен исключительно для дипломатических машин.

[42] *Жак Дютрон* (Jacques Dutronc, р. 1943), французский киноактер и певец. Дебютировал как гитарист у Эдди Митчела, позднее начал сам сочинять песни, получившие признание благодаря ярким сатирическим текстам, например «Кактус», «400 миллионов китайцев, а я, а я, а я?». Снимался у таких режиссеров, как Годар, Пиала, Шаброль, Моки, Жулавски. Первое сотрудничество с Гензбуром датируется 1972 годом; в 1980-м Гензбур пишет для Дютрона целую пластинку *Guerre et pets*.

⁴³ *Барбес* (Barbes), район в XVIII округе Парижа, знаменитый большим количеством секс-шопов и кинозалов для показа порнографических фильмов.

⁴⁴ *Сид Вишес* (Sid Vicious, наст. имя Джон Ритчи / John Ritchie, 1957—1979), английский музыкант из панк-группы *Sex Pistols*. Умер от передозировки героина. Панковский термин «Сид Вишес» — по имени басиста этой группы, наркомана-убийцы, погибшего от передозировки, — обозначает запрограммированный «передозняк», эдакий финальный суицидальный фейерверк, путем введения мощнейшей дозы сильного наркотика после добровольной абстиненции в течение приличного промежутка времени (дней десять).

⁴⁵ *Жерар де Нерваль* (Gérard de Nerval, 1808—1855), французский писатель, автор поэтических произведений, уводящих в мир видений и мифологических ассоциаций, которые иногда принимают космический масштаб (сб. сонетов «Химеры» или роман «Исповедь Никола»). По одной из версий, покончил с собой.

⁴⁶ Искаженная строчка из стихотворения «Сознание» (цикл «Легенда веков») В. Гюго: «Глаз был в могиле и смотрел на Каина».

⁴⁷ Мадам Ольга Гинзбург скончалась 16 марта 1985 года.

⁴⁸ *Октав Мирбо* (Octave Mirbeau, 1848—1917), французский писатель, автор романов «Голгофа» / *Le Calvaire* (1886) и «Аббат Жюль» / *L'abbé Jules* (1888), соединявших психологический трагизм и фрейдистскую тематику, а также рассказа «Себастьен Рок» / *Sébastien Roch* (1890), повествующего о судьбе подростка, изнасилованного священниками-иезуитами. Особенно скандальными стали произведения, нарушающие правила реалистического правдоподобия и условности лицемерной морали: *Jardin des supplices* / «Сад пыток» (1899), *Journal d'une femme de chambre* / «Дневник горничной» (1900), экранизированный Л. Бюнюэлем, и *Les vingt et un jours d'un neurasthénique* / «Двадцать один день из жизни неврастеника» (1901). Не менее известен и своими провокационными сатирическими пьесами «Дела есть дела» / *Les affaires sont les affaires* (1903) и «Очаг» / *Le Foyer* (1908). Необычно новаторский по форме спектакль «Фарсы и морали» / *Farces et moralités* (1904) выражает протест на языковом уровне, предвосхищая театр Ионеско.

⁴⁹ *Джон Леннон* (John Lennon, 1940—1980), английский музыкант, поэт, художник, гитарист и певец из группы *Beatles*. Был убит фанатичным почитателем.

[50] *Страсбургские события* — 4 января 1980 года во время концерта военные и ветераны вели себя крайне агрессивно по отношению к Гензбуру из-за его песни *Aux armes et cetera* / «К оружию и так далее», которая представляет собой аранжировку «Марсельезы» (государственного гимна Франции) в стиле рэггей. Пластинка *Aux armes et cetera* вышла в 1979 году.

[51] Песня *Nostalgie camarade* впервые фигурирует в пластинке *Ecce Homo* (1981), песня *Juif et Dieu* — в пластинке *Mauvaises Nouvelles des Etoiles* / «Плохие звездные новости» (1981).

[52] *«Размажем падлу»*, угроза «On va le crever, ordure» созвучна известному девизу Вольтера «Ecrasez l'infame» («Раздавите гадину») в адрес Католической церкви.

[53] 1973 год.

[54] *Андре Глюксман* (André Glucksman, p. 1937), философ, эссеист, маоист, участник майских событий 1968 года, автор полемических, а иногда и скандальных статей и книг (поддержка советских диссидентов в 1970-е годы, параллель между нацизмом и коммунизмом; одобрение военных действий против Саддама Хуссейна и интервенции НАТО в Югославии, поддержка чеченских сепаратистов, осуждение путинской политики).

[55] *Гольдман*, вероятно, имеется в виду сводный брат эстрадного певца Жан-Жака Гольдмана, Пьер Гольдман (1948—1979), писатель, автор романа «Мрачные воспоминания польского еврея, родившегося во Франции», активист леворадикального движения; был главным обвиняемым по делу об ограблении в 1969 году, приговорен к пожизненному заключению, но после пересмотра дела оправдан. Был убит через четыре года при невыясненных обстоятельствах; убийство взяла на себя правоэкстремистская группировка «Честь Полиции».

[56] *Соколов, Evguénie Sokolov* / «Евгени Соколов», название книги Сержа Гензбура (Gallimard, 1980) и одноименной песни с пластинки 1981 года.

[57] У Гензбура было два сына (Поль, p. 1968; Лулу, p. 1986) и две дочери: старшая Наташа (p. 1964) — от второй жены Франсуазы-Антуанетты Панкрацци; младшая Шарлотта (p. 1971) — от Джейн Биркин. Возможно, третья дочь — это Кейт (p. 1967), ребенок Джейн Биркин от первого брака с Джоном Бэрри.

[58] *Блез Паскаль* (Blaise Pascal, 1623—1662), французский математик, физик, философ и писатель. Религиозно-философское мировоззрение, сформировавшееся под влиянием янсе-

низма, отражено в шедеврах французской классической прозы: «Письма к провинциалу» / *Provinciales* (1656—1657) и «Мысли» / *Pensées* (опубл. 1669). Посмертная маска хранится в библиотеке Пор-Руаяля.

[59] *Дада* (дадаизм) / *dada* (*dadaïsme*), художественно-литературное движение протеста против снобизма и буржуазности, характеризующееся эстетическим террором и диктатурой абсурда, профанацией идей и идеалов, с непременными провокациями и скандалами. Началом движения принято считать основание в Цюрихе «Кабаре Вольтера». Основные популяризаторы в Швейцарии (1915—1919): поэт Тристан Тцара (наст. имя Сами Розеншток), скульптор Ганс (Жан) Арп, поэты Хуго Балл и Ришар Хюльзенбек, художник Марсель Янко, режиссер Ганс Рихтер; в Нью-Йорке (1915—1920): художники и поэты Марсель Дюшан, Франсис Пикабиа, фотограф Ман Рэй; в Берлине (1917—1923): Георг Грос, Раул Хаусман; в Кёльне (1919—1921): художник Макс Эрнст; в Ганновере: Курт Швиттерс. В Париже (1920—1923) движение приходит к своему апогею, а затем — параллельно с усилением конкурирующего сюрреализма — идет на спад.

[60] *Поль Верлен* (Paul Verlaine, 1844—1896), французский поэт-декадент, один из т. н. проклятых поэтов. Друг Рембо. Его поэтический стиль отличается странным соединением задушевно-певучей простоты, лирической музыкальности («Добрая песня» / *La Bonne Chanson*, 1870; «Романсы без слов» / *Romances sans paroles*, 1874) с болезненным надломом, душевным смятением («Далекое и Близкое» / *Jadis et Naguère*, 1884, «Параллельно» / *Parallèlement*, 1889).

[61] *Артюр Рембо* (Arthur Rimbaud, 1854—1891), французский поэт-бунтарь, бродяга, солдат, дезертир, предположительно торговец оружием. Друг Верлена. Его имя связывается с яркой поэзией, рожденной обострением всех чувств благодаря «алхимии языка»: он описывает «бредовые видения» в поэтических сборниках «Пора в аду» / *Une saison en enfer* (1873) и «Озарения» / *Illuminations* (1886).

[62] «Она играла со своей киской» / *Elle jouait avec sa chatte*, начальная строчка стихотворения «Женщина и киска» из первой книги Верлена «Сатурналии» (1866). Во французском языке слово *chatte* («кошка» или «киска») означает еще и женский половой орган.

[63] *Франсис Пикабиа* (Francis Picabia, 1879—1953), французский художник кубинского происхождения, чья манера

развивалась от постимпрессионизма к кубизму и *дада*. Его акварель «Каучук» (1909) расценивается как начало абстрактного искусства. В 1913-м в Нью-Йорке присоединяется к авангардной группе А. Штиглица и издает совместно с Марселем Дюшаном и Ман Рэем предвосхищавший *дада* литературно-художественный журнал «291», в 1916 году, уже в Барселоне, — «391», а в 1920 году в Париже — «Cannibale». Активный участник дадаистского движения. Коллекционируя машины, разорился и был вынужден «штамповать» большое количество картин на продажу, зачастую черпая вдохновение в порнографических журналах.

[64] *Гюисманс* (Joris-Karl, или Georges Charles Huysmans, 1848—1907), французский писатель, чье творчество развивается от натуралистических тенденций («Сестры Ватар» / *Les Soeurs Vatard*, 1879) к декадентскому аристократизму. Автор одного из самых изысканных и причудливых произведений конца века «Наоборот» / *A rebours* (1884) и психологическо-мистического романа «Там» / *Là-bas* (1891).

[65] *Жак Риго* (Jacques Rigaut, 1898—1929), «элемент внутреннего разложения Дада», автор тезисов о смерти и самоубийстве, искатель «юмора в абсурде повседневности» с помощью героина, коллекционер спичечных коробков, пепельниц, стаканов и прочих мелких предметов, украденных в кафе по всему миру, а также пуговиц, которые он срезал маникюрными ножницами с костюмов своих собеседников. Исполнитель главной роли в фильме *Emak Bakia* (реж. Ман Рэй, 1926). Покончил жизнь самоубийством.

[66] *Жак Ваше* (Jacques Vaché, 1896—1919), «воплощение» духа *дада*, инициатор провокационных акций (размахивание пистолетом — по некоторым свидетельствам, пальба — на премьере пьесы Аполлинера «Сосцы Тиресия»), автор посмертно опубликованных «Военных писем» / *Lettres de guerres*, оказавший сильное влияние на Бретона. Умер от передозировки.

[67] *Артур Краван* (Arthur Cravan, наст. имя Fabian Avenarius Lloyd; 1887—1918), племянник Оскара Уайльда, боксер, литератор. Входил в круг Г. Аполлинера, П. Пикассо, М. Жакоба. Единственный издатель и единственный редактор журнала «Сейчас» / *Maintenant* (с 1912 по 1915 год вышло всего 5 номеров). Герой скандальных акций в Париже, Нью-Йорке и Барселоне (так, однажды, предварительно объявив о своем публичном самоубийстве, вошел в битком набитый зал, обвинил собравшихся в вуайеризме и зачитал трехчасовую лекцию

об энтропии; в другой раз, на балу в окружении декольтированных дам, принялся разбрасывать свое грязное белье). В 1915 году организовал в Барселоне легендарную боксерскую встречу с чемпионом мира Джеком Джонсоном. Задумал в одиночку переплыть Атлантику на лодке и пропал в Мексиканском заливе. Тело так и не было найдено.

⁶⁸ *Понтий Пилат* (Pontius Pilatus, I в.), римский наместник, прокуратор Иудеи с 26 по 36 год. Умывал руки. Согласно новозаветной традиции, приговорил к распятию Иисуса Христа.

⁶⁹ *Картье*, марка ювелирных украшений по имени швейцарского ювелира Cartier.

⁷⁰ Игра слов: *pine* — «терн», «шип», но еще и «хуй».

⁷¹ «Человек с капустной головой» / *L'homme à tête de chou*, статуя работы скульптура Клода Лаланна, которую Гензбур приобрел в начале семидесятых (см. с. 249 наст. изд.). Отсюда название песни и одноименного альбома Гензбура, записанного в Лондоне в 1976 году.

⁷² *Джин Сиберг* (Jean Seberg, 1938—1979), американская актриса. Дебютировала в фильме Отто Премингера «Жанна д'Арк» (1958). Роль в фильме Жан-Люка Годара *Au bout du souffle* «На последнем дыхании» (1959) сделала из нее звезду «новой волны». Вместе с Гензбуром снималась в фильме «Соус по-караибски» / *Estouffade à la Caraïbe* (реж. Жак Бенар, 1965).

⁷³ *...длиной в сорок пять сантиметров (sic!)...* — Смешная опечатка или неудачная шутка?

⁷⁴ Речь идет о Растафари Маконнене Хаиле Салассье, Негусе, «Императоре, Царе царей», предположительном потомке Соломона и царицы Савской, и о Джа из афроцентристской растаманской мифологии.

⁷⁵ *Иона*, библейский персонаж из текста IV в. до н. э., который традиционно включается в свод пророческих книг Ветхого Завета. Согласно легенде, Иона прожил три дня в чреве кита.

⁷⁶ *Пиноккио* и *Геппетто*, персонажи народной итальянской сказки об ожившей деревянной кукле.

⁷⁷ Игра слов на полисемии: существительное *pain* («хлеб», *pain bénit* — «освященный хлеб», «просфора», «антидор») на арго может употребляться в значении «попка»; *soupe* («суп», «хлеб, вымоченный в бульоне») — в значении «моча» или «сперма».

⁷⁸ Игра слов на полисемии: *os* («кость») может употребляться в значении «доза крэка», т. н. *caillou* («камушек»).

[79] *Эмиль Золя* (Emile Zola, 1840—1902), французский писатель, глава натуралистической школы. Предложил научное описание социальных и индивидуальных фактов, в котором огромное значение придается материальным предпосылкам человеческих поступков. Автор цикла романов «Ругон-Маккары» / *les Rougon-Macquart* (1871—1893), а также критических статей по литературоведению и искусствоведению. Роман «Нана» / Nana, повествующий о развратной куртизанке в деградирующем обществе, был опубликован в 1880 году.

[80] Никаких упоминаний об этой книге найти не удалось.

[81] «Фальшивомонетчики» / *Les Faux-Monnayeurs* (1926), роман Андре Жида (1869—1951), известного французского писателя, лауреата Нобелевской премии. Его творчество проникнуто страстными поисками свободы (*Les nourritures terrestres* / «Земная пища») и откровения (*L'Immoraliste* / «Имморалист»). Одним из первых осмелился обличить произвол сталинизма в книге *Retour de l'U. R. S. S.* / «Возвращение из С. С. С. Р.» (1936).

[82] *Брижит Бардо* (Brigitte Bardot, p. 1934), французская киноактриса. Получила известность после фильма Роже Вадима *Et Dieu créa la femme* / «И Бог создал женщину» (1956), снималась во многих фильмах, воплощая один и тот же архетип игривой и капризной женщины с «раскованной чувственностью». В 1986 году основала Фонд Б. Б. для защиты животных, который возглавляет до сих пор.

[83] *Реймон Руссель* (Raymond Roussel, 1877—1933), французский писатель, автор пьес, рассказов и романов. Наиболее известны фантастические *Locus solus* (1914) и *Impressions d'Afrique* (1910), для которых характерны языковые изыски и использование заранее заданных приемов письма. Придавал большое значение изучению механизмов построения литературных произведений, в частности формальной комбинаторики.

[84] *Лотреамон* (Lautréamont, наст. имя Isidor Dukasse; 1846—1870), французский поэт, автор сборника стихов в прозе «Песни Мальдорора» / *Chants de Maldoror* (1868—1869). Смело использовал тексты других авторов, поставив под сомнение такие понятия, как плагиат и заимствование. Избыточность романтических и гротескных образов, парадоксальность метафор делают из него предтечу сюрреализма.

[85] *Хуан Грис* (Juan Gris, наст. имя Vitoriano Gonzales; 1887—1927), испанский художник, кубист, уделявший боль-

шое значение композиции и структуре произведений, интересовавшийся позднее коллажами и синтетической живописью. Для регистрации своих первых песен (общество авторского права SACEM, 1965 год) Гензбур взял псевдоним Julien Gris.

[86] *Леттризм*, литературное движение, низводящее поэтический текст до одного звучания или графического изображения, одним из основателей которого был Изидор Изу, французский поэт румынского происхождения (р. 1925).

[87] Название песни и одноименной пластинки 1981 года.

[88] *Андре Шенье* (André Chenier, 1762—1794), французский поэт и публицист, автор элегий, предвосхитивших романтическую поэзию, и политических од, за которые и сложил — как в прямом, так и в переносном смысле — голову (был казнен якобинцами на гильотине).

[89] *Хосе Мария Эредиа* (José Maria de Heredia, 1842—1905), французский поэт, участник группы «Парнас», автор сборника сонетов «Трофеи»/ *Trophées* (1893).

[90] «Иисус Христос Расфуфыренный» / *Jesus-Christ rastaquouère* (Paris: Au Sans Pareil, 1920).

[91] *Эдгар Алан По* (Edgar Allan Poe, 1809—1849), американский писатель, классик фантастической новеллы (сб. «Гротески и арабески», 1840), родоначальник детективного жанра («Убийство на улице Морг», 1841; «Золотой жук», 1843), лирических произведений и предтеча формального литературоведения (знаменитый формальный анализ стихотворения «Ворон», 1845).

[92] *Луи Арагон* (Louis Aragon, 1897—1982), французский писатель, участник парижского движения *дада* и один из основателей сюрреализма. В 1919 году совместно с А. Бретоном и Ф. Супо основал журнал «Литература» / *Littérature*. Участник гражданской войны в Испании и французского Сопротивления. В 1927 году вступил в коммунистическую партию Франции, в 1954-м стал членом ее ЦК. Большой друг Советского Союза, лауреат международной Ленинской премии (1957).

[93] *Стефан Малларме* (Stéphane Mallarmé, 1842—1898), французский поэт-символист, оказавший огромное влияние на поэзию XX века, автор знаменитой поэмы «Бросок костей никогда не упразднит случая» (1897), чей чрезмерно усложненный синтаксис и полисемичность призваны передать «сверхчувственное» в поэзии.

[94] «*Я — имперский закат...*», строчка стихотворения Верлена «Истома» / *Langueur* из сборника «Далекое и Близкое» / *Jadis et Naguère* (1884).

[95] *«Bullshot» (англ.)* — Этот горячительный напиток традиционно составляется из следующих ингредиентов: водка, говяжий бульон, соль, черный перец, иногда несколько капель острого томатного соуса «табаско».

[96] *Ян Потоцкий* (Jan Potocki, 1761—1815), польский писатель, автор написанного по-французски фантастического романа «Рукопись, найденная в Сарагоссе» / *Manuscrit trouvé à Saragosse* (1804—1805). Лишил себя жизни весьма примечательным образом. На крышке его чайника красовался серебряный шарик; он отпиливал его ежедневно в течение трех лет (1812—1815); и вот как-то на заре, в результате более чем тысячедневного умышленного подпиливания, шарик отсоединился от чайника и, как созревший плод, упал в дуло пистолета, а меланхоличный писатель и любитель чая выстрелил себе в рот.

[97] *Сарданапал*, Ашшурбанипал (669 — ок. 633 до н. э.), легендарный ассирийский царь. Воевал с Египтом и Вавилонией. Вошел в историю как собиратель древних письменных памятников и чрезмерно мнительный монарх. Повсюду усматривая заговоры и измены, создал знаменитую разветвленную сеть шпионов, действующих внутри страны и за ее пределами. Дабы обезопасить себя, предпочитал превентивные и тотальные «зачистки». Так, опасаясь козней со стороны царей Элама (государство в нижнем течении Тигра), Ашшурбанипал уничтожил их вместе с семьями, подослав к ним наемных убийц. В другой раз приказал умертвить всех своих наложниц.

[98] 1 марта 1991 года Ирак капитулирует: конец третьей мировой войнушки; 2 марта Серж Гензбур умирает.

[99] *Мартин Кароль* (Martine Carole, 1922—1967), французская актриса, игравшая у Р. Клера, М. Офюлса, А. Ганса. В 1947 году, решив покончить с собой, бросилась с моста.

[100] Игра слов на омофонии: *content* («доволен», «удовлетворен») = *con* («дурак», «придурок», но еще и «пизда») и *temps* («время», «погода»).

[101] Игра слов на омофонии: *content* («доволен») = *comptant* («наличные»).

[102] *Джованни Джакомо Казанова* (Giovanni Giacomo Casanova, 1725—1798), итальянский писатель, автор фантастического романа «Икозамерон» (1788). В двенадцати томах «Мемуаров» (1791—1798) описывает свои многочисленные авантюрные и любовные приключения, дает язвительные оценки современникам и общественным нравам.

[103] См. примеч. 21 на с. 282 наст. изд.

[104] *Эпоха Мин*, китайская императорская династия (1368—1644), основанная Чжу Юаньчжаном.

[105] *Снупи* (Snoopy), собака Гензбура.

[106] *Франсуа Миттеран* (François Mitterrand, 1916—1996), политический деятель, первый секретарь социалистической партии, президент Франции (1981—1995).

[107] *Катрин Денев* (Catherine Deneuve, наст. имя Dorléac; р. 1943), французская актриса, прославившаяся после фильма Ж. Деми «Шербурские зонтики» (1964). Снималась вместе с Гензбуром в фильме Клода Берри «Я вас люблю» / *Je vous aime* (1980), участвовала в записи пластинки Гензбура *Souviens-toi de m'oublier* / «Не забудь меня забыть» (1981).

[108] *Аббат Пьер* (l'Abbé Pierre, наст. имя Henri Crouès / Анри Круэс; 1912—2007), священник и харизматичный общественный деятель, основатель ассоциации в пользу неимущих «Эммаюс», фонда аббата Пьера для бездомных, защитник прав сирых и обездоленных.

[109] «Пизда Ирэн» / *le Con d'Irène*, эротический роман Луи Арагона, опубликованный в 1928 году под псевдонимом Альбер де Рутизи / Albert de Routisie.

[110] *Томас Бернхард* (Thomas Bernhard, 1931—1989), австрийский писатель, поэт, автор романов, воспевающих саморазрушение: «Карьер» (1970), «Дыхание» (1978), «Спиленные деревья» (1984), «Старые метры» (1985), «Место героев» (1988).

[111] Название песни и одноименной пластинки Сержа Гензбура (1984).

[112] *Джейн Биркин* (Jane Birkin, р. 1946), английская певица, актриса. Получила известность после роли в *Blow up* М. Антониони (1967). Встретила Гензбура на пробах фильма Пьера Гринблата «Девиз» / *Slogan* (1968), записала с ним новую версию *Je t'aime moi non plus* (1969), которая и прославила вновь образованный творческий и супружеский дуэт, который сохранялся на протяжении 12 лет. Джейн Биркин записалась более чем на 20 пластинках Гензбура (в частности, *L'anamour*, 1969; *Cannabis*, 1970; *La Décadence*, 1971; *Di doo dah*, 1973; *Ex-fan des sixties*, 1977), снялась с ним в его же полнометражном фильме *Je t'aime moi non plus* (1976), сыграла с ним в шести короткометражных фильмах, родила от него дочь Шарлотту (1971) и была, по его словам, единственной женщиной, которую он любил.

[113] «Рэйбаны» (Ray-Ban), марка очень дорогих очков, символ показной роскоши, непременный атрибут модников суб-

городской культуры, преимущественно африканского происхождения.

[114] Кто автор? Конечно же, «божественный Маркиз», Донасьен-Альфонс-Франсуа де Сад (1740—1814), французский писатель, чье творчество — одновременно теория и иллюстрация садизма — выражает патологическую двойственность натуралистской и либеральной философии века Просвещения. Театральные описания пыток, убийств, изнасилований представляют нарочитую эротичность, сексуальную избыточность, но, по сути, низводят персонажей до биологических механизмов, что делает произведения если не утопическими, то абсолютно фантастическими. В 1772 году Сад был заключен в тюрьму по обвинению в разврате, но освобожден в 1790 году, во время Французской революции, что позволило ему напечатать написанный в заключении роман «Сто двадцать дней Содома» (1782—1785). Написанные позднее «Жюстина, или Несчастья добродетели» (1791) и «Философия в будуаре» (1795) были конфискованы при втором заключении, уже в лечебнице для душевнобольных, где автор провел одиннадцать последних лет своей жизни.

[115] Игра слов: в *perfo*, сокращенной форме *performance* («достижение», «рекорд») заключена аллюзия на *perforation* («перфорация», «пробой», «отверстие» и т. д.).

[116] *Фрэнсис Бэкон* (Francis Bacon, 1909—1992), английский художник, автор фигуративных работ с характерно яркой цветовой гаммой и безжалостной деформацией изображаемых персонажей.

[117] «Морщинисто, сумрачно щель лиловеет...» / *Obscure et froncé comme un oeillet violet*, начальная строка сонета Рембо под названием «Идол — сонет о заднице с дыркой» из цикла *Poèmes dans l'album éutique* (1871).

[118] «Pâle et rose comme un coquillage marin» / «бледно-розовый, как ракушка морская»; «Une négresse par le Démon sécouée» / «обуреваемая бесом негритянка»; «Avance le palais de cette étrange bouche» / «и приближает зев причудливого рта» — строки из стихотворения Бодлера в цикле «Новые Цветы Зла», напечатанного в сборнике *Le Parnasse contemporain* (1866).

[119] *Альфред Кинси* (Alfred Kinsey, 1894—1956), американский ученый, изучавший сексуальность в человеческой популяции, автор скандальных книг, снабженных статистическими данными: «Сексуальное поведение мужчины» (1948), «Сексуальные повадки женщин» (1953), «Ритуальные само-

убийства» (1954), основатель Научно-исследовательского института пола, гендерных проблем и размножения при Университете Блумингтон (Индиана). Самолично накладывал на себя руки путем вешания, правда частичного и без летального исхода: в петлю был затянут член — так Кинси протестовал против урезания финансирования своей университетской программы.

[120] *Боб Дилан* (Bob Dylan, наст. имя Роберт Циммерман; р. 1941), американский певец, гитарист и композитор, один из кумиров бунтующего поколения 60-х.

[121] *Микеланджело* (Michelangelo Buonarroti, 1475—1564), великий итальянский скульптор, художник, архитектор и поэт Возрождения.

[122] Иосиф Гинзбург и Ольга Бесман уехали из России в 1917 году.

[123] *Монмартр*, район на севере Парижа.

[124] Иосиф Гинзбург, профессиональный пианист, хорошо знал классическую музыку и страстно увлекался живописью. Он сумел привить эти увлечения сыну: научил его играть на рояле, после чего определил в художественную школу к преподавателям-постимпрессионистам Камуану и Пуи (в 1941 году мальчику было 13 лет).

[125] *Шарль Перро* (Charles Perrault, 1628—1703), французский писатель, автор знаменитых детских сказок.

[126] *Братья Гримм* (Якоб, 1785—1863; Вильгельм, 1786—1859), немецкие филологи, писатели, основоположники германистики и мифологической школы в фольклористике. Авторы знаменитых детских сказок.

[127] *Лукас Кранах* (Lucas Cranach, 1472—1553), немецкий живописец, график. Сочетал художественные принципы Возрождения с элементами готической традиции.

[128] *Пракситель* (ок. 390 — ок. 300 до н. э.), древнегреческий скульптор периода поздней классики.

[129] *Фидий* (V в. до н. э. — ок. 432 до н. э.), древнегреческий скульптор периода высокой классики.

[130] *Огюст Роден* (Auguste Rodin, 1840—1917), французский скульптор-импрессионист.

[131] *Эжен Делакруа* (Eugène Delacroix, 1798—1863), французский живописец, график, глава французского романтизма.

[132] *Доминик Энгр* (Dominique Ingres, 1780—1867), французский живописец, классицист, мастер композиции, строгого и изящного рисунка.

[133] *Андреа Мантенья* (Andrea Mantegna, 1431—1506), итальянский живописец и гравер раннего Возрождения, автор работ со строгой чеканной формой и визуальными эффектами.

[134] «Слюна на губах» / *L'eau à la bouche,* одна из самых известных ранних песен Гензбура (100 000 пластинок в 1960 году).

[135] *Рубенс* (Piter Paul Rubens, 1577—1640), фламандский художник, чья манера отличается барочным пафосом, ярким колоритом и пластичной выразительностью.

[136] *Роман Полански* (Roman Polanski, р. 1933), французский режиссер польского происхождения, автор ироничных фильмов, сделанных на пересечении традиционных жанров: «Отвращение» (1965), «Бал вампиров» (1967), «Ребенок Розмари» (1968), «Китайский квартал» (1974).

[137] *Льюис Кэрролл* (Lewis Carroll, наст. имя Чарлз Доджсон; 1832—1898), английский математик и писатель. Автор работ по логике («Символическая логика», 1896) и знаменитой книги «Алиса в Стране чудес» (1865), соединяющих фантастику, нонсенс и языковые игры.

[138] *Ганс Христиан Андерсен* (Hans Christian Andersen, 1805—1875), датский писатель, автор стихов, пьес, романов и сказок, в которых сочетается романтика и реализм, юмор и сатира: «Огниво», «Гадкий утенок», «Новое платье короля».

[139] Иллюстрированный журнал «Lui» в декабре 1974 года опубликовал десяток снятых Гензбуром фотографий с обнаженной Джейн Биркин. На одной из них Биркин позирует в наручниках.

[140] Речь идет о Брижит Бардо. *Initiales B. B.* / «Инициалы Б. Б.» — название биографической книги Б. Бардо и песни с пластинки Гензбура *Bonnie and Clyde* (1968).

[141] Брижит Бардо встречается с Гензбуром в 1966 году на съемках фильма М. Буарона *Voulez-vous danser avec moi?* / «Потанцуете со мной?»; пара переживает бурную, но недолгую связь. В этом же году Б. Б. исполняет две сочиненные для нее песни — *Harley Davidson* и *Contact;* на следующий год участвует в записи *Mister Sun* и скандальной *Je t'aime moi non plus* / «Я тебя люблю, я тоже нет». В 1968 году выходит пластинка *Bonnie and Clyde* с песнями Гензбура в исполнении Бардо.

[142] *Гунтер Закс,* немецкий промышленник, за которого Брижит Бардо вышла замуж в 1966 году.

¹⁴³ В 1969 году дуэт Гензбур—Биркин записал музыку к фильму *Slogan* / «Девиз» и пластинку «Анамур» / *L'anamour* с песней «Jane B.».

¹⁴⁴ Two bars, tree bars / You play that and I play that / Now you scream... You whisper / Four bars, eight bars / Now stop / Now that's me, now you (*англ.*) — Два бара, три бара / Ты играешь это, и я играю это / Вот ты уже воешь... Ты шепчешь / Пять баров, восемь баров / А теперь стоп / Теперь — я, теперь — ты.

¹⁴⁵ Игра слов: *it* — это; *hit* — хит (*англ.*).

¹⁴⁶ *David-son... son of a bitch* — игра слов: «Давидов сын... сукин сын». *Harley Davidson* — название пластинки С. Гензбура, выпущенной в 1966 году.

¹⁴⁷ *Джеймс Джойс* (James Joyce, 1882—1941), ирландский писатель, яркий представитель постмодернистской прозы. Особенную известность получил его роман «Улисс» (1922), полупародийно соотнесенный с «Одиссеей» Гомера. Художественный метод Джойса использует «поток сознания», пародию, стилизацию, заимствование, искажение и реактивацию мифов и символов в языкотворчестве, что приводит к созданию новой поэтики. «Письма к Норе» — эротически откровенные письма Джойса к своей жене, Норе Барнэйкл.

¹⁴⁸ Игра слов: *faux-cul* (досл. «фальшивая задница», т. е. «лицемер», «ханжа») и *focus* («фокус», «наведение на резкость»).

¹⁴⁹ Один из самых употребительных и распространенных во французском языке терминов *baiser* очень труден для перевода, поскольку не имеет совершенных аналогов в русском языке.

С первым значением все кажется простым: глагол *baiser* — традиционно означает «целовать», «лобзать», а существительное *baiser* — «поцелуй»: например, *baiser d'amour* — «любовный поцелуй», или *baiser de Judas* — «поцелуй Иуды». Отсюда близкие по смыслу однокоренные слова: *bise, bisou, baisement* (поцелуй сакрального предмета, например креста, папской туфли) и *baisemain* (поцелуй руки в знак почитания феодала или женщины).

Однако *baiser* означает еще и «совершить половой акт»: этот глагол менее уничижительный, чем случайно-бытовой «перепихнуться», более откровенный и чувственный, чем производные «драить», «пилить(ся)», «полировать(ся)», более разговорный и экспрессивный, чем нейтральные «иметь половые сношения», «заниматься любовью/сексом», более поэтичный, чем прозаический «совокупляться», биологический «спариваться» или дипломатический «сношать(ся)», но менее вульгарный, чем хамские «тыркать(ся)», «харить(ся)», «дрючить(ся)» и т. д., не говоря уже о совершенно табуируемых, т. н. нецензурных производных от корня еб- / ёб-. Совершенно неудовлетворительными оказываются и другие варианты, как, например, кальки с иностранных языков («факать(ся)» от *англ.* to fuck) или неологизмы («целовачить(ся)», «целуячить(ся)»). За неимением более удачного варианта, чем «трахать(ся)», мы вынуждены оставить французский термин без перевода.

[150] Возможно, имеется в виду игра слов, построенная на акрофонической перестановке: *les crapauds copulent* (жабы совокупляются) = *les copaux / les cops crapules* (щепки /копы подлые).

[151] Out of focus... fuck-yes... fuck youth... fuck us (*англ.*) — игра слов, основанная на омофонии.

[152] *Генри Миллер* (Henri Miller, 1891—1980), американский писатель, автор скандальных романов, где любовь может восприниматься как акт анархического бунта: «Тропик Рака» (1934), «Тропик Козерога» (1939).

[153] Игра слов: *code* («код», «шифр») и *gode* (сокр. *godemiché* — «искусственный член»).

[154] *Штук сто*, имеется в виду сто тысяч французских франков.

[155] *Мэрилин Монро* (Marilyn Monroe, наст. имя Норма Бейкер; 1926—1962), культовая американская киноактриса, архетип игривой и сексуальной блондинки.

[156] *Эдди Кошран* (Eddi Cochran, 1938—1960), американский певец в жанре рок-н-ролла и рокабилли, гитарист, в середине 60-х предвосхитивший то, что позднее стало панк-роком, и оказавший влияние на такие группы, как *Who* и *Blue Cheer*. Разбился насмерть во время дорожной аварии.

[157] Игра слов на ассонансе: название песни *Par hasard et pas rasé* может дословно переводиться как «случайно и небритый».

[158] *Жан Лорэн* (Jean Lorrain, наст. имя Paul Duval / Поль Дюваль; 1855—1906), французский писатель, автор романа «Господин Фокас» (1901).

[159] *Шарль Бодлер* (Charles Baudelaire, 1821—1867), французский поэт, критик, предшественник символизма, автор

сборника «Цветы Зла» / *Les Fleurs du Mal* (1857), в котором бунтарство сочетается с поисками гармонии, эстетизация порока — с мечтой об утопической чистоте. Песня Гензбура, названная *Baudelaire*, была записана на трех пластинках 1962 года: *N4*, *Les goémons* и *Catherine Sauvage chante Serge Gainsbourg*.

[160] *Ги де Мопассан* (Guy de Maupassant, 1850—1893), французский писатель, автор новелл и рассказов, изображающих чувственные развлечения.

[161] «Завивалось руно в разрезе сорочки» / *Ô toison moutonnant jusque...* — строчка из стихотворения Ш. Бодлера «Шевелюра» (1857).

[162] Арготическое слово *chibre* (от *араб.* «мера», «объем») употребляется в значении «член».

[163] *Сальвадор Дали* (Salvador Dali, 1904—1989), испанский художник, гравер и писатель, один из наиболее активных художников-сюрреалистов, знаменитый также своим эксцентричным поведением.

[164] *Церулеум*, голубая краска с зеленоватым оттенком.

[165] Туалет без унитаза, с дыркой в полу.

[166] «Тетрадь Пруста» / *Questionnaire de Proust*, речь идет об анкете «An Album to Record Thoughts, Feelings & etc» *(альбом для увековечения мыслей, чувств и т. д.)*, который Пруст находит в конце XIX века в альбоме своей приятельницы Антунетты, дочери будущего президента Франции Феликса Фора. В то время подобные анкеты (мой любимый цветок, мой любимый писатель, моя любимая музыка и т. д.) были очень популярны в аристократических семьях. Пруст отвечает на подобные анкеты несколько раз. Оригинальная рукопись его ответов 1890 года, названная «Марсель Пруст о себе», была найдена в 1924 году. В 2003 году она продана на аукционе за 102 000 евро.

[167] *Фон Штрогейм* (Erich Stroheim von Nordenwald, 1885—1957), американский режиссер и актер австрийского происхождения. В фильме Ж. Ренуара «Великая иллюзия» (1937) сыграл немецкого аристократа, летчика-аса, который после ранения был назначен комендантом лагеря для военнопленных. Из-за травмы носил фиксатор шеи.

[168] Смесь вина и мясного бульона.

[169] *Жорж Батай* (Georges Bataille, 1897—1962), французский писатель, чье творчество раскрывает механизмы эротики и навязчивый характер смерти, автор философских работ

и художественной прозы («Внутренний опыт», «Проклятая часть»).

[170] *Elephant Man*, фильм Д. Линча (1980).

[171] *Жорж Юне* (Georges Hugnet, 1906—1974), поэт, журналист, художник, издатель, принимал участие в движении *дада*, затем примкнул к сюрреализму в 1932 году, а в 1939-м был исключен Бретоном за то, что не выступил против исключенного ранее Элюара.

[172] *Андре Бретон* (André Breton, 1896—1966), французский писатель, один из основателей, глава, непримиримый идеолог и ревностный проповедник сюрреализма, который он иллюстрировал своими художественными и публицистическими произведениями: «Манифесты сюрреализма» (1924—1930), «Надя» (1928), «Безумная любовь» (1937).

[173] *Хуан Миро* (Joan Miro, 1893—1983), испанский художник и скульптор, экспериментатор автоматического письма в живописи, автор свободных по духу и ироничных абстрактных работ.

[174] *Пауль Клее* (Paul Klee, 1879—1940), швейцарский художник и теоретик, участник выставок «Голубого всадника», преподаватель в Баухаусе, автор работ, сочетавших абстракцию и сюрреализм и постоянно синтезирующих новые формы.

[175] *Жорж Руо* (Georges Rouault, 1871—1958), французский художник, яркий колорист, тяготевший одновременно к сатирическому и мистическому экспрессионизму.

[176] *Жорж Брак* (Georges Braque, 1882—1963), французский художник, один из активнейших зачинателей кубизма.

[177] *Пабло Руис Пикассо* (Pablo Ruiz Picasso, 1881—1973), испанский художник, скульптор, автор работ, которые знаменуют возникновение новых жанров (в частности, кубизм, неоклассицизм, абстракционизм).

[178] *Жак Дуайон* (Jacques Doillon, р. 1944), французский режиссер, с которым Джейн Биркин жила после разрыва с Гензбуром. Она снялась в его фильме *La Pirate* / «Пиратка» (1983).

[179] *Шарлотта Гензбур* (Charlotte Gainsbourg, р. 1971), дочь Сержа Гензбура и Джейн Биркин, киноактриса, певица. Снималась в фильме Гензбура *Charlotte for ever* / «Шарлотта навсегда» (1986), исполнила песни на одноименной пластинке.

[180] Действительно, существительное *putain*, кроме первого значения «проститутка», имеет еще и второе: «легкомыслен-

ная, аморальная, легко доступная женщина». Но Гензбур ошибается в датировке: во французском языке термины *pute / putain* отмечены уже в XII веке, а *prostituée* появляется только в XV столетии.

[181] Термин *fèces* означает «отстой», «осадок», «слив», но еще «экскременты», «фекалии».

[182] Игра слов на омофонии: *fèces* (см. выше) и *fesses* («ягодицы»).

[183] Игра слов на омофонии: *à dessein* («умышленно», «специально»)... *des seins* («груди»)... *dessin* («рисунок»)... *desseins noirs* («черные замыслы»).

[184] *NRF*, серия издательства Галлимар, основанная в 1911 году с целью сохранить в книжном формате наиболее интересные публикации журнала NRF (Nouvelle Revue Française).

[185] *Жан Жене* (Jean Genet, 1910—1986), французский писатель, автор частично автобиографических романов, стихов и пьес, повествующих о потерянном детстве и порочной юности, а также клеймящих лицемерие общества.

[186] *Мишель Симон* (наст. имя Франсуа Симон / François Simon; 1895—1975), французский актер швейцарского происхождения, завоевавший признание своим ироничным анархизмом. Играл в фильмах Ренуара, Виго, Карне.

[187] *Le sacré grand-père* / «Чертов дед» (реж. Ж. Пуатрено, 1968).

[188] *Фернанд Кнопф* (Fernand Khnopff, 1858—1921), бельгийский художник, скульптор, декоратор, испытавший влияние прерафаэлитов, символист и денди, один из основателей «Группы XX».

[189] *Эгон Шиле* (Egon Schiele, 1890—1918), австрийский художник, мастер экспрессионизма, автор работ, трактующих в напряженной, нервной манере тему эротики и смерти.

[190] Сокращенное название газеты «Либерасьон».

[191] I am the boy that can enjoy... invisibility (*англ.*) — «Я — парень, который может насладиться... невидимостью», строчка из песни *Love on the beat*.

[192] *Томас Манн* (Tomas Mann, 1875—1955), немецкий писатель, лауреат Нобелевской премии (1929). Автор романов, новелл, одна из которых, «Смерть в Венеции» (1913), была экранизирована Л. Висконти (1971).

В. Кислов

Из интервью разных лет

[1] *Мы с сестрой отправились в Ульгат...* — Родители С. Гензбура проводили пасхальные праздники в нормандском городке Houlgate на морском побережье. 22 апреля 1971 года Ж. Гензбур скончался от внутреннего кровотечения.

[2] *Шарль Трене* (Charles Trenet, 1913—2001), французский певец, автор множества песен.

[3] *Лео Ферре* (Léo Ferré, 1916—1993), французский певец, автор песен, актер.

[4] *Шарль Азнавур* (Charles Aznavour, псевдоним; настоящее имя Вахина́г Азнавуря́н, р.1924), французский певец и актер армянского происхождения.

[5] *Марсель Мулуджи* (Marcel Mouloudji, 1922—1994), французский актер, певец, автор песен.

[6] Сите дез Ар / *Cité Internationale des Arts*, дом творчества, расположенный в центре квартала Марэ в Париже, на улице l'Hôtel de Ville, 18. Основан в 1965 году при активном содействии Андре Мальро. 260 отдельных студий предоставляются на различные сроки художникам и музыкантам из различных стран мира. Там устраиваются многочисленные выставки и концерты.

[7] *Нана.* — Щенка породы бультерьер подарила Гензбуру Джейн Биркин в 1973 году на день рождения. Когда Нана в результате ошибки ветеринара погибла в 1978 году, Серж долго оплакивал эту потерю.

[8] *«Ниагара»* / *Niagara* (1953), психологический триллер режиссера Генри Хэттуэя, где снялись Мэрилин Монро, Джозеф Коттен, Джин Питерс, Кэйси Эдамс.

[9] См. примеч. 56 на с. 265 наст. изд.

[10] *«Сад наслаждений»*, одна из наиболее известных картин Иеронима Босха, изображение человечества, пойманного в ловушку своих грехов.

[11] *Его вопящие отвратительные изображения Папы Римского...* — Речь идет о нескольких картинах Ф. Бэкона, репликах на портрет Иннокентия X работы Веласкеса. Это цикл вариаций, которые называют сейчас «самым значительным образом в английском искусстве XX столетия». В одной из картин фигура Папы помещена в прозрачную кубическую конструкцию, здесь сохраняется композиционное и цветовое решение веласкесовского портрета, но его внутренняя напря-

женность подчеркнута пронзительным криком широко открытого рта.

¹² *Джек Пэланс* (Jack Palanc, 1919—2006), голливудский актер, игравший в боевиках и вестернах.

¹³ *Георг Кристоф Лихтенберг* (Lichtenberg, 1749—1799), выдающийся немецкий ученый и публицист. Гензбур высоко оценил его статью «О физиогномике и против физиономистов».

¹⁴ *Бруно Кокатрикс* (Bruno Coquatrix, 1910—1979), автор более трехсот песен, импресарио, владелец парижского зала «Олимпия», который теперь носит его имя. Он вывел на орбиту едва ли не всех звезд французской песни 1960—1970-х.

¹⁵ *...успех вашей песни...* — см. примеч. 27, 28 на с. 283 наст. изд.

¹⁶ *Женщины...* — Если говорить о женщинах в жизни Гензбура, то, несмотря на своеобразную внешность, в этом плане у него все складывалось более чем удачно. Красивые и знаменитые женщины — вплоть до секс-символа 1960-х Брижит Бардо — неизменно оказывались в его объятиях. Официально он был женат дважды: когда ему исполнилось 19 лет, он женился на Елизавете Левицкой, дочери русских аристократов-эмигрантов, второй его брак с княжной Голициной был весьма недолгим, однако от него остались двое детей: Наташа и Ваня. Детьми он всегда гордился, говорил, что дети — самые удачные его творения.

¹⁷ *Б. Б. напишет...* — *Bardot B.* Initiales B. B. Paris: Grasset, 1996.

¹⁸ *Квазимодо* — имеется в виду персонаж из романа В. Гюго «Собор Парижской Богоматери», безобразный горбун, служивший в церкви звонарем.

¹⁹ *Хэммингс Дэвид* (Hemmings David, р. 1941), британский киноактер, режиссер. Дж. Биркин снялась вместе с ним в фильме М. Антониони «Фотоувеличение» / *Blow up* (1966).

²⁰ «Бассейн»/*La Piscine*, фильм Жака Дерэ (1968), в котором снимались Ален Делон и Роми Шнайдер. Роль непорочной нимфетки досталась юной Джейн Биркин.

²¹ *Бамбу* (Bambou, наст. имя Каролине дон Паулюс, р. 1960), манекенщица, актриса, последняя спутница Сержа Гензбура, мать его сына Лулу (Люсьен Гинзбург, р. 1986).

²² *Аристид Брюан* (Aristide Bruant, 1851—1925), французский шансонье и писатель.

²³ «*Новая волна*» (*англ.* New Wave) — музыкальное направление, объединяющее различные жанры рок-музыки от

панк-рока до евро-попа, возникшие в конце 1970-х — начале 1980-х годов. Для направления характерны жесткий ритм, обильное использование синтезаторов, влияние ямайской музыки.

[24] *«Тентен»* — серия комиксов Эрже (Hergé), начала выходить в 1929 году.

[25] *«Бабар»* — популярные во Франции рисованные детские книги про слоненка Бабара Жана и Лорана де Брюнофф (первая книжка вышла в 1931 году).

[26] *Теперь вы производите для них леденцы...* — отсылка к известной песне Гензбура *Les sucettes* / «Анисовые леденцы», написанной для Франс Галь и ставшей европейским хитом.

[27] *Франс Галь* (France Gall, р. 1947), французская эстрадная певица, в 15 лет записавшая свой первый миньон. В 1965 году она представляла Люксембург на конкурсе «Евровидение» и победила, спев песню Сержа Гензбура *Poupée de cire, poupée de son.*

[28] *«Евровидение-1965»* — 10-й конкурс песни прошел 20 марта 1965 года в Италии, в Неаполе. Победа Франс Галь с песней Гензбура, по словам музыкального критика Бертрана Дикаля, означала, что Гензбур «навсегда вошел в Пантеон французской песни вместе Брассансом, Брелем, Монтаном».

[29] *Жюльет Греко* (Juliette Greco, р. 1927), французская певица, актриса. Ее называли молчаливой музой экзистенциализма.

[30] *Джонни Холлидэй* (Hollyday Johnny, наст. имя Жан-Филипп Сме, р. 1943), певец, один из музыкальных идолов Франции, снимался во множестве фильмов на протяжении последних пятидесяти лет — от фильма «Дьяволицы» (1955) до «Жан-Филипп» (2006). На протяжении своей музыкальной карьеры Джонни исполнил около восьмисот песен, совершил сотню турне, с десяток его дисков стали платиновыми.

[31] *Башунг Ален* — см. примеч. 12 на с. 260 наст. изд.

[32] Высказывание, приписываемое Виктору Гюго, в действительности звучит несколько иначе: *Défense de déposer de la musique au pied de mes vers.*

[33] *Арт Тэйтум* (Art Tatum, 1909—1956), один из первых джазовых солистов-виртуозов.

[34] *Жорж Брассанс* (Georges Brassens, 1921—1981), французский певец, композитор, автор музыки к фильмам.

[35] *Брель Жак* (Jacques Brel, 1929—1978), бельгийский шансонье, актер и режиссер.

[36] *Карина Анна* (Karina Anna, наст. Имя Ханне Карин Байер, р. 1940), французская актриса. Снялась в фильмах «Маленький солдат» (1960), «Женщина есть женщина» (1961), «Жить своей жизнью» (1962), «Отдельная банда» (1964), «Альфавиль» (1965) и «Безумный Пьеро» (1965), «Made in USA» (1967), «Посторонний» Лукино Висконти (1967), «Китайская рулетка» (1967) Вернера Фассбиндера, «Почти как дома» (1978) Марты Месарош, «Остров сокровищ» (1985) Рауля Руиса, «Свидание в Брэ» (1971) и «Философский камень» (1989) Андре Дельво.

[37] *Сименон Жорж* (Simenon Georges, 1903—1989), французский писатель, член Бельгийской королевской академии (с 1952). Автор множества социально-психологических детективов.

[38] *Зукова Барбара* (Barbara Sukowa, р. 1950), немецкая актриса, училась у М. Рейнхардта, снималась в таких фильмах, как «Женщины Нью-Йорка» Вернера Фассбиндера, «Лола», «Берлин Александерплац», «Свинцовые времена», «Европа» Ларса фон Триера, «Баттерфляй М.» и др.

[39] *«Почтальон звонит дважды»* (Postman Always Rings Twice, 1946), фильм режиссера Тэя Гарфилда по роману Джеймса М. Кейна.

[40] *VII округ* — район на севере Парижа, включающий Монмартр с его узкими улочками, собором Сакре Кёр, а также кварталы вокруг пляс Пигаль.

[41] *Бернар Пиво* (Bernard Pivot, р. 1935), французский журналист, литературный критик, ведущий радио- и телепередач, в том числе программы «Апостроф», а затем, с 1990 года, знаменитой передачи «Бульон культуры».

[42] *Андре Лот* (Lhote André,1885—1962), французский живописец, художественный критик и теоретик искусства.

[43] *Фернан Леже* (Жозеф Фернан Анри Леже / Joseph Fernand Henri Léger, 1881—1955), французский живописец и скульптор, мастер декоративного искусства.

[44] *Мелизанда,* героиня пьесы бельгийского драматурга Мориса Метерлинка «Пеллеас и Мелизанда».

[45] *Ослиная Шкура,* принцесса из одноименной сказки Перро, вынужденная бежать из дворца, прикрывшись шкурой осла.

[46] *Вивьен Ли* (Vivien Lee, 1913—1957), одна из самых красивых актрис мирового кинематографа.

[47] *Картины Гойи* — Гензбур имеет в виду знаменитую серию Гойи «Каприччос».

[48] Цитата из песни Гензбура *Poinçonneur des Lilas.*

[49] *Домье Оноре* (Honoré Daumier, 1808—1879), французский художник, график, живописец, мастер карикатуры.

Полина Росси

Дискография

1958

LES FRERES JACQUES *Le poinçonneur des Lilas* (45 об.) Philips

Du chant à la une!... (33 об.) Philips

Le poinçonneur des Lilas / La recette de l'amour fou / Douze belles dans la peau / Ce mortel ennui / Ronsard 58 / La femme des uns sous le corps des autres / L'alcool / Du jazz dans le ravin / Le charleston des déménageurs de pianos

Le poinçonneur des Lilas (45 об.) Philips

Le poinçonneur des Lilas / Douze belles dans la peau / La femme des uns sous le corps des autres / Du jazz dans le ravin

ALAIN GORAGUER ET SON ORCHESTRE *Slow et Fox «Du jazz à la une »* (45 об.) Philips

Ce mortel ennui / Le poinçonneur des Lilas / La femme des uns sous le corps des autres / Du jazz dans le ravin

1959

La jambe de bois (Friedland) (45 об.) Philips

La jambe de bois (Friedland) / Le charleston des déménageurs de piano / La recette de l'amour fou / Ronsard 58

JULIETTE GRECO *Juliette Gréco chante Serge Gainsbourg* (45 об.) Philips

1. Il était une oie / Les amours perdues / L'amour à la papa / La jambe de bois (Friedland)

2. Le claqueur de doigts / La nuit d'octobre / Adieu, créature! / L'anthracite / Mambo miam miam / Indifférente / Jeunes femmes et vieux messieurs / L'amour à la papa (33 об.) Philips

Le claqueur de doigts (45 об.) Philips

Le claqueur de doigts / Indifférente / Adieu, créature ! / L'amour à la papa

L'anthracite (45 об.) Philips
Mambo miam miam / L'anthracite / La nuit d'octobre / Jeunes femmes et vieux messieurs

1960

Музыка к фильму *L'eau à la bouche* (45 об.) Philips
L'eau à la bouche / Black March / Judith (инструм.) / Angoisse
Музыка к фильму *Les Loups dans la bergerie* (45 об.) Philips
Générique / Fugue / Les loups dans la bergerie / Cha cha cha du loup (инструм.) / Les loups dans la bergerie (final)
Romantique 60 (45 об.) Philips
Cha cha cha du loup / Sois belle et tais-toi / Judith / Laissez-moi tranquille

1961

L'étonnant Serge Gainsbourg (33 об.) Philips
La chanson de Prévert / En relisant ta lettre / Le rock de Nerval / Les oubliettes / Chanson de Maglia / Viva Villa / Les amours perdues / Les femmes c'est du chinois / Personne / Le sonnet d'Arvers
La chanson de Prévert (45 об.) Philips
La chanson de Prévert / En relisant ta lettre / Viva Villa / Le rock de Nerval
Les oubliettes (45 об.) Philips
Les amours perdues / Personne / Les femmes c'est du chinois / Les oubliettes

1962

№ 4 (33 об.) Philips
Les goémons / Black Trombone / Baudelaire / Intoxicated Man / Quand tu t'y mets / Les cigarillos / Requiem pour un twisteur / Ce grand méchant vous
Les goémons (45 об.) Philips
Les goémons / Black Trombone / Quant tu t'y mets / Baudelaire
Requiem pour un twisteur (45 об.) Philips
Requiem pour un twisteur / Ce grand méchant vous
JULIETTE GRECO *Accordéon* (45 об.) Philips
CATHERINE SAUVAGE *Catherine Sauvage chante Serge Gainsbourg* (45 об.) Philips

Black Trombone / Les goémons / L'assassinat de Franz Lehar / Baudelaire
EMI выпустила этот альбом на CD в 1996 г.

1963

Vilaine fille, mauvais garçon (45 об.) Philips
Vilaine fille, mauvais garçon / L'appareil à sous / La javanaise / Un violon un jambon
BRIGITTE BARDOT *L'appareil à sous* (45 об.) Philips
L'appareil à sous / Je me donne à qui me plaît
ISABELLE AUBRET *Il n'y a plus d'abonné au numéro que vous avez demandé* (45 об.) Philips
Texte Serge Gainsbourg, musique Henri Salvador
Strip-Tease (45 об.) Philips
Strip-Tease orgue / Some Small Chance / Wake Me At Five / Safari
JULIETTE GRECO *Strip-Tease* (45 об.) Philips
JULIETTE GRECO *La javanaise* (45 об.) Philips

1964

Chez les yé-yé (45 об.) Philips
Chez les yé-yé / Elaeudanla Teiteia / Scenic Railway / Le temps des yoyos
Gainsbourg confidentiel (33 об.) Philips
Chez les yé-yé / Sait-on jamais où va une femme quand elle vous quitte / Le talkie-walkie / La fille au rasoir / La saison des pluies / Elaeudanla Teiteia / Scenic Railway / Le temps des yoyos / Amour sans amour / No No Thanks No / Maxim's / Négative Blues
FRANCE GALL *N'écoute pas les idoles* (45 об.) Philips
Comment trouvez-vous ma sœur? (45 об.) Philips
Comment trouvez-vous ma sœur? / Eroticotico / No Love For Daddy / Rocking Horse / Marshmallow Man
FRANCE GALL *Laisse tomber les filles* (45 об.) Philips
PETULA CLARK *O o Sheriff* (45 об.)
Gainsbourg Percussions (33 об.) Philips
Joanna / Là-bas c'est naturel / Pauvre Lola / Quand mon 6.35 me fait les yeux doux / Machins choses / Les sambassa-

deurs / New York USA / Couleur café / Marabout / Ces petits riens / Tatoué Jérémie / Coco And Co
Couleur café (45 об.) Philips
Joanna / Tatoué Jérémie / Couleur café / New York USA

1965
Machins choses (45 об.) Philips
Machins choses / Couleur café
Joanna (45 об.) Philips
Joanna / Pauvre Lola
FRANCE GALL *Poupée de cire poupée de son* (45 об.) Philips
VALERIE LAGRANGE *La guérilla* (45 об.) Philips
BRIGITTE BARDOT *Bubble Gum* (45 об.) Philips
Bubble Gum / Les omnibus
FRANCE GALL *Attends ou va-t'en* (45 об.) Philips
REGINE *Les p'tits papiers* (45 об.) Pathé
Les p'tits papiers / Il s'appelle reviens
PETULA CLARK *Les Incorruptibles* (45 об.) Philips

1966
Qui est « in » qui est « out » (45 об.) Philips
Qui est « in » qui est « out » / Marilu / Docteur Jekyll et Monsieur Hyde / Shu ba du ba loo ba
FRANCE GALL *Baby Bop* (45 об.) Philips
PETULA CLARK *La gadoue* (45 об.) Vogue
MICHELE ARNAUD *Les papillons noirs* (45 об.) Pathé
Les papillons noirs (вместе с Serge Gainsbourg) / Ballade des oiseaux de croix
FRANCE GALL *Les sucettes* (45 об.) Philips
DOMINIQUE WALTER *Qui lira ces mots* (45 об.) Disc'AZ
REGINE *Pourquoi un pyjama* (45 об.) Pathé

1967
Anna (33 об.) Philips. Исп. Gainsbourg, Anna Karina, Jean-Claude Brialy.
Sous le soleil exactement (инструм.) / Sous le soleil exactement / C'est la cristallisation comme dit Stendhal / Pas mal pas mal du tout / J'étais fait pour les sympathies / Photographies et religieuses / Rien rien j'disais ça comme ça / Un jour comme un

autre / Boomerang / Un poison violent c'est ça l'amour / De plus en plus, de moins en moins / Roller Girl / Ne dis rien / Pistolet Jo / GI Jo / Je n'avais qu'un mot à lui dire
Anna (45 об.) Philips
Sous le soleil exactement / Un poison violent c'est ça l'amour / Roller Girl / Ne dis rien
Избранные номера из музыки к фильму *Vidocq* (45 об.) Philips
Chanson du forçat / Complainte de Vidocq / Vidocq flash-back / Chanson du forçat II
DOMINIQUE WALTER *Les petits boudins* (45 об.) Disc'AZ
Comic Strip (45 об.) Philips
Comic Strip / Torrey Canyon / Chatterton / Hold-up
Музыка к фильму *Toutes folles de lui* (45 об.) Barclay
Wouaou / Goering connais pas / Le siffleur et son one two two / Woom woom woom / Caressante
Музыка к фильму *L'Horizon* (45 об.) Riviera
Elisa / Friedman, l'as de l'aviation / Les Américains / La brasserie du dimanche / Le village à l'aube / L'horizon
MINOUCHE BARELLI *Boum badaboum* (45 об.) CBS
Эта песня была представлена на конкурсе «Евровидение» 1967 г. (Монако).

DOMINIQUE WALTER *Johnsyne et Kossigone* (45 об.) Disc'AZ
Johnsyne et Kossigone / Je suis capable de n'importe quoi
BRIGITTE BARDOT *Harley Davidson* (45 об.) AZ
Harley Davidson / Contact

1968
BRIGITTE BARDOT ET SERGE GAINSBOURG *Bonnie And Clyde* (33 об.) Fontana
Bonnie And Clyde / Bubble Gum / Comic Strip / Pauvre Lola / L'eau à la bouche / La javanaise / Intoxicated Man / Baudelaire / Docteur Jekyll et Monsieur Hyde
BRIGITTE BARDOT ET SERGE GAINSBOURG *Bonnie And Clyde* (45 об.) Fontana
Bonnie And Clyde / Bubble gum / Comic Strip
BRIGITTE BARDOT ET SERGE GAINSBOURG *Initials BB* (33 об.) Philips

Initials B. B. / Comic Strip / Bloody Jack / Docteur Jekyll et
Monsieur Hyde / Torrey Canyon / Shu ba du ba loo ba / Ford
Mustang / Bonnie And Clyde / Black And White / Qui est
« in » qui est « out » / Hold-Up / Marilu
Initials B. B. (45 об.) Philips
Initials B. B. / Black And White / Ford Mustang / Bloody Jack
REGINE *Ouvre la bouche, ferme les yeux* (45 об.) Pathé
Ouvre la bouche, ferme les yeux / Capone et sa petite Phyllis
Музыка к фильму *Ce sacré grand-père* (45 об.) Philips
L'herbe tendre (вместе с Michel Simon) / L'herbe tendre (ин-
струм.) / Ce sacré grand-père
Музыка к фильму *Manon 70* (45 об.) Philips
Manon / New Delire
Музыка к фильму *Le Pacha* (45 об.) Philips
Requiem pour un c... / Psychasténie
DOMINIQUE WALTER *La vie est une belle tartine* (45 об.)
Disc'AZ
La vie est une belle tartine / Plus dur sera le chut
DOMINIQUE WALTER *La plus belle fille du monde n'arrive
pas a la cherille d'un oul-de-jatte* Disc'AZ

FRANÇOISE HARDY *Comment te dire adieu* (45 об.) Vogue
Comment te dire adieu (« It Hurts To Say Goodbye ») /
L'anamour
L'anamour (45 об.) Philips
L'anamour / 69 année érotique

1969
Музыка к фильму *Mister Freedom* (45 об.) Barclay
Gainsbourg-Colombier-Klein.
Музыка к фильму *Slogan* (45 об.) Philips
La chanson de *Slogan* (вместе с Jane Birkin) / Evelyne
JANE BIRKIN ET SERGE GAINSBOURG *Je t'aime moi non
plus* (45 об.) Fontana; Disc'AZ
Je t'aime moi non plus / Jane B
JANE BIRKIN ET SERGE GAINSBOURG *Jane Birkin-Serge
Gainsbourg* (33 об.) Fontana
Je t'aime moi non plus / L'anamour / Orang-outan / Sous le
soleil exactement / 18-39 /69 année érotique / Jane B. / Elisa /
Le canari est sur le balcon / Les sucettes / Manon

Elisa (45 об.) Philips
Elisa / Les sucettes

1970

Музыка к фильму *Cannabis* (33 об.) Philips
Cannabis (инструм.) / Le deuxième homme / Première blessure / Danger / Chanvre indien / Arabique / I Want To Feel Crazy / Cannabis / Jane dans la nuit / Avant de mourir / Dernière blessure / Piège / Cannabis-bis
Избранные номера из музыки к фильму *Cannabis* (45 об.) Philips
Cannabis / Cannabis (инструм.)
Избранные номера из музыки к фильму *Un petit garçon nommé Charlie Brown* (45 об.) Philips
A Boy Named Charlie Brown / Charlie Brown (инструм.)

1971

Histoire de Melody Nelson (33 об.) Philips
Melody / Ballade de Melody Nelson / Valse de Melody / Ah! Melody / L'hôtel particulier / En Melody / Cargo culte
Ballade de Melody Nelson (45 об.) Philips
Ballade de Melody Nelson / Valse de Melody
La décadanse (45 об.) Philips
La décadanse / Les langues de chat

1972

ZIZI JEANMAIRE *Au Casino de Paris* (33 об.) CBS
Zizi t'as pas d'sosie / A poil ou à plumes / Le rent' dedans / Tout le monde est musicien / Elisa / Les millionnaires / Les bleus sont les plus beaux bijoux / King Kong / Finale
Музыка к фильму *Sex-Shop* (45 об.) Fontana
Sex-Shop / Quand le sexe te chope
Музыка к фильму *Trop jolies pour être honnêtes* (45 об.) Fontana
Moogy Woogy / Close Combat
FRANCE GALL *Frankenstein* (45 об.) EMI
Frankenstein / Les petits ballons

1973

JANE BIRKIN *Di Doo Dah* (33 об.) Fontana

292

Di Doo Dah / Help camionneur / Encore lui / Les capotes anglaises / Leur plaisir sans moi / Mon amour baiser / Banana Boat / Kawasaki / La cible qui bouge / La baigneuse de Brighton / C'est la vie qui veut ça
JANE BIRKIN *Di Doo Dah* (45 об.) Fontana
Di Doo Dah / Mon amour baiser
Vu de l'extérieur (33 об.) Philips
Je suis venu te dire que je m'en vais / Vu de l'extérieur / Panpan cucul / Par hasard et pas rasé / Des vents des pets des poums / Titicaca / Pamela Popo / La poupée qui fait / L'hippopodame / Sensuelle et sans suite
Je suis venu te dire que je m'en vais (45 об.) Philips
Je suis venu te dire que je m'en vais / Vu de l'extérieur

1974
JANE BIRKIN *Bébé gai* (45 об.) Fontana
Bébé gai / My chérie Jane

1975
Rock Around The Bunker (33 об.) Philips
Nazi Rock / Tata teutonne / J'entends des voix-off / Eva / Smoke Gets In Your Eyes / Zig Zig avec toi / Est-ce est-ce si bon? / Yellow Star / Rock Around The Bunker / SS In Uruguay
Rock Around The Bunker (45 об.) Philips
Rock Around The Bunker / Nazi Rock
L'ami Caouette (45 об.) Philips
L'ami Caouette / Le cadavre exquis
JANE BIRKIN *Lolita Go Home* (33 об.) Fontana
Lolita Go Home / Bébé Song / Si ça peut te consoler / Just Me And You / La fille aux claquettes / Rien pour rien / French Graffiti
JANE BIRKIN *Lolita Go Home* (45 об.) Fontana
Lolita Go Home / Si ça peut te consoler

1976
JANE BIRKIN *Rien pour rien* (45 об.) Fontana
Rien pour rien / La fille aux claquettes
Музыка к фильму *Je t'aime moi non plus* (33 об.) Philips
Ballade de Johnny Jane / Le camion jaune / Banjo au bord du Styx / Rock'n' roll autour de Johnny / L'abominable strip-tea-

se / Joe Banjo / Je t'aime moi non plus / Je t'aime moi non plus au lac vert / Je t'aime moi non plus au motel / Ballade de Johnny Jane (final)

Избранные номера из музыки к фильму *Je t'aime moi non plus* (45 об.)

Philips Je t'aime moi non plus / Joe Banjo

JANE BIRKIN *Ballade de Johnny Jane* (45 об.) Fontana

Ballade de Johnny Jane / Raccrochez c'est une horreur

L'homme à tête de chou (33 об.) Philips

L'homme à tête de chou / Chez Max coiffeur pour hommes / Marilou reggae / Transit à Marilou / Flash-Forward / Aéroplanes / Premiers symptômes / Ma Lou Marilou / Variations sur Marilou / Meurtre à l'extincteur / Marilou sous la neige / Lunatic Asylum

Marilou sous la neige (45 об.) Philips

Marilou sous la neige / L'homme à tête de chou

1977

Музыка к фильму *Madame Claude* (33 об.) Philips

Diapositivisme / Discophotèque / Mi Corasong / Ketchup In The Night / Fish-Eye Blue / Téléobjectivisme / Putain que ma joie demeure / Burnt Island / Yesterday Yes A Day (исп. Дж. Биркин) / Dusty Lane / First Class Ticket / Long Focal Rock / Arabysance / Passage à tabacco / Yesterday On Fender

JANE BIRKIN Избранные номера из музыки к фильму *Madame Claude* (45 об.) Philips

Yesterday Yes A Day / Dusty Lane (инструм.)

Избранные номера из музыки к фильму *Goodbye Emmanuelle* (45 об.) Philips

Goodbye Emmanuelle / Emmanuelle And The Sea

My Lady Héroïne (45 об.) Philips

My Lady Héroïne / Trois millions de Joconde

Избранные номера из музыки к фильму *Vous n'aurez pas l'Alsace et la Lorraine* (45 об.) Déesse

La chanson du chevalier blanc (слова Колюша)

ALAIN CHAMFORT *Rock'n'rose* (33 об.) CBS

Joujou à la casse / Baby Lou / Privé / Disc-jockey / Tennisman / Sparadrap / Rock'n'rose / Lucette et Lucie / Le vide au cœur

ZIZI JEANMAIRE *Bobino* (33 об.) Pathé-Marconi

Quand ça balance / Rétro Song / Mesdames, mesdemoiselles,
mes yeux / Yes Man / Merde à l'amour / Ciel de plomb / Tic
Tac Toe / Vamp et vampire

1978

Музыка к фильму *Les Bronzés* (45 об.) Philips
Sea Sex And Sun / Mister Iceberg
JANE BIRKIN *Ex-fan des sixties* (33 об.) Fontana
Ex-fan des sixties / Apocalypstick / Exercice en forme de Z /
Mélodie interdite / L'aquoiboniste / Vie, mort et résurrection
d'un amour-passion / Nicotine / Rocking-chair / Dépressive /
Le velours des vierges / Classée X / Mélo mélo
JANE BIRKIN *Ex-fan des sixties* (45 об.) Fontana
Ex-fan des sixties / Mélo mélo
JANE BIRKIN *Apocalypstick* (45 об.) Fontana
Apocalypstick / Nicotine
BIJOU *Betty Jane Rose* (45 об.) Philips

1979

Aux armes et caetera (33 об.) Philips
Javanaise Remake / Aux armes et caetera / Les locataires / Des
laids des laids / Brigade des stups / Vieille canaille (You Rascal
You) / Lola Rastaquouère / Relax Baby Be Cool / Daisy Tem-
ple / Eau et gaz à tous les étages / Pas long feu / Marilou
Reggae Dub
Aux armes et caetera (45 об.) Philips
Aux armes et caetera / Lola Rastaquouère
Музыка к фильму *Tapage nocturne* (45 об.) Philips
Tapage nocturne /Jolie laide (исп. группа *Bijou*)
Vieille canaille (45 об.) Philips
Vieille canaille / Daisy Temple
Des laids des laids (45 об.) Philips
Des laids des laids / Aux armes et caetera
ALAIN CHAMPORT *Manureva* (45 об.) CBS

1980

Запись концерта в театре le Palace (33 об.) Philips
(Drifter) / Relax Baby Be Cool / Marilou Reggae Dub / Daisy
Temple / Brigade des stups / Elle est si / Aux armes et caetera /

Pas long feu / Les locataires / Docteur Jekyll et Monsieur Hyde / Harley Davidson / Javanaise Remake / Des laids des laids / Vieille canaille (You Rascal You) / Bonnie And Clyde / Lola Rastaquouère / Aux armes et caetera

Harley Davidson (45 об.) Philips *(live)*

Harley Davidson *(live)* / Docteur Jekyll et Monsieur Hyde *(live)*

Музыка к фильму *Je vous aime* (33 об.) Philips

La fautive / Je vous salue Marie / La p'tite Agathe / Dieu fumeur de havanes / La fautive (ф-п) / Dieu fumeur de havanes / Papa Nono / Je pense queue / La fautive (оркестр)

Избранные номера из музыки к фильму *Je vous aime* (45 об.) Philips

Dieu fumeur de havanes / La fautive

1981

Музыка к короткометражному фильму *Le Physique et le Figuré* (45 об.)

Gaumont Le physique et le figuré / Le physique et le figuré (final)

ALAIN CHAMFORT *Amour année zéro* (33 об.) CBS

Bambou / Poupée poupée / Chasseur d'ivoire / Amour année zéro / Jet society / Malaise en Malaisie / Laide jolie laide / Baby boum

CATHERINE DENEUVE *Souviens-toi de m'oublier* (33 об.) Philips

Digital Delay / Dépression au-dessus du jardin / Epsilon / Monna Vanna et Miss Duncan / Marine Band Tremolo / Ces petits riens / Souviens-toi de m'oublier / Overseas Telegram / What tu dis qu'est-ce que tu say / Oh Soliman / Alice hélas

Mauvaises nouvelles des étoiles (33 об.) Philips

Overseas Telegram / Ecce Homo / Mickey maousse / Juif et Dieu / Shush Shush Charlotte / Toi mourir / La nostalgie cama-rade / Bana basadi balalo / Evguénie Sokolov / Negusa nagast / Strike / Bad News From The Stars

Ecce Homo (45 об.) Philips

Ecce Homo / La nostalgie camarade

Bana basadi balalo (45 об.) Philips

Bana basadi balalo / Negusa nagast

1982
ALAIN BASHUNG *Play Blessures* (33 об.) Philips
C'est comment qu'on freine / Scènes de manager / Volontaire /
J'envisage / Lavabo / J'croise aux Hébrides / Trompé d'érec-
tion / Martine boude
PHILIPPE DAUGA *J'en ai autant pour toi* (45 об.) Philips

1983
JANE BIRKIN *Baby Alone In Babylone* (33 об.) Philips
Baby Lou / Fuir le bonheur de peur qu'il ne se sauve / Partie
perdue / Norma Jean Baker / Haine pour aime / Overseas Tele-
gram / Con c'est con ces conséquences / En rire de peur d'être
obligée d'en pleurer / Rupture au miroir / Les dessous chics /
Baby Alone In Babylone.
JANE BIRKIN *Baby Alone In Babylone (45* об.) Philips
Baby Alone In Babylone / Con c'est con ces conséquences
JANE BIRKIN *Baby Lou* (33 об.) Philips
Baby Lou / Fuir le bonheur de peur qu'il ne se sauve
JANE BIRKIN *Baby Lou* (33 об.) Philips
Baby Lou / Fuir le bonheur de peur qu'il ne se sauve / Baby
Alone In Babylone
ISABELLE ADJANI *Isabelle Adjani* (33 об.) Philips
Ohio / Entre autres pas en traître / OK pour plus jamais / D'un
taxiphone / C'est rien je m'en vais c'est tout / Le mal intérieur /
Beau oui comme Bowie / Le bonheur c'est malheureux / Je t'aime
idiot / Et moi chouchou / Pull marine
ISABELLE ADJANI *Pull marine* (45 об.) Philips
Pull marine / Le bonheur c'est malheureux
ISABELLE ADJANI *Beau oui comme Bowie* (45 об.) Philips
Beau oui comme Bowie / Ohio

1984
Love On The Beat (33 об.) Philips
Love On The Beat / Sorry Angel / Hmm hmm hmm / Kiss Me
Hardy / No Comment / I'm The Boy / Harley David Son Of
A Bitch / Lemon Incest (вместе с Charlotte Gainsbourg).
Love On The Beat (45 об.) Philips
Love On The Beat (часть 1) / Love On The Beat (часть 2)
Sorry Angel (45 об.) Philips
Sorry Angel / Love On The Beat

1985
No Comment (45 об.) Philips
No Comment / Kiss Me Hardy
Lemon Incest (45 об.) Philips
Lemon Incest (вместе с Charlotte Gainsbourg) / Hmm hmm hmm
JANE BIRKIN *Quoi* (45 об.) Philips

1986
Live (33 об.) Philips
Love On The Beat / Initials B. B. / Harley Davidson / Sorry Angel / Nazi Rock / Ballade de Johnny Jane / Bonnie And Clyde / Vieille canaille / I'm The Boy / Dépression au-dessus du jardin / Lemon Incest (extrait) / Mickey maousse / My Lady Héroïne / Je suis venu te dire que je m'en vais / L'eau à la bouche / Lola Rastaquouère / Marilou sous la neige / Harley David Son Of A Bitch / La javanaise / Love On The Beat
Sorry Angel (45 об.) Philips
Sorry Angel (live) / Bonnie And Clyde *(live)*
JANE BIRKIN *Quoi* (33 об.) Philips
BRIGITTE BARDOT ET SERGE GAINSBOURG *Je t'aime moi non plus* (45 об.) Philips
Je t'aime moi non plus / Bonnie And Clyde

BAMBOU *Lulu* (45 об.) Philips
Lulu / Shangaï
Музыка к фильму *Tenue de soirée (Putain de film!)* (33 об.) Apache/WEA
Travelling / Traviolta One / Traviolta Two / Traviolta Three / Travaux / Travelure / Entrave / Travers / Travelo / Traverse / Travelinge / Traveste / Trave / Travelling.
CHARLOTTE GAINSBOURG *Charlotte For Ever* (33 об.) Philips
Charlotte For Ever (вместе с Serge Gainsbourg) / Ouvertures éclair / Oh Daddy Oh / Don't Forget To Forget Me / Plus doux avec moi (en duo avec Serge) / Pour ce que tu n'étais pas / Elastique / Zéro pointé vers l'infini.

1987
JANE BIRKIN *Lost Song* (33 об.) Philips
Etre ou ne pas naître / C'est la vie qui veut ça / Le couteau dans le play / L'amour de moi / Une chose entre autres / Lost

298

Song / Physique et sans issue / Leur plaisir sans moi / Le moi et le je

You're Under Arrest (33 об.) Philips

You're Under Arrest / Five easy pisseuses / Suck Baby Suck / Bâille bâille Samantha / Gloomy Sunday / Aux enfants de la chance / Shotgun / Glass Securit / Dispatch Box / Mon légionnaire

You're Under Arrest (45 об.) Philips

You're Under Arrest / Bâille bâille Samantha

Maxi: « Suck Baby Suck »

JANE BIRKIN *Au Bataclan* (33 об.) Philips

Jane B. / Di Doo Dah / Norma Jean Baker / Love For Sale / Ballade de Johnny Jane / Ex-fan des sixties / Les dessous chics / Physique et sans issue / Baby Alone In Babylone / Avec le temps / Le moi et le je / Nicotine / L'amour de moi / Quoi / Yesterday Yes A Day / Lost Song / Baby Alone In Babylone / Rocking-chair / Fuir le bonheur de peur qu'il ne se sauve / Le couteau dans le play

1988

Aux enfants de la chance (45 об.) Philips

Aux enfants de la chance / Shotgun

Mon légionnaire (45 об.) Philips

Mon légionnaire / Dispatch Box

VIKTOR LAZLO *Amour puissance six* (45 об.) Polydor

1989

Le Zénith de Gainshourg (double 33 об.) Philips

You're Under Arrest / Qui est « in » qui est « out » / Five easy pisseuses / Hey Man Amen / L'homme à tête de chou / Manon / Valse de Melody / Dispatch Box / Harley David Son Of A Bitch / You You You But Not You / Seigneur et saigneur / Bonnie And Clyde / Gloomy Sunday / Couleur café / Aux armes et caetera / Aux enfants de la chance / Les dessous chics / Mon légionnaire

BAMBOU *Made in China* (33 об.) Philips

Made In China / Ghetto Blaster / Entre l'âme et l'amour / How Much For Your Love Baby / J'ai pleuré le Yang-Tsé / Hey Mister Zippo / Quoi toi moi t'aimer tu rêves / China Doll / Aberdeen et Kowloon / Nuits de Chine

De Gainsbourg à Gainsbarre (9 CD или 9 магн. кассет) Philips / 207 песен

1990

JOELLE URSULL *White And Black Blues* (45 об.) CBS
White And Black Blues / White And Black Blues (инструм.).
Музыка к фильму *Stan The Flasher* (45 об.) Philips
Stan The Flasher / Elodie
VANESSA PARADIS *Variations sur le même t'aime* (33 об.) Polydor
L'amour à deux / Dis-lui toi que je t'aime / L'amour en soi /
Le vague à lames / Ophélie / Flagrant délire / Tandem / Au
charme non plus / Variations sur le même t'aime / Amour
jamais / Ardoise
JANE BIRKIN *Amours des feintes* Philips
Et quand bien même / Des ils et des elles / Litanie en Lituanie /
L'impression du déjà vu / Asphalte / Tombée des nues / Un
amour peut en cacher un autre / 32 Fahrenheit / Love Fifteen /
Amours des feintes

1991

Requiem pour un con — Remix 91 (45 об.) Philips
Requiem pour un con (Remix 91) / Requiem pour un con
(Remix 91 — version longue) / Requiem pour un con (Музыка к
фильму *Le Pacha)*

BRIGITTE BARDOT / MIREILLE DARC / CATHERINE
DENEUVE / ISABELLE ADJANI / JANE BIRKIN / JEANNE
MOREAU / CHARLOTTE GAINSBOURG *Actrices* (coffret)
Philips
Песни и музыка к фильмам Hortensia
Requiem pour un c... *(Le Pacha)* / Sex-Shop *(Sex-Shop)* / La
Horse *(La Horse)* / Wouaou / Goering connais pas / Le siffleur
et son one two two / Woom woom woom / Caressante *(Toutes
folles de lui)* / Mélancolie Baby / Mélancolie Baby Part 2 *(Melancholy Baby)* / Générique / Break Down / Break Down Part 2 /
Break Down Part 3 *(Si j'etais un espion — Break Down).*

1992

JANE BIRKIN *Au Casino de Paris* Philips
L'aquoiboniste / Et quand bien même / Tombée des nues /
Ex-fan des sixties / Les dessous chics / Litanie en Lituanie /
L'impression de déjà vu / Baby Alone In Babylone / Des ils et

des elles / La chanson de Prévert / Ballade de Johnny Jane / Le moi et le je / Asphalte / Sous le soleil exactement / Manon / 32 Fahrenheit / Love Fifteen / Quoi / Valse de Melody / Marilou sous la neige / Fuir le bonheur de peur qu'il ne se sauve / Nicotine / Amours des feintes / Di doo dah / Je suis venu te dire que je m'en vais

BARBARA *Ma plus belle histoire d'amour c'est vous* (Coffret) Philips

JANE BIRKIN *Jane B.* (Coffret) Philips 4 CD / 83 песни

1996

JANE BIRKIN *Versions Jane* Mercury / Philips
Ces petits riens / La gadoue / Dépression au-dessus du jardin / Ce mortel ennui / Sorry Angel / Elisa / Exercice en forme de Z / L'anamour / Elaeudanla Teiteia / Aux enfants de la chance / Le mal intérieur / Ford Mustang / Couleur café / Comment te dire adieu / Physique et sans issue

JANE BIRKIN *Concert intégral à l'Olympia* Mercury / Philips
Intro / Ces petits riens / Di Doo Dah / Fuir le bonheur de peur qu'il ne se sauve / Le moi et le je / Ex-fan des sixties / Baby Lou / Leur plaisir sans moi / Etre ou ne pas naître / Ford Mustang / Baby Alone In Babylone / Con c'est con ces conséquences / Une chose entre autres / Ballade de Johnny Jane / Les dessous chics / Elisa / Physique et sans issue / L'anamour / Amour des feintes / Des ils et des elles / Quoi / La gadoue / Dépression au-dessus du jardin / Et quand bien même / Comment te dire adieu / La javanaise

Фильмография

Гензбур — режиссер, сценарист

Je t'aime moi non plus (1976) / Я тебя люблю, я тоже нет
Режиссер, сценарист, композитор: Серж Гензбур
В ролях: Джейн Биркин, Джо Далессандро, Юг Квестер, Жерар Депардье

Equateur (1984) / Экватор
Режиссер, сценарист, композитор: Серж Гензбур
В ролях: Барбара Зукова, Франсис Юстер, Рене Колдеофф

Charlotte For Ever (1986) / Шарлотта навсегда
Режиссер, сценарист, композитор: Серж Гензбур
В ролях: Серж Гензбур, Шарлотта Гензбур, Ролан Дюбиллар, Ролан Бертен

Stan The Flasher (1990) / Стэн-эксгибиционист
Режиссер, сценарист, композитор: Серж Гензбур
В ролях: Клод Берри, Аврора Клеман, Ришар Боринже, Элоди Буше, Даниэль Дюваль

Гензбур — актер

1959
Voulez-vous danser avec moi? / Потанцуете со мной?
Режиссер: Мишель Буарон
Сценарий: Аннет Вадемон
В ролях: Брижит Бардо, Анри Видаль, Даун Адамс, Серж Гензбур

1961
La Révolte des esclaves (La Rebelion de los Esclavos) / Восстание рабов

Режиссер: Нунцио Маласомма
Сценарий: Тессари Дуччо
В ролях: Дарио Морено, Рондо Флеминг, Серж Гензбур

1962
Hercule se déchaîne (Furia di Ercole) / Ярость Геркулеса
Режиссер: Джанфранко Паролини
Сценарий: Джованни Симонелли
В ролях: Брижит Корей, Брэд Харрис, Серж Гензбур

Samson contre Hercule (Sansone) / Самсон против Геркулеса
Режиссер: Джанфранко Паролини
Сценарий: Джованни Симонелли
В ролях: Брижит Корей, Брэд Харрис, Серж Гензбур, Уолтер Ривз

1963
Strip-Tease / Стриптиз
Режиссер: Жак Пуатрено
Сценарий: Жак Пуатрено, Ален Мори, Жак Сигур
Композитор: Серж Гензбур
В ролях: Криста Нико, Дени Саваль, Джо Тернер, Ян Собесски, Серж Гензбур

L'Inconnue de Hong Kong / Незнакомка из Гонконга
Режиссер: Жак Пуатрено
В ролях: Далида, Филипп Нико, Тайна Берилл, Серж Гензбур

1966
Le Jardinier d'Argenteuil / Садовник из Аржантея
Режиссер: Жан-Поль Ле Шануа
Композитор: Серж Гензбур
В ролях: Жан Габен, Урд Юргенс, Лизлотт Пульвер, Серж Гензбур

1967
Toutes folles de lui / Все сходят от него с ума
Режиссер: Норбер Карбонно

Композитор: Серж Гензбур
В ролях: Роберт Хирш, Софи Демаре, Серж Гензбур

Estouffade à la Caraïbe / Духота по-карибски
Режиссер: Жак Бенар
Сценарий: Пьер Фукар, Марсель Лебрен
В ролях: Джин Сиберг, Фредерик Стеффард, Мария-Роза Родригес, Серж Гензбур

Anna /Анна
Режиссер: Пьер Коральник
Сценарий: Пьер Коральник
Композитор: Серж Гензбур
В ролях: Анна Карина, Жан-Клод Бриали, Серж Гензбур, Марианна Фэйтфул

1968
L'Inconnu de Shandigor / Неизвестный из Шандигора
Режиссер: Жан-Луи Рой
Сценарий: Жан-Луи Рой, Габриэль Ару
Композиторы: Альфонс Рой и Серж Гензбур
В ролях: Жак Дюфило, Мари-Франс Бойер, Говард Вернон, Серж Гензбур

Vivre la nuit / Жизнь ночью
Режиссер: Марсель Камю
Сценарий: Поль Андреота
В ролях: Жак Перрен, Катрин Журден, Эстелла Блан, Серж Гензбур

Le Pacha / Паша
Режиссер: Жорж Лотнер
Сценарий: Мишель Одьяр
Композитор: Серж Гензбур
В ролях: Жан Гобен, Дани Карель, Серж Гензбур

Ce sacré grand-père / Чертов дед
Режиссер: Жак Пуатрено
Сценарий: Жак Пуатрено, Мария Сюир, Альбер Коссери
Композитор: Серж Гензбур

В ролях: Мишель Симон, Мари Дюбуа, Ив Лефевр, Серж Гензбур

1969
Erotissimo / Эротиссимо
Режиссер: Жерар Пирес
Сценарий: Жерар Пирес, Николь де Бюран
В ролях: Джин Ян, Франсис Бланш, Анни Жирардо, Жак Хижлен, Серж Гензбур

Slogan / Девиз
Режиссер: Пьер Гринблат
Сценарий: Пьер Гринблат, Мелвин Ван Пиблс, Франсис Жиро
Композитор: Серж Гензбур
В ролях: Серж Гензбур, Джейн Биркин, Андреа Паризи

Les Chemins de Katmandou / Дороги Катманду
Режиссер: Андре Кайат
Сценарий: Андре Кайат, Рене Баржавель
Композитор: Серж Гензбур
В ролях: Рено Верлей, Джейн Биркин, Эльза Мартинелли, Серж Гензбур

Mister Freedom / Мистер Фридом
Режиссер: Вильям Клейн
Сценарий: Вильям Клейн
Композитор: Серж Гензбур, Мишель Коломбье, Вильям Клейн
В ролях: Дельфин Сейриж, Джон Эбби, Филипп Нуаре, Серж Гензбур

Paris n'existe pas / Париж не существует
Режиссер: Робер Бенайюн
В ролях: Серж Гензбур, Ришар Ледюк, Даниель Гобер

1970
Cannabis / Каннабис
Режиссер: Пьер Коральник
Сценарий: Пьер Коральник, Франц Андре Бурже

Композитор: Серж Гензбур
В ролях: Джейн Биркин, Серж Гензбур, Поль Николя

1971

Le Voleur de chevaux (Romance of a Horse Thief) / Конокрад
Режиссер: Абрахам Полонски
Сценарий: Давид Опатошу
В ролях: Юл Бриннер, Элли Уоллах, Джейн Биркин, Серж Гензбур

Le Traître / Предатель
Режиссер: Милютин Косовач
Сценарий: Лука Павлович, Сид Фетаджич
Композитор: Серж Гензбур
В ролях: Джейн Биркин, Серж Гензбур, Спела Розен

1972

Trop jolies pour être honnêtes / Слишком красивые, чтобы быть честными
Режиссер: Ришар Балдаччи
Сценарий: Кэтрин Карон
Композитор: Серж Гензбур
В ролях: Джейн Биркин, Бернадетт Лафон, Даниель Чекальди, Серж Гензбур

La Dernière Violette / Последняя фиалка
Режиссер: Андре Ардле
В ролях: Серж Гензбур, М. Дамьен

1974

Les Diablesses (Corringa) / Дьяволицы
Режиссер: Энтони М. Доусон
Сценарий: Энтони М. Доусон
В ролях: Джейн Биркин, Хайрем Келли, Франсуаза Кристоф, Серж Гензбур

1975

Sérieux comme le plaisir / Серьезный как удовольствие
Режиссер: Робер Бенаюн

Сценарий: Робер Бенаюн, Жан-Клод Карьер
В ролях: Джейн Биркин, Ришар Ледюк, Жорж Монсар, Серж Гензбур

1980
Je vous aime / Я вас люблю
Режиссер: Клод Берри
Сценарий: Клод Берри, Мишель Гризоля
Композитор: Серж Гензбур
В ролях: Катрин Денев, Жан-Луи Трентиньян, Жерар Депардье, Ален Сушон, Серж Гензбур

1986
Charlotte For Ever / Шарлотта навсегда
Режиссер, сценарист, композитор: Серж Гензбур
В ролях: Серж Гензбур, Шарлотта Гензбур, Ролан Дюбиллар, Ролан Бертен

Гензбур — автор музыки к фильмам

1959
L'Eau à la bouche / Слюна на губах
Режиссер: Жак Доньель-Валькроз

1960
Les Loups dans la bergerie / Волки в овчарне
Режиссер: Эрве Бломбергер

1962
La Lettre dans un taxi / Письмо в такси
Режиссер: Луиза де Вильморен

Week-end en mer / Уик-энд на море
Режиссер: Франсуа Рейшенбах

1963
Strip-Tease / Стриптиз
Режиссер: Жак Пуатрено

Dans le vent / На ветру
Режиссер: Вильям Розье

Comment trouvez-vouz ma soeur? / Как вам моя сестра?
Режиссер: Мишель Буарон

Dix grammes d'arc-en-ciel / Десять граммов радуги
Режиссер: Робер Менегос

1964
Les Plus Belles Escroqueries du monde / Лучшие проделки в мире
Режиссер: Хиромити Хорикава, Роман Поланский

1966
Le Jardinier d'Argenteuil / Садовник из Аржантея
Режиссер: Жан-Поль Ле Шануа

Vidocq / Видок
Режиссер: Клод Лурсе, Марсель Блюваль

L'Espion / Шпион
Режиссер: Рауль Леви

Carré de dames pour un as / Четверка дам на туз
Режиссер: Жак Пуатрено

Les Coeurs verts / Юные сердца
Режиссер: Эдуар Лунц

L'Une et l'Autre / Одна и другой
Режиссер: Рене Аллио

1967
Anna / Анна
Режиссер: Пьер Коральник

L'Horizon / Горизонт
Режиссер: Жак Руффио

Toutes folles de lui / Все сходят с ума от него
Режиссер: Норбер Карбонно

Anatomie d'un mouvement / Анатомия движения
Режиссер: Франсуа Морей

Si j'étais un espion / Если б я был шпионом
Режиссер: Бертран Блие

L'Inconnu de Shandigor / Неизвестный из Шандигора
Режиссер: Жан-Луи Рой

Le Pacha / Паша
Режиссер: Жорж Лотнер

1968
Ce sacré grand père / Чертов дед
Режиссер: Жак Пуатрено

Manon 70 / Манон 70
Режиссер: Жан Орель

Mini-Midi / Мини-миди
Режиссер: Роберт Фриман

1969
Mister Freedom / Мистер Фридом
Режиссер: Вильям Клейн

Slogan / Девиз
Режиссер: Пьер Грембла

Les Chemins de Katmandou / Дороги Катманду
Режиссер: Андре Кайат

Une veuve en or / Золотая вдова
Режиссер: Мишель Одьяр

Paris n'existe pas / Париж не существует
Режиссер: Робер Бенаюн

1970
Cannabis / Каннабис
Режиссер: Пьер Коральник

La Horse / Лошадь
Режиссер: Пьер Гранье-Деферр

Piggies / Свинки
Режиссер: Петер Цадек

1971
Un petit garçon nommé Charlie Brown / Мальчик по имени Чарли Браун

Le Voleur de chevaux / Конокрад
Режиссер: Абрахам Полонски

Le Traître? / Предатель
Режиссер: Милютин Косовач

1972
Sex-shop / Секс-шоп
Режиссер: Клод Бери

Trop jolies pour être honnêtes / Слишком красивые, чтобы быть честными
Режиссер: Роберт Балдаччи

1973
Projection privée / Частный показ
Режиссер: Франсуа Летерье

1976
Je t'aime moi non plus / Я тебя люблю, я тоже нет
Режиссер: Серж Гензбур

1977
Madame Claude / Мадам Клод
Режиссер: Джаст Джеккин

Vous n'aurez pas l'Alsace et la Lorraine / Вы не получите Эльзас и Лотарингию
Режиссер: Колюш

Aurais dû faire gaffe... Le choc est terrible / Я оскандалюсь
Режиссер: Жан-Анри Менье

1978
Goodbye Emmanuelle / Прощай, Эммануэль
Режиссер: Франсуа Летерье

Les Bronzés / Загорелые
Режиссер: Патрис Леконт

1979
Melancholy Baby / Меланхолическая малышка
Режиссер: Кларисса Габю

Tapage nocturne / Ночная прогулка
Режиссер: Катрин Брейя

1980
Je vous aime / Я вас люблю
Режиссер: Клод Берри

1981
Le Physique et le Figuré / Тело и лицо

1983
Equateur / Экватор
Режиссер: Серж Гензбур

1985
Mode in France / *Зделоно* во Франции
Режиссер: Вильям Кляйн

1986
Tenue de soirée / Вечерний костюм
Режиссер: Бертран Блие

Charlotte For Ever / Шарлотта навсегда
Режиссер: Серж Гензбур

1990
Stan The Flasher / Стэн-эксгибиционист
Режиссер: Серж Гензбур

Указатель

Аббат Пьер 272
Аджани Изабель 12, 142, 261
Азнавур Шарль 163, 223, 281
Аллен Вуди 15, 262
Андерсен Ганс Христиан 85, 193, 275
Антониони Микеланжело 282
Аполлинер Гийом 267
Арагон Луи 39, 270, 272
Арп Ханс 266

Байон Бруно 5, 259
Балл Хуго 266
Бальзак Оноре де 201
Бамбу (наст. имя Каролина фон Паулюс) 49, 51, 57, 64, 72, 81, 88,
    90, 91, 97, 99, 103, 113, 114, 136, 200, 201, 209, 282
Барбе д'Оревильи 235
Бардо Брижит 34, 88, 191, 194—196, 212, 221, 269, 275, 282, 302
Барнэйкл Нора 276
Батай Жорж 118, 278
Башунг Ален 14, 211, 260, 283
Беар Ги 14, 260
Бенар Жак 268, 304
Берг Альбан 237
Берлин Ирвинг 163
Бернхард Томас 272
Биндер 107
Биркин Джейн 88, 159, 169, 192, 193—200, 222, 223, 227, 255, 265,
    272, 275, 276, 279, 281, 282, 294, 302, 305, 306, 307
Бодлер Шарль 104, 158, 235, 273, 277—278
Босх Иероним 171, 281
Брак Жорж 124, 279
Брандо Марлон 237
Брассанс Жорж 216, 283
Брель Жак 247, 256, 284
Бретон Андре 123—124, 213, 267, 270, 279
Брюан Аристид 207, 282
Буарон Мишель 275, 302, 308
Бэкон Фрэнсис 60, 70, 135, 139, 171, 172, 230, 237, 273, 281

Ваше Жак 30, 267
Вега Алан 19, 263

Верлей Рено 223, 305
Верлен Поль 29, 266
Верьер Жак 261
Виан Борис 13, 254, 260
Виго 280
Висконти Луиджи 280, 284
Вишес Сид 21, 264
Вольтер Франсуа Мари Аруэт 265
Вэнс Тейлор 14, 262

Габен Жан 224, 303
Галь Франс 209, 239, 283
Ганс Абель 221, 271
Гензбур Ваня 282
Гензбур Наташа 265, 282
Гензбур Поль 265
Гензбур Шарлотта 126, 129, 200, 279, 302, 307
Генрих Четвертый 64
Гершвин Джордж 163
Гинзбург Жаклин 159
Гинзбург Жозеф (Иосиф) 157
Гинзбург Лилиан 159
Гинзбург Люсьен (Лулу) 265, 282
Гинзбург Люсьен 259
Гинзбург (Бесман) Ольга 264, 274
Глюксман Андре 265
Годар Жан-Люк 263, 268
Гольдман Пьер 265
Грант Кэрри 129
Греко Жюльет 182, 210, 239, 255, 283
Грембла Пьер 222, 223, 309
Гримм Якоб и Вильгельм 69, 85, 102, 193, 235, 274
Грис Хуан 35, 269
Грос Георг 266
Гурмон Реми де 262
Гюисманс Жорж-Шарль 29, 69, 103, 117, 267
Гюго Виктор 211, 264, 282, 283

Далессандро Джо 57, 302
Дали Сальвадор 107, 123, 124, 171, 278
Далида 303
Дево Реймон 254
Делакруа Эжен 71, 74, 237, 274
Делон Ален 194, 261, 282
Денев Катрин 52, 228, 258, 272, 307
Дерэ Жак 282
Дефо Даниэль 9

Джойс Джеймс 91, 142, 276
Джонсон Джек 268
Дикаль Бертран 283
Дилан Боб 274
Диоген 14, 260
Домье Оноре 238, 285
Друо М. 214
Дрюкер Мишель 14, 261
Дуайон Жак 125, 279
Дэвис Майлс 16, 262
Дюваль Поль 277, 302, 315
Дютрон Жак 20, 263
Дюшан Марсель 266, 267

Жакоб Макс 267
Жене Жан 129, 280
Жид Андре 269
Жулавски Ежи 263

Закс Гунтер 89, 275
Золя Эмиль 34, 269
Зукова Барбара 229, 284, 302

Казанова Джованни Джакомо 164, 271
Кайат Андре 223, 224, 305, 309
Камуэн 169
Карина Анна 284, 304
Карне Марсель 280
Картье 30, 268
Катулл 235
Кентон Стэн 235
Керубини Луиджи 214
Кински Клаус 14, 262
Клее Пауль 124, 171, 237, 279
Клейн Уильям 141, 259, 305, 309
Клер Рене 271
Кнопф Фернанд 135, 280
Кокатрикс Бруно 282
Кониф Рей 235
Констан Бенжамен 235
Коральник Пьер 260, 304, 305, 308, 309
Косински Ежи 14, 261
Коттен Джозеф 281
Кошран Эдди 102, 277
Краван Артур 30, 267
Кранах Лукас 83, 274
Кэрролл Льюис 84, 275

Лаланн Клод 249, 268
Левицкая Елизавета 282
Ле Шануа Жан-Поль 224, 303, 308
Леже Фернан 230, 284
Леннон Джон 264
Леонардо да Винчи 35
Леото Поль 236
Ли Вивьен 235, 284
Лиль Руже де 214
Линч Дэвид 279
Лихтенберг Георг Кристоф 179, 282
Лорэн Жан (наст. имя Поль Дюваль) 103, 262, 277
Лот Андре 284
Лотреамон (наст. имя Исидор Дюкасс) 35, 269

МакЛаглин Виктор 129
Малларме Стефан 270
Мальро Андре 164, 281
Ман Рэй 266, 267
Манн Томас 143, 280
Мансе Жерар 19, 263
Мантенья Андреа 275
Маркс Граучо 215
Марли Боб 257
Мартинелли Эльза 235, 305
Мартин Кароль 44, 271
Матье Мирей 244
Месарош Марта 284
Микеладжело 65, 274
Миллер Генри 98, 277
Мирбо Октав 23, 118, 264
Миро Хуан 124, 279
Миттеран Франсуа 52, 269
Мицуко Рита 14, 260
Моки 263
Мольер 263
Монро Мэрилин 192, 277, 281
Монтан Ив (наст. имя Иво Ливии) 7, 259
Мопассан Ги де 104, 278
Моцарт Вольфганг Амадей 263
Мулуджи 163, 281

Набоков Владимир 98
Нерваль Жерар де 21, 264

Офюлс М. 271

Панкрацци Франсуаза-Антуанетта 265
Паркер Роберт 213

Паскаль Блез 265
Перро Шарль 69, 85, 235, 274, 284
Пиала 263
Пиаф Эдит 254
Пиво Бернар 230, 284
Пикабиа Франсис 29, 37, 38, 266
Пикассо Пабло 124, 267, 279
Питерс Джин 281
Пифи, вышибала 214
По Эдгар Алан 38, 40, 235, 270
Полански Роман 84, 126, 275, 308
Поланский Абрахам 306, 310
Понтий Пилат 30, 268
Портер Кол 157, 163, 254
Потоцкий Ян 41, 271
Пракситель 71, 274
Премингер Отто 268
Пруст Марсель 114, 278
Пуатрено Жак 280, 303, 304, 307, 308, 309
Пуи Жан 169
Пэланс Джек 176, 282

Растафари Маконнен Хаиле Салассье 268
Рахманинов Сергей 38, 211
Реддинг Отис 213
Рейнхардт Макс 284
Рембо Артюр 29, 35, 37, 40, 118, 237, 266, 273
Риго Жак 30, 267
Роден Огюст 71, 274
Росс Герберт 262
Рубенс Питер Пауль 83, 275
Руо Жорж 124, 279
Руссель Реймон 269
Рэй Джонни 235

Сад Донасьен-Альфонс-Франсуа, маркиз де 98, 221, 235, 273
Сарданапал 51, 271
Сартр Жан-Поль 7, 160, 259
Сен-Брис Гонзаг 14, 260
Сиберг Джин 225, 268, 304
Сименон Жорж 228, 229, 284
Симон Мишель (наст. имя Франсуа Симон) 52, 130, 131, 132, 226, 280, 305
Смит Роберт 19, 263

Тернер Лана 229
Толстая Ольга 77, 78, 270
Трене Шарль 160, 161, 281

Триер Ларс фон 284
Тцара Тристан 266
Тэйлор Вэнс 14, 262
Тэйтум Арт 211, 283

Уайльд Оскар 232
Уэллс Орсон 19, 226

Фассбиндер Вернер 284
Ферре Лео 163, 205, 281
Фидий 71, 274
Флобер Гюстав 69, 262
Фор Антуанетта 278
Фреэль (наст. имя Маргерит Булх) 253
Фэйтфул Марианна 13, 260, 304

Харди Франсуаза 244
Хаусман Рауль 266
Хендрикс Джимми 213
Херцог Вернер 262
Хокинс Джей 213
Холлидэй Джонни 283
Хьюстон Уитни 257, 261
Хэммингс Дэвид 193, 282
Хюльзенбек Ришар 266

Шаброль Клод 263
Швиттерс Курт 266
Шенье Андре 36, 270
Шиле Эгон 135, 280
Шнайдер Роми 282
Шопен Фридерик 157, 164, 165, 211
Штрогейм Эрик фон 278
Шуляк Лео 163

Эдамс Кейси 281
Эйраль Марк 261
Эйкян Андре 163
Элюар Поль 279
Энгр Доминик 71, 83, 274
Эредиа Хосе Мария де 270
Эрже 283
Эрнст Макс 237, 266

Юне Жорж 123, 124, 279

Янко Марсель 266

Содержание

Гензбур рассказывает о своей смерти
Интервью с Бруно Байоном

Перевод Валерия Кислова

К читателю 7
Смерть 11
Порок 47
Шумы 55
Приобщение 67
Отвращение 79
Ханжа 93
Брутальность 109
Дали и маленькая фотография 121
Ню 133

Из интервью разных лет

Перевод Анастасии Петровой, Галины Соловьевой

Детство, юность, родители 155
Живопись 167
Я 173
Женщины 187
Песни 203
Кино et cetera 219
Стиль, творчество 233
Успех, публика 241
Другие 251

Примечания 259
Дискография 286
Фильмография 302
Указатель 312

Литературно-художественное издание

СЕРЖ ГЕНЗБУР: ИНТЕРВЬЮ

Редактор Галина Соловьева
Художественный редактор Вадим Пожидаев
Технический редактор Татьяна Тихомирова
Корректоры Ольга Крылова, Елена Орлова
Верстка Александра Савастени

Директор издательства Максим Крютченко

Подписано в печать 28.04.2007. Формат издания 84 × 108 $^1/_{32}$.
Печать офсетная. Гарнитура «Петербург». Тираж 7000 экз.
Усл. печ. л. 16,8. Изд. № 456. Заказ № 1017

Издательский Дом «Азбука-классика».
196105, Санкт-Петербург, а/я 192. www.azbooka.ru

Отпечатано по технологии СТР
в ОАО «Печатный двор» им. А. М. Горького
197110, Санкт-Петербург, Чкаловский пр., 15.

ПО ВОПРОСАМ ПРИОБРЕТЕНИЯ
КНИГ ИЗДАТЕЛЬСТВА «АЗБУКА» ОБРАЩАТЬСЯ:

Санкт-Петербург: *издательство «Азбука»*
тел. (812) 327-04-56, факс 327-01-60
«Книжный клуб «Снарк»
тел. (812) 703-06-07
ООО «Русич-Сан»
тел. (812) 589-29-75

Москва: *ООО «Азбука-Максимум»*
тел. (495) 627-57-28
info@azbooka-m.ru
Интернет-магазин «Лабиринт»
www.labirint-shop.ru

Екатеринбург: *ООО «Валео Книга»*
тел. (343) 374-54-59

Новосибирск: *ООО «Топ-книга»*
тел. (3832) 36-10-28, www.opt-kniga.ru

Калининград: *Сеть магазинов «Книги и книжечки»*
тел. (0112) 56-65-68, 35-38-38

Хабаровск: *ООО «МИРС»*
тел. (4212) 29-25-65, 29-25-67
sale_book@bookmirs.khv.ru

Челябинск: *ООО «ИнтерСервис ЛТД»*
тел. (3512) 21-33-74, 21-26-52

Казань: *ООО «Таис»*
тел. (8432) 72-34-55, 72-27-82
tais@bancorp.ru

ЗАРУБЕЖНЫЕ ПАРТНЕРЫ

Украина: *ООО «Азбука-Украина», 04073 г. Киев*
Московский пр., 6 (2 этаж, офис 19)
тел. (+38044) 490-35-67
sale@azbooka.net

Израиль: *«Спутник», P.O.B. 2462, Kefar-Sava,*
Israel, тел. +972-9-767-99-96,
dob@sputnik-books.com

Каталог «Аврора»
Официальный представитель издательства «Азбука»
Германия, Франкфурт-на-Майне, тел. (069) 37564252;
e-mail: avrora-katalog@yandex.ru
www.avroraonline.de

INTERNET-МАГАЗИН
Все книги издательства в Internet-магазине «ОЗОН»; http://www.ozon.ru/

КНИГА — ПОЧТОЙ
ООО «Ареал», СПб., 192148, а/я 300; тел.: (812) 948-22-98;
www.areal.com.ru; e-mail: postbook@areal.com.ru